ちくま新書

古代史講義【海外交流篇】

佐藤信 編
Sato Makoto

1746

古代史講義 海外交流篇【目次】

凡例

＊各章末の「さらに詳しく知るための参考文献」に掲載されている文献については、本文中では（著者名　発表年）という形で略記した。

＊表記については原則として新字体を用い、引用史料の旧仮名遣いはそのままとする。

はじめに

佐藤 信

日本古代史の最新の研究成果と研究動向を提供することをめざして、ちくま新書としてこれまでに『古代史講義――邪馬台国から平安時代まで』、『古代史講義【戦乱篇】』、『古代史講義【宮都篇】』、『古代史講義【氏族篇】』を世に出してきた。興味深いテーマ設定や適任な執筆陣などから、いずれも魅力的な内容構成になったものと自負している。新鮮な研究成果を総覧した手に取りやすい日本古代史の新書として、幸い『古代史講義』シリーズは広く好評を得ることができ、増刷も進んだ。これを受けて、さらに続けて日本古代史の最新の研究成果を紹介する企画を進めることとなった。

この度は、日本古代史のなかでももっとも多彩な研究成果が積み上げられ新展開を見せている分野として、海外交流・国際関係に焦点をあてて、『古代史講義【海外交流篇】』とさせていただいた。列島の古代史が、列島内だけの一国規模での歴史として展開したのではなく、東アジアなど海外諸地域との密接な交流のなかで展開したことは、早くから指摘され、今日では自明のこととなっている。ヤマト王権から中国の律令制を受容して中央集権的な日本律令国家が形成される過程では、東アジアとの国際的契機が大きな力を及ぼしたことは、すでに共通認識となっている。歴史学においてグローバルヒストリーの考え方が広まるなかで、一国のみの歴史像を離れて、東アジア全体から日本列島の古代をとらえ直す動きが活発になってきたのである。

かつては、『日本書紀』など日本律令国家が編纂した文献史料の世界観・対外観に引きずられて、ヤマト王権・日本律令国家を世界の中心として朝鮮半島諸国などを低く見ようとする傾向も確かにあった。しかし今日では、『日本書紀』を史料批判して、倭・日本のみにとっての一国中心の古代史ではなく、中国や朝鮮半島にとっての古代史も視野に入れて、東アジア・東ユーラシア的な視野から大陸・半島・列島の古代史を考えなくてはならなくなった。たとえば、『日本書紀』で半島南西部の「任那《みまな》」を当然のように支配地とみる見方は、今日では韓国での考古学的な多くの発掘調査成果を受けて、「加耶《かや》」独自の歴史的展開のなかでとらえ直されてきている。

本書では、邪馬台国、倭の五王の時代から平安時代の鴻臚《こうろ》館《かん》交易にいたるまでの時代を追って、中国の隋・唐や高句麗・百済・新羅・加耶など半島諸国、さらに渤海との交流など、東アジアとの多面的な交流の実情を取り上げた。通時的な歴史展開のなかで、東アジアの視野から国際的な古代史像を見通したいと考えた。単に諸国との対外関係の辞典的な解説ではなく、最新の研究状況を紹介しながら、時代背景としての列島古代の国際的環境の実像を明示する叙述をめざした。注目される諸地域との政治的事件や文化交流をテーマとして時代を追った十五講を構成し、それぞれ適任と思われる知友に執筆をお願いした。各章はそれぞれボリュームに制約があり、また論文ではなくあくまで一般読者向けの平易な叙述をめざしていることに配慮した。

本書によって、あたらしい古代史が東アジア的視野から海外交流・国際関係をどのようにとらえ直し、グローバルな歴史像を展開しつつあるのか、ご理解いただければ幸いである。

なお、あえて各執筆者の叙述の間で用語の統一を図らなかったことを申し添えておきたい。また高句麗、百済、新羅などの国名の訓みは、「こうくり」、「ひゃくさい」「くだら」、「しんら」「しらぎ」などの和訓があり、現地読みでは「コグリョ」「ペグチェ」「シルラ」となるが、統一を図ることはしなかった。ただ、『日本書紀』の歴史観から離れて国際関係を客観的・ニュートラルにとらえたいという立場から、「白村江」は「はくそんこう」として、のちの古訓「はくすきのえ」はあまり用いなかった。

第1講

「魏志倭人伝」と邪馬台国

仁藤敦史

†はじめに

卑弥呼《ひみこ》や邪馬台国《やまたいこく》を冠する書籍、論文は毎年多く刊行され、書店に並べられている。専門書に交じりアマチュアの方々の著作も多く、自著により邪馬台国の位置が最終決着したと主張し、書籍の帯に関心をあおり立てる扇情的なキャッチ・コピーが記されていることも少なくない。

このように自らの祖国の起源を知りたいという要求を背景にして、国民的な歴史に対する関心が高まることは一般論としてはたいへん望ましいといえる。

しかしながら、こうした研究の盛り上がりは、基本史料が「魏志倭人伝《ぎしわじんでん》」に限られており、さらに邪馬台国の位置論という近世以来の大論争に、アマチュアでも参加できるという魅力的な要素があることに支えられている。このように邪馬台国研究は、一見すると極めて盛んなように見えるが、国民やマスコミの関心は、こうした位置論や、卑弥呼と天皇家との関係などに極めて偏っているのも事実である。史料操作の基本を踏まえない、独りよがりな断定的な議論もしばしば見られ、残念ながら健全な学術的検討に堪えられるものはそれほど多くはないのが現状である。史料の性格や成立年代が異なる、神武《じんむ》東遷《とうせん》のような「記紀」の記載と「倭人伝」の記事を安易に重ね合わせるような議論は慎まなければならない。近年では考古学を利用した研究も多くなったが、文献史学と考古学、それぞれの有効性と限界性を踏まえた議論が要求される。

吉野《よしの》ヶ里《がり》遺跡や纒向《まきむく》遺跡など、マスコミによる関係遺跡の発掘が頻繁に報道されるようになり、国民的関心は高まっているが、反面では研究者側の意識的な問題提起による純粋な学術論文の数はそれほど多くないというねじれた状況にある。国民的関心と研究の重点が齟齬《そご》している現状は必ずしも望ましい状況ではない。

†「魏志倭人伝」の史料批判

「魏志倭人伝」に記載された女王卑弥呼の都とされる邪馬台国がどこにあったのかをめぐる江戸時代以来の論争は、「邪馬台国論争」と称される。東遷説を含む九州説と畿内説に分かれて議論が展開され、現在でも論争は継続している。そこで用いられる基本史料は

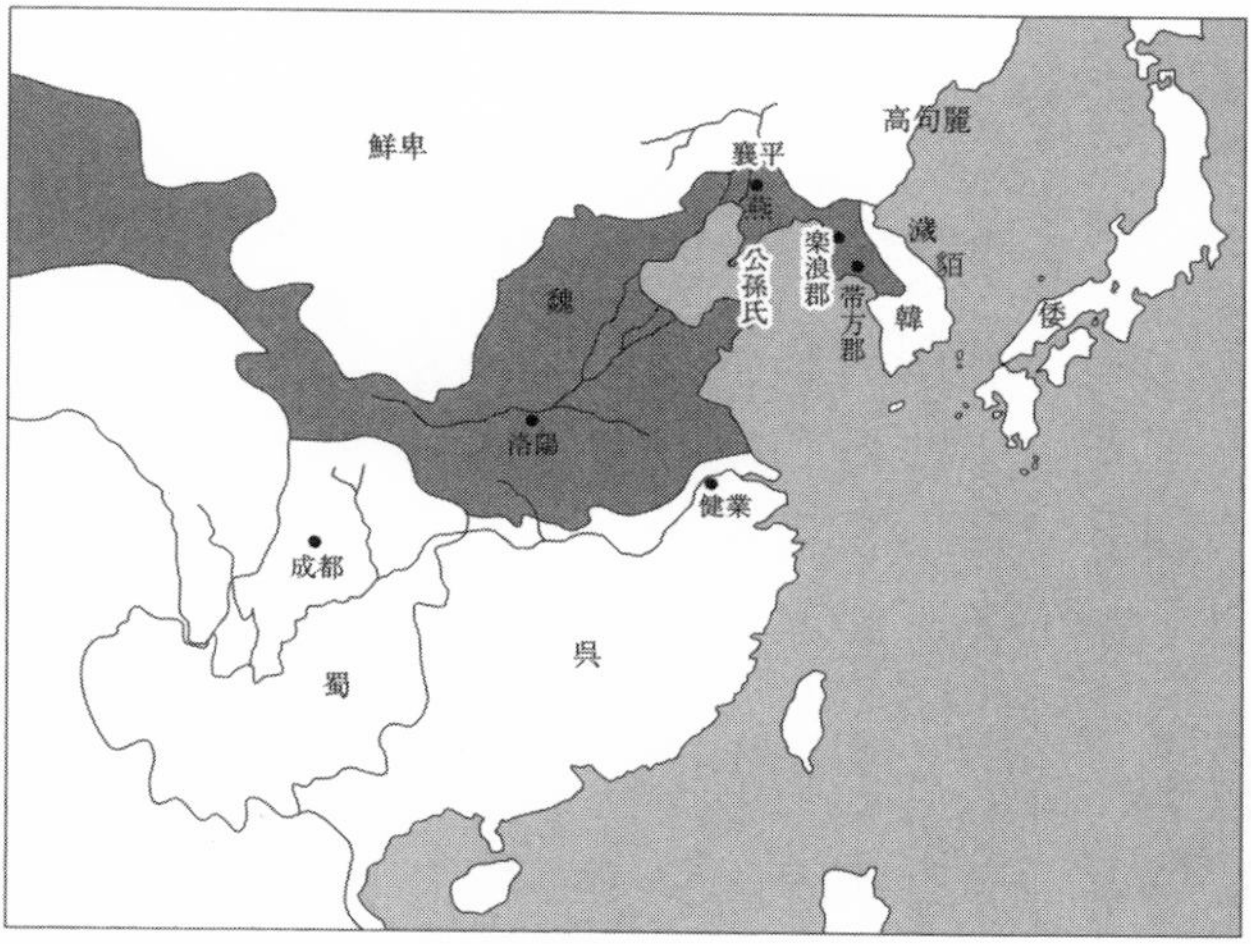

図1　3世紀の東アジア（『日本の対外関係1　東アジア世界の成立』吉川弘文館、2010）

「魏志倭人伝」であるが、これは西晋《せいしん》の陳寿《ちんじゅ》が編纂した三国時代の歴史書『三国志』のうち、「魏書」烏丸鮮卑東《うがんせんびとう》夷伝《いでん》にある倭人条（倭人伝）の一般的呼称である。『三国志』は、魏・呉《ご》・蜀《しょく》の三国が鼎立した時代の正史である。おおよそ二二〇年から二八〇年までの記載が中心で、編者の陳寿が没する三世紀末を下限とすれば、そのころまでには成立していた編纂物であり、ほぼ同時代史料として位置付けられる。基本的に魏書・蜀書・呉書という形で三国の歴史が書き分けられているが、魏が先行する後漢王朝の正当な継承者であるという立場で描かれているため、東夷伝のような対外的な記述は、魏書にまとめられている。中国正史の一部分のみを切り取り、独立した名称を付け、その記述のみで議論する研究動向は問題が少なくない。あくまで中国正史の一部であるとの自覚をもって読み解くことが必要である。

邪馬台国の時代は、およそ二世紀末から三世紀中頃の出来事になる。ほぼ同時代の三世紀に成立した『三国志』や五世紀に成立した『後漢書《ごかんじょ》』という中国の正史の中に東夷伝と呼ばれる編目が残っており、それにより倭国の状況が知られる。しかし、遠い外国の人が、他国のことを筆記しているという点で正確さは明らかに劣る。当時の倭国について古代中国の人々が外国の史料として記述することは、稀な使者の往来によるものであるから、伝聞的なものが多く、不正確と考えなければならない。

さらに、いわゆる「中華思想」という当時の中国の人々の考え方による潤色にも注意する必要がある。「東夷伝」という名称がすでに、周辺諸民族に対して差別的な古代中国人の考えを反映している。中国の中心部に住んでいる漢民族が文明的に優れていると、当時の中国人は考えた。そして、中心部の中原から地理的に離れれば離れるほど、野蛮人が住んでいると考えた。東夷・西戎《せいじゅう》・南蛮・北狄《ほくてき》と表記されるように、東西南北それぞれの方位ごとに異なる種類の野蛮人が住んでいると考えていた。卑弥呼や邪馬台国のように、良い意味の漢字が用いられていないのもこうした思想に由来する。

加えて、実際の距離と方位とは異なる中国人の地理観が問題となる。すなわち、風俗記事や里程・方位記事の解釈で注意すべきなのは、倭国が現在の台湾や沖縄といった中国東南海上に位置すると誤解していた点が指摘できる。このゆがみの存在が、邪馬台国の位置論に大きな影響を与えることになる。

「倭人伝」が記している方位と距離に忠実に従うならば、はるか九州南方海上に邪馬台国を求めなければならない。実際倭国の所在地について「その道里を計るに、まさに会稽《かいけい》(現在の浙江省)・東冶《とうや》(現在の福建省)の東に在《あ》るべし」と認識していること、「有無する所は儋耳《たんじ》・朱崖《しゅがい》(ともに現在の海南島に置かれた郡)に同じ。倭の地は温暖にして、冬も夏も生菜を食らう」とあるように南方系の習俗を記している。その地勢は基本的に朝鮮半島から南北に長く延びる群島との認識が存在し、方位観において東から南へズレがある。距離と方位のいずれかを修正しなければ、日本列島内に比定することは不可能である点が指摘できる。距離を信用すれば畿内説、方位を信用すれば九州説に有利とされてきた。こうした前提で東夷伝の史料を扱うということが必要になる。倭国が魏と対立していた呉に隣接し、南方海上に位置する大国との魏側の認識が、魏王朝からの異例ともいえる倭国に対する丁重な外交方針を決定する要因ともなっていた。

†倭国王の成立

二世紀末に「倭国乱」が卑弥呼の「共立」により収拾される以前の状況は、中国側の史料によっても、断片的にしか伝わらない。一世紀後半に成立した中国前漢の正史である『漢書』地理志には、「それ楽浪海中に倭人あり、分かれて百余国と為る、歳時を以って来たりて献見すと云う」とあり、紀元前一世紀ころの倭人社会は、中国王朝から「国」と認識された百余の集落連合から構成され、その中には定期的に朝鮮半島の楽浪郡《らくろうぐん》に朝貢していた国も存在したとある。この段階の「百余国」とは、おそらくは北部九州を中心とした地域であったと想像される。一世紀後半以前の小国分立段階から中国王朝とは朝貢関係を有していた。この段階には「倭人」という人種的表記のみが用いられ「倭国」というまとまりや国々を束ねる「倭王」の存在はまだ見られない。

『後漢書』は『三国志』よりも後の五世紀に成立し、多くの記述は『三国志』の要約的、解釈的な記述にすぎないが、『三国志』には見えない独自の記述もある。すなわち、西暦五七年（建武中元二）のこととして「倭の奴国、貢ぎを奉げて朝賀す。使人は自ら大夫《たいふ》と称う。倭国の極南界なり。光武は賜うに印綬を以ってす」という記載がある。このうち大夫と極南界についての記載は、「倭人伝」にみえる「古《いにしえ》自《よ》り以来、其の使いの中国に詣《いた》るときは、皆、自ら《みずか》大夫と称す」「次に奴国有り、此れ女王の境界の尽くる所なり。其の南には狗奴《くぬ》国有り」という文章を下敷きにしているが、奴国が後漢王朝に冊封され、印綬を与えられたとある部分は『後漢書』のオリジナルの記載である。この時に与えられた印は一七八四年（天明四）に、福岡県志賀島で発見された「漢の委（倭）の奴国王」と彫られた金印に比定されている。奴国は、「倭人伝」よれば「二万余戸」という卓越した人口を有したとあり、須玖《すぐ》岡本遺跡（福岡県春日市岡本）を中心とした福岡平野一帯に比定される。

金印の「漢倭奴国王《かんのわのなのこくおう》」の称号などからすれば、当時の倭国が後漢王朝の支配秩序（天下）に包摂されていたことは明らかであるが、「倭の奴国」の称号からすれば、いまだ倭国全体を統率すべき王号とはなっていない点は重要である。ちなみに、『漢書』王莽《おうもう》伝には、五年（元始五）のこととして「東夷の王、大海を渡りて、国珍を奉ず」とある。不明確な記載だが、仮にこの大海を渡って珍宝をたてまった「東夷王」が、絶域の倭国からの使者とすれば、すでに前漢末期から北部九州と中国との交渉を想定することができる。

さらに『後漢書』倭伝には、安帝の一〇七年（永初元）のこととして「倭国王の帥升《すいしょう》等、生口《せいこう》百六十人を献じ、願いて見《まみ》えんことを請う」とある。「倭人伝」には卑弥呼以前の倭国について「其の国、本亦《もとまた》男子を以って王と為す。住《とど》まること七、八十年、倭国乱れて、相攻伐《こうばつ》すること年を歴たり」と記載する。倭国乱の年代について『後漢書』倭伝は「桓霊《かんれい》の間」（一四六～一八九年）、『梁書《りょうしょ》』倭伝は「漢霊帝の光和中」（一七八～一八四年）としており、倭国乱を遡ること七、八十年前の男子を倭国王とした段階は、一〇七年（永初元）の「倭国王帥升」による朝貢を起点としている。少なくとも中国側の意識として、「倭国」および「倭国王」成立の起点としてこの記事は位置付けられている。ここで倭国王が「帥升等」と複数形になっていることが注目され、帥升は単独で中国に朝貢したのではなく、形式的にせよ倭人社会を代表し、有力な国々を束ねる形で王として君臨していたと考えられる。

†「東夷伝」の世界観

「東夷伝」序には、当時の中国人の世界観、地理観、天下観が見える。「東夷伝」序では、『尚書』禹貢《うこう》篇を引用し、「東は海に入るまで、西は流沙に及ぶまで」を教化が広がる中国本土とし、そこまでを九州＝九服と呼ばれる方万里《ほうばんり》の地域と考えていたが、九服の外縁に区分される荒服、そのさらに外側に夷狄《いてき》が住む四海と呼ばれる領域があることを述べる。

歴史的に中国が実効支配する領域的な国土は徐々に広がって行った。差別化と同一化を繰り返しながら実効支配が拡大し、夷狄を構造的に包摂していったのであり、夷狄に対する支配は、まずは郡県制のなかに編入されることで達成され、実効支配の外では、夷狄の主体的な朝貢により天子の徳の拡大が可視的に示されることになる。天子の徳を示すには遠方にある四海《しかい》（夷狄）の存在を条件とするため、世界観も拡大したのである。

九州（＝中国）と四海（＝夷狄）の別については、『山海経《せんがいきよう》』に詳しい記載がある。中央に「中山《ちゆうざん》」と呼ばれる大山があり、東西南北にはさらに大きな山が存在し、中国本土には「五山」があり、その外側には「四海」と呼ばれる東西南北に四つの海があると説明する。その海も内側と外側の区別があり、「海内」と「海外」という区分で語られる。さらに、その外側には「四荒《しこう》」という「小人国」「黒歯国」のような荒唐無稽な世界があると考えられている。すなわち、

九州（図籍による実効支配）―四海（天子の徳を示す夷狄の朝貢）―四荒（異俗の地域）

という構図となる。邪馬台国は、こうした世界観によれば、九服の外縁たる荒服（荒域）の外側、さらにかなたの四海＝東海のはずれに位置すると観念されたことになる。「山海経」の世界観では、中国の方三千里を前提に、四海の東西は「二万八千里」、南北は「二万六千里」と考えられている。すでに前漢王朝は、方万里を越える実効支配をおこなっていたことを前提とすれば、さらに七千里を加えた東西三万五千里が、三国時代の世界観と考えられる。したがって、三国時代の中国人の世界観では、中心は方万里、四海の一つ東海は、一万二千五百里という前提で世界を考えていたことになる。

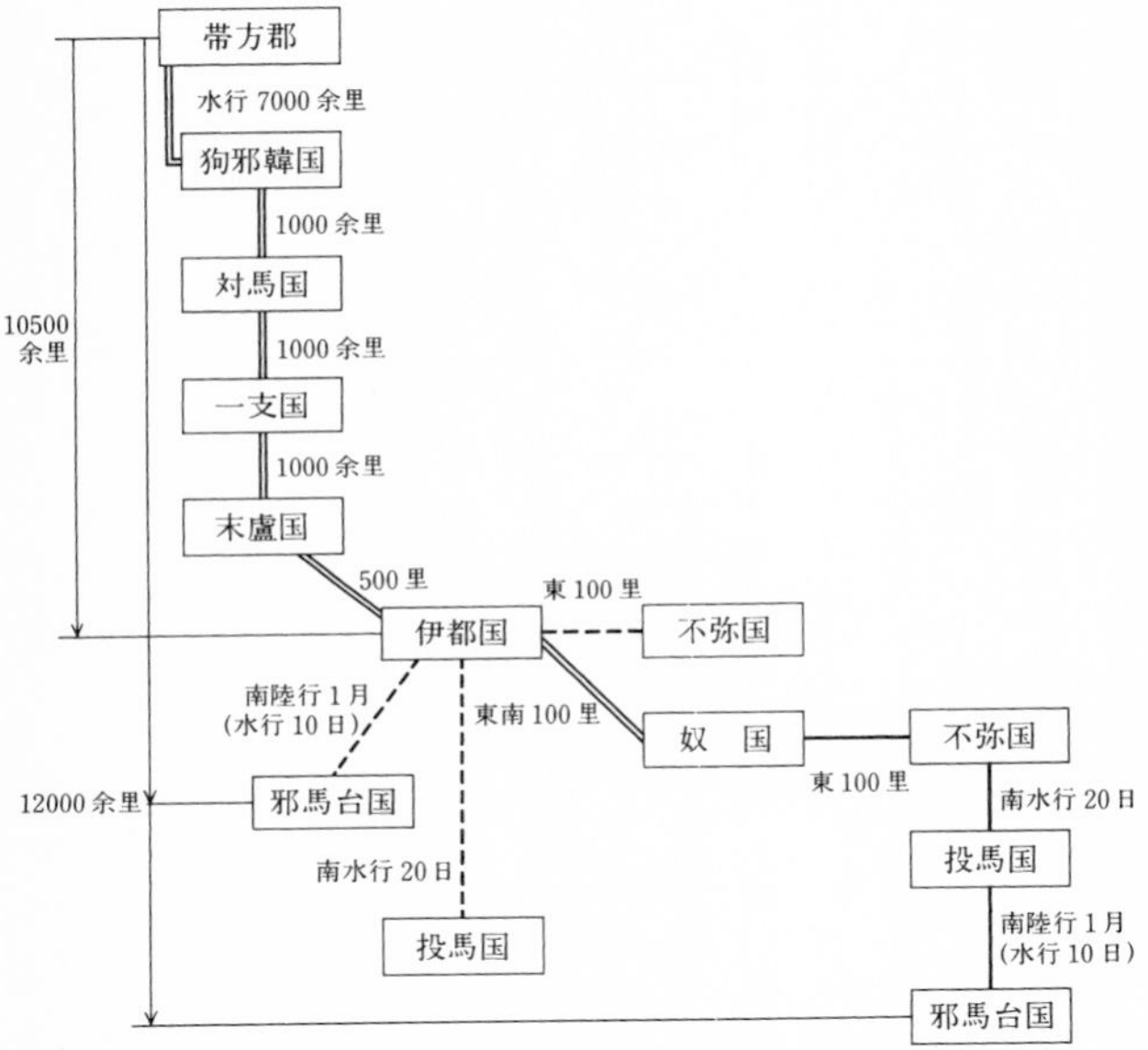

図２　邪馬台国への里程図（『日本史資料［1］古代』岩波書店、2005）

対して「倭人伝」では、里程記事の最後に「女王国より郡に至る万二千余里」とあるのが注目される。女王国＝邪馬台国が、東海のはずれに位置するという意識が読み取れる。「一万二千余里」という距離は帯方郡《たいほうぐん》を起点にしているが、後補された『後漢書』郡国志によれば、都の洛陽から帯方郡までの距離が「東北五千里」とされ、同じく洛陽《らくよう》から西域への出口敦煌《とんこう》への距離も「洛陽西五千里」とある。実際の距離は五千里よりも短いと考えられるが、観念としては都から方万里の半分である五千里の場所に、中国人の植民郡が置かれており、そこから一万二千余里までが「東海」の世界であり、その東端に女王国＝邪馬台国が位置していたことになる。「女王国より以北は、其の戸数・道里略載を得べきも」とあるように、邪馬台国までは国の規模を示す戸数の記載があるが、そこから先の狗奴国や、海を渡ったさらに奥地にある倭種《わしゅ》の国については記載がなくなる。中国にとって邪馬台国までが皇帝の徳化が及ぶ支配朝貢させる範囲であったことが推定され、東海のはずれに位置することと関連している。

さらに、帯方郡から伊都《いと》国までは一万五百余里で、約一万里となり、この伊都国周辺の奴《な》国と不弥《ふみ》国までが里程で表記されていることは偶然ではない。「郡使の往来が常に留まる」と説明されるように、中国本土から交通が発達して容易に行き来することができる限界の場所＝「舟車《しゅうしゃ》の通ずる所」として語られている。『史記』夏本紀《かほんき》によれば、交通整備以前の九州は、まさに禹による「陸行《りっこう》乗車、水行《すいこう》乗船」という、「陸行」「水行」と表記される地域であった。この記載に準拠して、いまだ交通が整備されていない部分という意味で、伊都国までと、そこから先の邪馬台国までの記述に落差を設けて描いていると考えられる。「女王国より郡に至る万二千余里」の記載を前提とすれば、伊都国から邪馬台国まで残りはわずか一千三百里にすぎない。にもかかわらず、そこから先は里程ではなく、突然「水行」とか「陸行」という言葉に変わる。また、戸数記載においても「有り」から「可《ばか》り」へと不正確な概数に変化する。それは、帯方郡から一万七百余里に位置する不弥国から先は「舟車の通ずる所」ではなく、道路が整備されていない未開地という観念が表現されているためと考えられる。

邪馬台国よりも東については、「女王国の東、海を渡ること千余里、復た国有り、皆、倭種なり」とあり、侏儒《しゆじゆ》国や裸国・黒歯国などが記載され、「陸行」「水行」の一月との対比的記載により、船で行き着くまで「一年」を要する場所と説明される。女王国までの記載と、そこから先の記載が区別されているのは、中国の支配が間接的に及ぶ「四海」と没交渉の「四荒」の境界に位置していたため、書き分けられたものと考えられる。「女王国より東」の記載をしたがって、実録的な記載として読むことはできない。

当時の理念的な地理観に基づき、構造論的に「倭人伝」が構成されていることになる。このように、邪馬台国論争において、方位と距離は重要な手かがりとされてきたが、地域により正確さが異なることが知られ、邪馬台国の実像に迫るためには、「東夷伝」序に表現された世界観を前提としなければならない。

†公孫氏・魏王朝との交渉

卑弥呼が初めて中国の記録に登場したのは「倭国乱れて、相攻伐すること年を歴《へ》たり。乃《すなわ》ち共に一女子を立てて王と為す。名づけて卑弥呼という」（魏志倭人伝）との記述である。遅くとも二世紀末には戦乱を収め倭国の女王となっていた卑弥呼は、魏と交渉するまでの長い期間、誰を交渉相手としていたのであろうか。

この当時、卑弥呼と交渉したと考えられるのは公孫《こうそん》氏である。後漢末から三国時代に中国東北部で勢力をもった豪族で、卑弥呼が魏へ朝貢する直前の二三八年（景初二）に滅ぼされている。公孫氏は、一八九年以降有力化し遼東太守《りょうとうたいしゅ》となり、力が衰えた漢帝国に代わって朝鮮半島と倭国に対する事実上の管理者として認められている。公孫康《こう》は、後漢の植民地であった楽浪郡を二世紀の初頭に南北に分割し、南に帯方郡を置いた。帯方郡には倭と韓が所属したとあり、良質な鉄の産地でもあった。当時、中国本土は漢王朝末期の戦乱の最中であり、漢は倭国と直接外交を行うことができない状態であった。朝鮮や倭国との外交を任されたのが公孫氏である。

中平《ちゅうへい》年間（一八四〜一八九）に卑弥呼の使者が後漢へ直接朝貢することは容易でなかったと想像されるものの、すでに二世紀末の段階で倭国乱は卑弥呼の「共立」により収拾されているとすれば、中国正史に記載は欠いているが、卑弥呼と公孫氏が帯方郡を介して交渉していた可能性は高いと考える。卑弥呼が公孫氏に使いを送ったという明確な記録は、中国の正史には見られない。それは魏王朝により公孫氏が滅ぼされてしまった逆賊であり、後漢王朝や魏王朝が、公孫氏と倭国との外交の全貌を記録することは必要なかったためである。

魏と呉の対立の最中に倭国は帯方郡へ遣使し、公孫氏からその地位を承認されていたことになる。通説では公孫氏の支配は単なる地方独立政権として位置づけられている。しかし、後漢の皇帝が遼東地域を絶域と位置づけて放置したため、公孫氏に「海外の事」を事実上委任し（『三国志』東夷伝序）、魏の曹操《そうそう》（武皇帝）からは海北の土地を切りはなしてあずけ、子々孫々支配する権利を与えるとの約束がされていたとの記載は（『三国志』公孫淵《えん》伝所引魏書）、公孫氏の東夷諸国に対する支配が公的性格を有していたことを示すと考えられる。

卑弥呼の共立により保たれた「平和」は、外国による権威づけと支持により保たれる極めて危うい秩序であった。「中平」という後漢年号を記した鉄剣の倭国での出土や、漢鏡《かんきょう》の倭国への流入量が倭国乱の時期に一時的に減少し、帯方郡の成立以後再び増加する傾向を示すという指摘も、公孫氏との交渉を裏づけている。卑弥呼の政治的立場を考える場合には、こうした公孫氏をめぐる複雑な東アジア情勢を考慮する必要がある。二世紀末以降、遼東半島を支配した公孫氏の存在を度外視しては、卑弥呼の外交交渉は成立しなかったことが確認される。

魏王朝は『三国志』では後漢王朝の正統性を継承する王朝と位置づけられている。後漢王朝（あるいは公孫氏）が、すでに倭国王として卑弥呼を認知しており、魏がそれを追認して「倭王」の称号を与えた可能性がある。しかし、倭国の内外には倭王以外に少なくとも二つの王統が存在し、倭国秩序の内部に伊都国王が、外側には狗奴国王がいた。

卑弥呼の王権は、後ろ盾としての中国王朝の存在や、中国からの先進文物の導入、朝鮮半島からの鉄資源の安定的供給、それに加えて卑弥呼のすぐれて個人的な宗教的資質が不可欠であった。「倭人伝」によれば卑弥呼が死去したのち、男王を立てたが諸国は承知せず、混乱は一族の女性・台与《とよ》の共立まで続いたとある。卑弥呼の没後も台与の呪術的権威により倭国の統一は保たれたが、二六六年（泰始二）の朝貢以降、一世紀以上のあいだ倭国の記載は中国正史から消えることとなる。

さらに詳しく知るための参考文献

佐伯有清『魏志倭人伝を読む』（上・下、吉川弘文館、二〇〇〇）……邪馬台国についての注釈書。邪馬台国を論じる場合、一度は目を通しておくべき基本図書。

西嶋定生『邪馬台国と倭国』（吉川弘文館、一九九四）……東アジアの観点から卑弥呼と邪馬台国を考え、魏との交渉以降、倭国の女王として位置づけられていたことを論じる。

石母田正『日本の古代国家』（岩波書店、一九七一／岩波文庫、二〇一七）……卑弥呼の王権について未開的と文明的という二面性について指摘した古典的な論考。

仁藤敦史「卑弥呼の王権と朝貢――公孫氏政権と魏王朝」(『国立歴史民俗博物館研究報告』第一五一集、二〇〇九)……魏王朝への朝貢以前に、卑弥呼は公孫氏と長期間の交渉が存在したことを論じる。

仁藤敦史「倭国の成立と東アジア」(『岩波講座日本歴史第1巻　原始・古代1』岩波書店、二〇一三)……三国時代の天下観・世界観から里程・方位の記述は考えるべきことを論じる。

第2講

倭の五王とワカタケル大王

森 公章

†はじめに

倭の五王とは中国南北朝時代の南朝の宋（四二〇～四七九）に遣使朝貢した倭国の五人の王、讃《さん》・珍《ちん》・済《せい》・興《こう》・武《ぶ》のことである。ワカタケル大王は『古事記』（七一二年）に大長谷若建命《おおはつせわかたけるのみこと》、『日本書紀』（七二〇年）では大泊瀬幼武《おおはつせわかたける》の和風諡号《しごう》が記される雄略《ゆうりゃく》天皇（「雄略」など漢字二字の漢風諡号《しごう》は記紀にはなく、八世紀中葉に一括で追号）のことで、一九七八年に釈読が示された埼玉県行田市《ぎょうだし》稲荷山《いなりやま》古墳出土鉄剣銘にも登場することで話題を呼んだ。

倭の五王は宋の歴史を記した『宋書《そうじょ》』倭国伝に登場し、『宋書』は記紀と同様に歴史学でいうところの二次史料、後代の編纂史料で、鉄剣銘のような一次史料に比べて、史料批判、史料の来歴や信憑性を検討すべきものであるが、『宋書』はすでに宋代から編纂が進み、梁の沈約《しんやく》が四八八年に完成しており、倭国伝は通交の事実や倭王武の上表文（四七八年）などが基本的材料で、同時代性や信拠性が高く評価されている。以下、『宋書』の記載を立脚点に、稲荷山古墳出土鉄剣銘、同じくワカタケル大王の名が見える熊本県江田船《えたふな》山《やま》古墳出土大刀銘などの金石文、また適宜記紀などの日本側の古文献も参照して、倭の五王の通交と国内統治のあり方を解明しつつ、五世紀の様相を見ていきたい。

†倭の五王の通交と王権構造

三世紀中葉に成立し、前方後円墳の全国的展開時期から見て四世紀頃に列島の中心的勢力になった倭王権は、四世紀後半に朝鮮半島の百済と提携し、一時的ではあるが、半島東南部の加耶《かや》諸国にまで襲来した高句麗の南下に対抗しようとした。高句麗広開土王碑文《こうかいどおうひぶん》（四一四年）によると、倭・百済側の戦況は不利で、半島では五世紀を通じて百済と高句麗の戦争が続き、『魏書』百済国伝に記された四七二年の蓋鹵王《こうろおう》（在位四五五〜七五）の上表文には、「怨を構え、禍を連ぬること三十余載、財殫《つ》き力竭《つ》き、転自孱踧《せんしゆく》す」と、百済の国力が疲弊していく様子が述べられている。

ただ、五世紀の中国ではこの北朝の北魏と南朝の宋による統治が安定化し、倭国は宋の建国直後から朝貢を開始する。ここで登場するのが倭の五王であり、まずは『宋書』倭国伝に記された通交の様子を整理したい。

四二一年　倭讃――宋に遣使、除授あり
四二五年　讃――司馬曹達を派遣
四三〇年　(倭王の遣使)《文帝本紀》
四三八年　珍――自称「使持節都督倭・百済・新羅・任那・秦韓・慕韓六国諸軍事、安東大将軍倭国王」→除正「安東将軍倭国王」
倭隋ら一三人の平西・征虜・冠軍・輔国将軍号の除正を求める
四四三年　済――除正「安東将軍倭国王」
四五一年　済――加除「使持節都督倭・新羅・任那・加羅・秦韓・慕韓六国諸軍事」
二三人の軍・郡(将軍号・郡太守号)を除正
四六二年　興――除正「安東将軍倭国王」
四七八年　武――自称「使持節都督倭・百済・新羅・任那・加羅・秦韓・慕韓七国諸軍事、安東大将軍倭国王」→除正「使持節都督倭・新羅・任那・加羅・秦韓・慕韓六国諸軍事、安東大将軍倭王」
「窃《ひそ》かに自ら開府儀同三司を仮し、其の余もみな仮授す」

五王は倭王の地位承認とともに、中国的官爵の獲得を求める。自称・除正《じょせい》(正式の任命)の称号のうち、「使持節《しじせつ》」は皇帝から「節」(はたじるし)を授けられて委任を受けたこと、

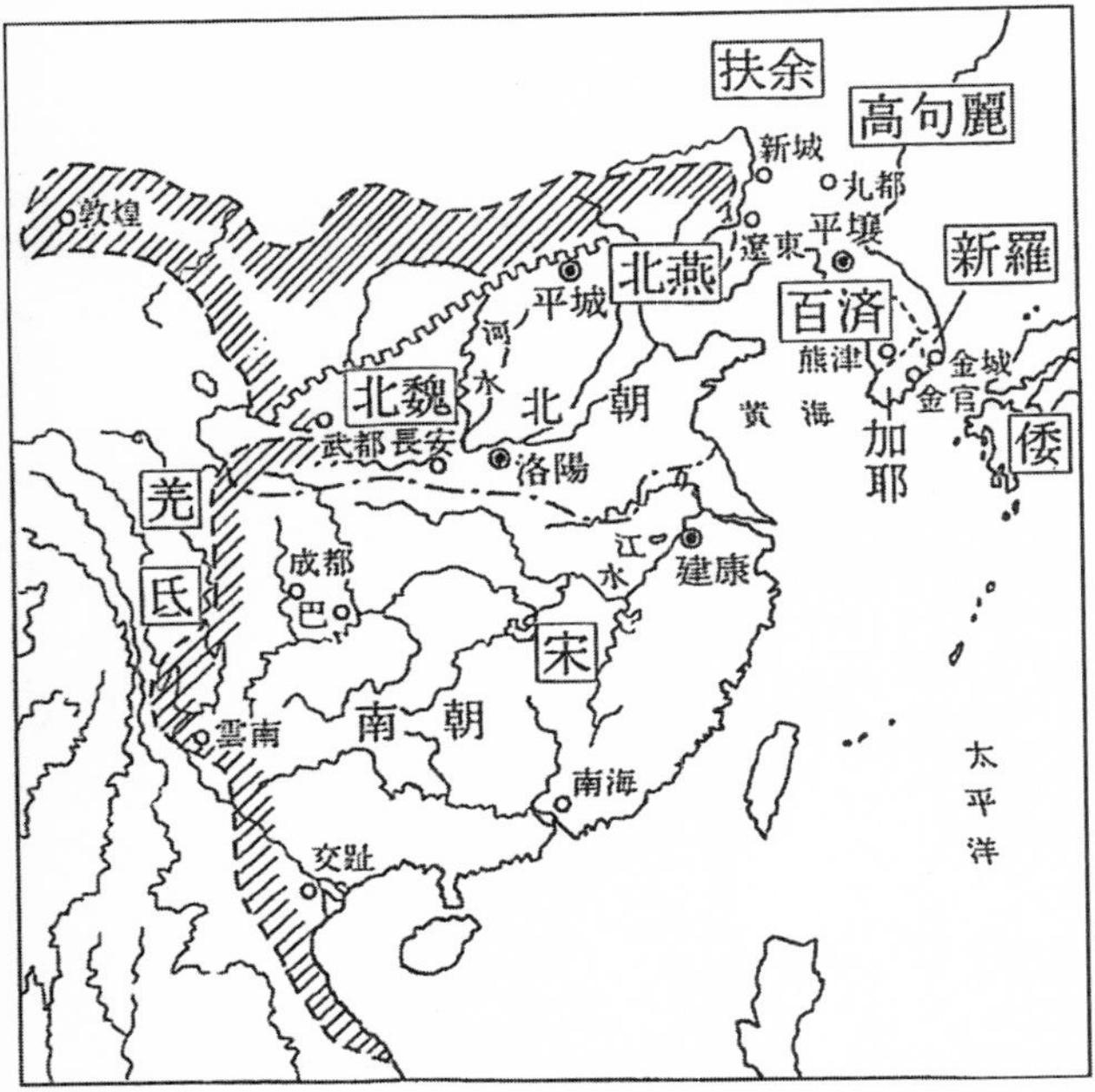

図１　五世紀の東アジア
（森公章『東アジアの動乱と倭国』〔吉川弘文館、2006〕53頁）

「都督――諸軍事」はそこに掲げられた地域の軍事権の承認を示す。ただし、これには民政権は含まれておらず、倭国よりも以前から中国と通交していた百済の軍事権は認可されることはなく、倭国が認められたのは当時中国と通交のなかった半島南部の地域であり、これらと倭国の実際の関係がどうであったかは別途検討が必要である。将軍号の上下関係を見

第一品	大将軍／諸位従公
第二品	特進／驃騎、車騎、衛将軍／諸大将軍／諸持節都督
第三品	侍中／散騎常侍／四征、四鎮、中軍、鎮軍、撫軍将軍／四安、四平、左・右、前・後、征虜、冠軍、輔国、竜驤将軍／光禄大夫／領護軍／県侯
第四品	二衛、驍騎、遊撃、四軍将軍／左・右中郎将／五校尉／寧湖、五威、五武将軍／四中郎将／刺史領兵者／戎蛮校尉／御史中丞／郷侯
第五品	散騎侍郎／謁者僕射／三将／積射、彊弩将軍／鷹揚、折衝、軽車、揚烈、威遠、寧遠、虎威、材官、伏波、凌江将軍／刺史不領兵者／郡国太守内史相／亭侯

表1　宋の将軍号官品表

ると、武の段階で高句麗王は車騎《しゃき》大将軍、百済王は鎮東《ちんとう》大将軍であり、高句麗、百済、倭の序列は五王の全時代を通じて変わらず、これが宋から見た国際秩序の現実であった。

将軍は幕府を開き、幕府を構成する官人、すなわち府官を任命することができた。この中国王朝の将軍号賜与《しよ》を梃子《てこ》に、下位の将軍との上下関係の明確化や府官の任命による官僚組織の編成が可能であり、この府官制的秩序《ふかんせいてきちつじょ》の導入は国内統治体制を確立する上で有用で、高句麗や百済においても国内秩序構築に活用されている。倭国の場合、府官は讃の時の司馬の曹達《そうたつ》（中国系渡来人か）が知られるだけで、珍の時に一三人の将軍号、済の時に二三人の将軍号と郡太守号除正が判明する。

珍の安東将軍号（四安将軍の一つ）は倭隋らの将軍号と同じ第三品ではあるが、上位の将軍号で、尺度である中国的官爵に依拠して、倭王が国内秩序の頂点にあることが明白になる。ただ、中国との通交から生れた「倭」姓を共有している点、百済では除正人数も十人くらいで、王と王族・臣僚の将軍号の較差も大きかった（『宋書』『南済書』百済伝）のに比べて、倭国では人数が多く、倭隋の平西将軍（四平将軍の一つ）とは僅か一階の差である点などからは、王と同族または同程度に拮抗する多くの人びとが王権を補佐する構造であったことがわかる。また『宋書』倭国伝では讃と珍は兄弟、済と興・武は父子とされるが、両者のつながりは不明で、二つの王統が存したと考えられ、世襲王権は未成立であった。

†記紀の伝承と倭の五王

倭の五王と記紀の天皇の関係は、五王の遣使年次と記紀の在位年代が合致せず、比定に確説がないが、最後の武は雄略天皇の治世にかかり、その和風諡号や鉄剣銘の「ワカタケル」の「タケル」を中国風に漢字一文字で示した可能性が高い。この武を基点とすると、『宋書』の系譜関係との合致から、済は允恭《いんぎょう》天皇、興は安康《あんこう》天皇となり、この三人の比定は有力説として定立している。讃・珍は記紀の修正紀年の年次なども勘案して、応神《おうじん》・仁《にん》徳《とく》・履中《りちゅう》・反正《はんぜい》あたりが想定されるが、『宋書』の系譜関係との齟齬《そご》、また和風諡号のどの部分を漢字一文字に置換したのかを含めて、定説はない。済・興に関しても和風諡号からの置換方法は充分に説明できていない。

『宋書』倭国伝に看取される王権構造との関係では、記紀には、応神生誕時の異腹の麛坂《かごさか》王・忍熊《おしくま》王、仁徳即位時の大山守《おおやまもり》・菟道稚郎子《うじのわきいらつこ》、履中即位時の住吉仲《すみのえのなかつ》皇子、安康《あんこう》即位時の木梨軽《きなしかる》皇子や大草香《おおくさか》皇子、そして雄略即位時の八釣白彦《やつりのしろひこ》皇子・境黒彦《さかいのくろひこ》皇子や市辺押磐《いちのべおしいわ》皇子・御馬《みま》皇子との争いなど、王位継承の際に兄弟または王族間の争いが勃発し、また一人の女性をめぐって一方の殺害で決着がつく話（仁徳と隼別《はやぶさわけ》皇子、履中と住吉仲皇子など）も散見しており、倭国支配層内部の拮抗状態を裏付けることができる。

二つの王統の存在に関連しては、履中・反正《はんぜい》・允恭は朝鮮諸国との通交でも活躍する葛《かづら》城襲津彦《きのそつひこ》の女磐之媛《いわのひめ》の所生子《しょせいし》とされ、葛城氏は奈良盆地西部の五世紀の一大古墳群である馬見《うまみ》古墳群や南郷《なんごう》遺跡群から看取されるように隆盛を誇るが、この葛城氏との関係が允恭以降は大きく変化することに注目したい。允恭は反正の殯宮《もがりのみや》を主祭していた葛城襲津彦の孫玉田宿禰《たまだのすくね》の不備を責めて、これを誅殺《ちゅうさつ》し、雄略は安康を弑殺《しいさつ》した眉輪《まよわ》王《おう》が境黒彦皇子とともに葛城円大臣《かづらきのつぶらのおおみ》の宅に逃げ込むと、その引き渡しを求め、円大臣ともども焼き殺し、その女韓媛《からひめ》と葛城宅七区を獲得している。雄略が即位時に殺害した市辺押磐皇子は、葛城氏所生の王族であった。

このあたりの変化に関連して、天皇の和風諡号を見ると、応神はホンダワケ、履中はイ

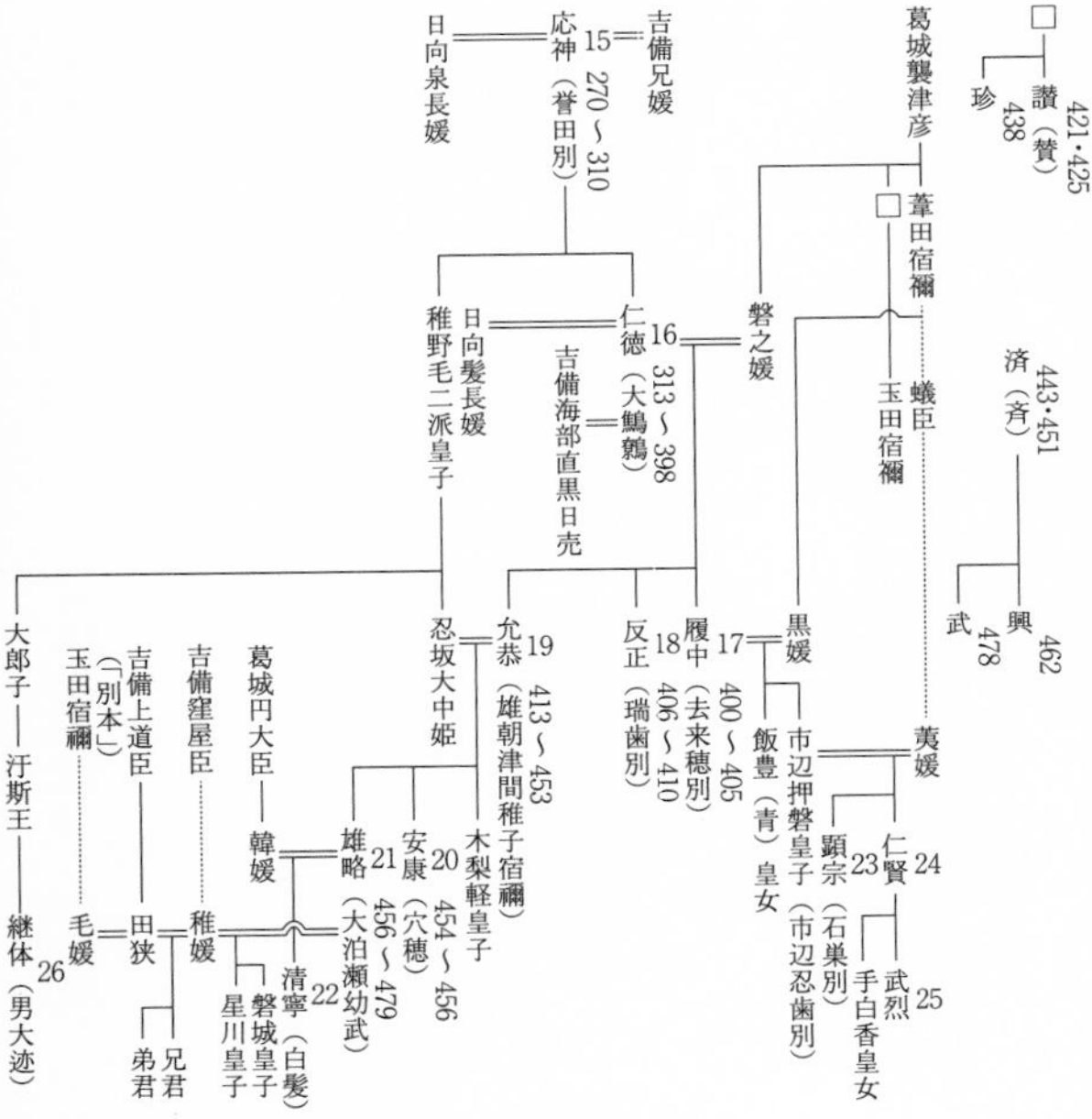

図２　倭の五王と記紀の系図
（備考）倭の五王の名前の右横の数字は宋に遣使した西暦年。記紀の天皇名の右横の数字は『日本書紀』の紀年による在位期間。括弧内は和風諡号を示す。系図の点線は『日本書紀』本文とは異なる系譜関係を示している。

ザホワケ、反正はミヅハワケと、「ワケ」を共有するのに対して、允恭・安康・雄略には「ワケ」が見えない。「ワケ」は四世紀後半〜五世紀と目される王族・地方豪族が共通して名乗る称号で、この点にも倭王権に大きな変化が生じたことが看取される。

また婚姻関係の面では、応神は吉備兄媛《きびのえひめ》・日向泉長媛《ひゆうがのいずみながひめ》、仁徳は吉備海部直黒日売《きびのあまのあたいくろひめ》・日向髪長媛《かみながひめ》などと、地方豪族の女性とも結婚しており、こうした地域には巨大・大型の前方後円墳が築造されていたから、倭王権の膝下《しっか》だけでなく、地方にも有力者がいたことがわかる。東アジア諸国の王に与えられた安東将軍などの「東」は宋から見た東方を示し、倭隋《わずい》の平西将軍は倭王の居住地から見た方角を反映しているので、倭隋は西方の平定・安寧維持を期待される存在で、王族または中央有力豪族あるいは地方有力豪族など、いくつかの可能性が想定される。

†記紀と銘文刀剣の世界

埼玉県行田市稲荷山古墳出土鉄剣には「辛亥年《しんがいねん》」（四七一年）の紀年が記され、記紀にも登場するオオヒコ（孝元《こうげん》天皇の皇子）を上祖とするヲワケ（ヲワケコ）の系譜（オホヒコ―タカリノスクネ―テシカリワケ―タカハシワケ―タサキワケ―ハテヒ―カサハヨ―ヲワケコ）が示され、「世々、杖刀人の首と為り、奉事し来りて今の獲加多支鹵《わかたける》大王に至る。侍りて（寺＝朝廷の意と解する説もある)、斯鬼宮《しきのみや》に在る時、吾、天下を左治し、此の百練の利刀を作さしめ、吾が奉事の根原(源)を記す也」とある。

オホヒコは阿倍臣・膳臣《かしわでのおみ》などの祖、ヲワケ(ヲワケコ)にはA古墳被葬者(=関東の豪族)説、B中央豪族で、被葬者に刀を与えた者と見る説、C中央豪族の下向者(被葬者と同一人物)説などが呈されている。八代の奉事、一代を二〜三〇年とすると、三世紀中葉に遡る系譜意識を持っており、これは倭王権の始源に合致する。しかし、地方豪族がこのような安定した奉事の伝承を形成していたかどうか疑問が残り、倭王権の展開過程の議論とも関係し、なお検討課題である。この点は保留し、ここでは王権構造に関わる事柄に触れていきたい。

ヲワケ(ヲワケコ)の一族は代々杖刀人《じょうとうにん》、杖や刀を持つ武官の長(首《おびと》)として倭王権に奉仕してきたといい、ここには杖刀人首—杖刀人という関係で宮殿の警備を担当する役職の存在が知られる。稲荷山鉄剣銘の解読により、熊本県江田船山《えたふなやま》古墳出土大刀銘でも「治天下」ワカタケル大王の釈読が確定し、そこに登場するムリテも中央豪族説、九州の豪族説があるが、典曹人《てんそうにん》、文筆面など文官的奉事を行う存在と解される。『日本書紀』にも宍人《しし》《ひと》・酒人・倉人・舎人・手人など多くの某人が知られ、ワカタケル大王の世、即ち記紀の雄略天皇=倭王武の時代は、この人制《ひとせい》により各地の豪族を倭王権に上番する存在(トモ)

として仕奉《しぶ》させる体制が確立しはじめた時期として注目される。『新撰姓氏録《しんせんしょうじろく》』（八一五年成立。畿内一一八二氏の系譜を集成）では、大伴氏が入部靭負《いりべのゆげい》を率いて宮門開閉に与るのは雄略朝のことといい、その他、車持公《くるまもちのきみ》が乗輿《じょうよ》を供進する、掃守首《かにもりのおびと》が掃除を監する、巫部連《かんなぎのむらじ》が巫を率いる、爪工連《はたくみのむらじ》が御座の装飾品である紫蓋爪《しがいそう》を造ったとある。

雄略は死去に際して大伴連室屋《むろや》と東漢直掬《やまとのあやのあたいつか》の二人に遺詔《ゆいしょう》して、「民部広大」な中央有力豪族と「仁孝著聞《じんこうちょぶん》」な王位継承者の「共治天下」の形ができているので心配ないと述べたとある（『日本書紀』雄略二三年（四七九）八月丙子条）。トモの上首である大伴室屋とともに登場する東漢直掬は、都加使主《つかのおみ》とも記され、王仁《わに》を祖とする西文首《かわちのふみのおびと》ともども東西史《ふひ》部《とべ》と並称される最有力の渡来系氏族東漢氏の始祖で、雄略朝には秦氏《はたうじ》ともども朝廷による渡来人の組織化が行われたという。江田船山大刀銘の文章を作ったのは張安《ちょうあん》で、讃の司馬の曹達と同じく、実際にも中国系人士が活躍しており、王権による渡来人の編成にも注目したい。

†「治天下大王」とその行方

刀剣銘文ではまた、「天下」の語句使用が注目される。「世界中／中国皇帝の支配する領域」の本義とは異なり、倭王が支配する地域を「天下」とする独自の概念が成立しているのである。高句麗・百済の事例では、東アジアにおける大王号所称には、急速な領域の拡大、国内支配の強化、近隣諸国の制圧、中国との積極的な外交などが背景にあり、倭王武の時期の倭王権もこの条件を満たす段階を迎えており、王権の成長がうかがわれる。

ちなみに、中国の冊封《さくほう》下にあり続けた高句麗では高、百済では余（扶余《ふよ》）が王室の姓になるが、倭国では倭姓は定着しなかった。「ワケ」は首長を意味する古語と目され、稲荷山鉄剣銘ではヲワケコを含む近三代は「ワケ」を称していない。「ワケ」や同じく首長を示す君（キミ）を超越するものとして大王（オオキミ）号が成立し、倭国・日本では大王・天皇と奴隷には姓がなく、姓を与える存在としての大王・天皇という特徴が生まれる。

再び『宋書』倭人伝の通交記事に戻ると、五王が要求した都督諸軍事号では、四三八年の珍には見えなかったものの、四五一年に済が加除されたなかに「加羅《から》」が登場することが注目される。これは「任那《みまな》」＝南部加耶の金官国《きんかんこく》に対して、北部加耶の有力国である高霊の大加耶《だいかや》のことである。『日本書紀』神功《じんぐう》六二年（二六二／これに干支二運一二〇年を加えて三八二年、さらに干支一運六〇年を加算して修正紀年は四四二年と見るのがよい）条には、倭の沙至《さち》比跪《ひこ》（葛城襲津彦か）が新羅の美女二人を得て、新羅と結託して「加羅」を討つという事件が見える。加羅国王は百済に亡命し、百済が木羅斤資《もくらこんし》を派遣して「加羅」を復興したといい、倭・百済・新羅が複雑に交錯する要衝地であった。

倭と加羅の交錯が知られる毗有王《ひゆうおう》（在位四二七〜五五）代には倭済関係は疎遠であったが、次の蓋鹵王は四六一年に弟の軍君（昆支《こんき》）を倭国に派遣し、修好に努めている（雄略五年条）。しかし、高句麗は間諜《かんちょう》を送り込み、蓋鹵王《がいろおう》を宮殿改修など土木工事による浪費と人民の疲弊化に誘導、四七五年九月に軍隊三万を派遣してついに漢山城を陥落させ、王を殺害した（『三国史記』百済本紀）。百済は熊津《くまなり》に南遷し、再建に努めることになる。こうした時宜で捧呈されるのが『宋書』倭国伝に記された四七八年の倭王武の上表文で、対高句麗戦での宋の支持や将軍号・都督諸軍事号の賜与を要求している。

ところが、四七九年には宋が滅亡し、以後南朝は短期間での王朝交替が続き、倭国はもはや遣使することなく、以降は中国王朝の冊封を受けなくなる。中国の後ろ盾がなくても、倭王の地位を維持することが可能になったのであり、ここに大きな歴史の転換点が存する。ただ、倭国でも四七九年に雄略が死去、次の清寧《せいねい》には後継者がおらず、一時葛城系のイチノベノオシハワケの子顕宗《けんそう》・仁賢《にんけん》の王統が復活するが、顕宗にはイワスワケの称が知られ、「ワケ」を継ぐ存在で、「ワケ」を称する系統もなお健在であって、安定した世襲王権は維持できていない。「ワケ」の王統も武烈で断絶の危機を迎え、北近江・越前を拠点とする継体《けいたい》が即位、その子で、仁賢の女手白香《たしらか》皇女を母として女系で倭の五王につながる欽明《きんめい》以降に「万世一系」の王統が確立されることになる。

†残された課題

倭王の倭姓が定着しなかったのは中国との冊封関係を維持しなかったためであるが、江田船山大刀を作らせたムリテ、作刀者のイタワには「名」という説明がつけられており、銘文を作った張安にはこれが中国的な姓名とは異なる倭人の名であることを明示する必要性が強く意識されていた。すなわち、五世紀の倭国では王権への奉仕により賜与される氏姓の制度は未成立であったと考えられ、これも安定した宮廷組織確立の課題となり、欽明以降に達成される。

倭王武が宋に上表文を捧呈した翌年の四七九年には、加羅国王荷知《かち》なる者が南斉に遣使し、輔国将軍本国王の官爵を与えられた（『南斉書』東南夷伝加羅国条）。この「加羅国」は大加耶のことで、百済の勢威が後退する当該期には大加耶連盟とでも称すべき政治的結合が形成されており、それを背景に史上唯一の中国への入貢が実現するのである。当該地域をめぐっては、南遷後の百済の再建を進める東城王《とうじようおう》の時代の四八七年に帯山城《たいざんじよう》事件が勃発している（『日本書紀』顕宗三年是歳条）。雄略九年（四六五）条で新羅征討に活躍した将軍紀小弓宿禰《きのおゆみのすくね》の子紀生《お》（大）磐宿禰《いわのすくね》が、「任那」に滞留し、高句麗と通交し、自ら「神聖」と称し、「三韓」に王たらんとしたという。生磐は「任那左魯那奇他甲背《さろなかたこうはい》」という加耶系の人物の計略を採用し、百済の適莫爾解《ちゃくまくにげ》を爾林《にりん》（高句麗領内という）で殺害、帯山城（全羅北道泰仁）を築いた。百済は大いに怒り、領軍古爾解《こにげ》・内頭莫古解《まくこげ》を派遣、城を攻撃したので、生磐は「任那」から倭国に戻り、百済は那奇他甲背ら三百余人を殺したとある。

ここには倭王権とは別途に中央有力豪族が半島で活動していた様相が看取される。また『日本書紀』雄略七年是歳条には吉備上道臣田狭《きびのかみつみちのおみたさ》やその子弟君《おときみ》の半島での活動が知られ、江田船山古墳の埋葬者も独自に百済と通交して、百済系の金銅製冠や履を獲得していた。こうした中央、地方豪族の活動を統括し、王権の下に外交権を一元化することも課題となる。また加耶諸国の動向は、百済、高句麗、そして高句麗への服属から「独立」して勢力拡大に努める新羅も加わって、次の六世紀に大きな問題になることを予告するものである。その詳細は第3講以下の叙述に委ね、本講を終えることにしたい。

さらに詳しく知るための参考文献

森公章『倭の五王』（山川出版社、二〇一〇）／河内春人『倭の五王』（中公新書、二〇一八）……倭の五王、五世紀史について考えるための基本的知識を総合的に整理した概説。是非二冊を読み比べて欲しい。

佐伯有清編『古代を考える　雄略天皇とその時代』（吉川弘文館、一九八八）……稲荷山鉄剣銘の出現をふまえ、倭王武＝雄略天皇の時代について考古学的知見も含めて多面的に考察している。

北郷泰道『古代日向・神話と歴史の間』（鉱脈社、二〇〇七）……記紀ではこの時期に天皇と婚姻関係にあったことが記される日向地域の動向を知る上で参照したい。天孫降臨伝承以外には意外と知られていない歴史がわかる。

第3講

筑紫君磐井と東アジア

佐藤 信

†筑紫君磐井の戦い

『日本書紀』の継体《けいたい》二十一、二十二年（五二七、五二八）条に記された「筑紫国造《つくしのくにのみやつこ》磐井《いわい》」の「叛逆」事件の伝承は、五〜六世紀の東アジアにおける日本列島の歴史を考える上で、大変興味深い。『日本書紀』では、八世紀の日本律令国家の史観から「賊帥《ぞくすい》」とされる磐井であるが、磐井の立場をも検討した上で、改めて戦いの歴史的位置づけを捉え直してみたい。

第二次大戦前から、『日本書紀』を史料批判する立場から、伝承の潤色性を強調する見解が強かった（津田左右吉《つだそうきち》・坂本太郎・三品彰英《みしなしょうえい》）が、戦後は、ヤマト王権の朝鮮半島出兵による動員・負担に対する九州地方の豪族・民衆の抵抗（藤間生大《とうませいた》・林屋辰三郎《はやしやたつさぶろう》・門脇禎二《かどわきていじ》）や、屯倉制《みやけせい》支配による地方官化に対する地方豪族の抵抗（小田富士雄）として評価されるようになった。のち、日本列島に中央集権的な律令国家が形成されるのは七世紀以降とされるようになるなかで、国家に対する「反乱」ではなく、国家形成過程における大王と王との間の戦いと指摘されるに至った（鬼頭清明《きとうきよあき》・吉田晶《よしだあきら》）。磐井の戦いを契機として逆に大王の世系交替があったとみる説もある（山尾幸久《やまおゆきひさ》）。

埼玉《さきたま》古墳群稲荷山《いなりやま》古墳（埼玉県行田市）の出土鉄剣銘によって、ワカタケル大王（倭王武《わおうぶ》・雄略《ゆうりゃく》天皇）時代の五世紀後半に、ヤマト王権による地方への勢力拡大の様相が知られた。大王権力の勢力拡大とヤマト王権の連合政権的性格から集権的性格への変化の具体像が問題とされるようになった（井上光貞《いのうえみつさだ》・長山泰孝）。磐井の戦いは、日本列島における国家形成過程において、ヤマト王権の大王権力と地方豪族との間の関係だけでなく、ヤマト王権と地方豪族それぞれが東アジアの国際情勢と深く関わっていたことを示すところに大きな意義があると考える。列島における国家形成に果たした国際的契機を再検討したい。

†筑紫と東アジア

九州の筑紫《つくし》（のち七世紀後期から筑前《ちくぜん》・筑後《ちくご》）・火《ひ》（のち肥前《ひぜん》・肥後《ひご》）・豊《とよ》（のち豊前《ぶぜん》・豊後《ぶんご》）の諸国に勢力を張った磐井は、朝鮮半島の高句麗・百済・新羅・加耶諸国からの使者を自らのもとに招致し、積極的に対外交渉を行いつつ、一つの王国を形成しつつあったことがうかがえる。日本列島における国家形成を考えるとき、畿内を中心としたヤマト王権の大王権力による国家形成への歩みのみを一元的・先天的なものとするのではなく、地方豪族による国家形成への歩みをも視野に入れて複線的・多元的に列島の古代史像をとらえる可能性をみるべきではないだろうか。

磐井の戦いの過程をみることによって、東アジアの国際関係が、列島における大王権力による領域拡大・地方編成の進展や、それと対峙した各地の地方豪族たちの動向に大変深く関与するものであったことが確認できる。このことは、日本律令国家の形成にあたって東アジアの国際関係が大きな役割を果したとする石母田正《いしもだしょう》の理解(『日本の古代国家』岩波書店、一九七一)とも対応してくる。

磐井の戦いに至る前提として、五〜六世紀における東アジアの歴史動向をみておこう。朝鮮半島において、高句麗が国力を伸長させて都を丸都《がんと》から平壌《ピョンヤン》へと遷して勢力を南下させると、それを受けた百済は都を漢城《かんじょう》から四七五年に熊津《ゆうしん》へと南遷し、さらに扶余《ふよ》に遷都して勢力を南下させた。『日本書紀』にみえるように、百済は五一二年(継体六)に上哆唎《おこしたり》・下哆唎《おろしたり》・娑陀《さだ》・牟婁《むろ》を、五一三年に己汶《こもん》・帯沙《たさ》を勢力下に組み込んで加耶《かや》の西部に進出した(『日本書紀』は「賜う」と表記)。また続く新羅の勢力拡張を受けて、倭と協調関係にあった半島南部の加耶における王権形成への歩みは、百済・新羅によって圧迫されることになった。六世紀には、急速に国力を強化した新羅が五三二年に加耶の金官国《きんかんこく》（金海《きめ》）を併合、五六二年にはついに大加羅《だいから》（高霊《こりよん》）を併合して加耶を滅ぼすに至る。六世紀には朝鮮半島南部は大きな激動の時代であった。

　五世紀の日本列島においては、畿内の大王権力を代表する「倭の五王」が中国南朝に朝貢し、皇帝から冊封《さくほう》を受け将軍号などを得ることによって、半島や列島における自らの地位強化を図っている。もちろん、高句麗・百済・新羅諸国も、同様に中国の皇帝に遣使して対外関係を有利に導こうとしていた。

†倭の五王

『宋書《そうじょ》』（梁の沈約《しんやく》（四四一～五一三）撰）夷蛮《いばん》伝倭国条によれば、讃《さん》・珍《ちん》・済《せい》・興《こう》・武《ぶ》の五人の倭国王が南朝宋の皇帝に朝貢して冊封を受け、自らの将軍号とともに僚属《りようぞく》たちへの将軍号をも願い出ていたことが分かる。これらの将軍号は、半島における対外関係を有利に運び、列島内で中央豪族ほかを編成する際に機能したといえる。五王が皇帝から得た将軍号を整理しよう。

　珍　自称使持節《しじせつ》都督《ととく》倭・百済・新羅・任那《みまな》・秦韓《しんかん》・慕韓《ぼかん》六国諸軍事安東大将軍《あんとうだいしようぐん》倭国王

　　↓安東将軍倭国王

倭隋ら十三人に平西・征虜《せいりょ》・冠軍《かんぐん》・輔国《ほこく》将軍号を求め、聴される

済（四四三年）→安東将軍倭国王

（四五一年）→使持節都督倭・新羅・任那・加羅・秦韓・慕韓六国等諸軍事安東将軍倭国王

興（四六二年）→安東将軍倭国王

武　自称使持節都督倭・百済・新羅・任那・加羅・秦韓・慕韓七国諸軍事安東大将軍倭国王

（四七八年）→使持節都督倭・新羅・任那・加羅・秦韓・慕韓六国諸軍事安東大将軍倭王

武はついに大将軍号を得ることに成功するが、南朝の宋（四二〇〜四七九）自身が翌四七九年には滅亡してしまう。

†倭王武の上表文

『宋書』夷蛮伝倭国条に記された四七八年の倭王武の上表文は、この時代の倭の情勢をうかがう上で貴重な史料である。

『宋書』夷蛮伝倭国条

順帝《じゅんてい》の昇明《しょうめい》二年（四七八）、使を遣わして表《ひょう》を上る。いわく、「封国《ほうこく》は偏遠《へんえん》にして、藩《はん》を外に作す。昔より祖禰《そでい》躬《みずか》ら甲冑《かっちゅう》をつらぬき、山川を跋渉《ばっしょう》し、寧処《ねいしょ》に遑《いとま》あらず。東は毛人《もうじん》を征すること五十五国、西は衆夷《しゅうい》を服すること六十六国、渡りて海北を平ぐること九十五国。王道融泰《ゆうたい》にして、土を廓《ひら》き畿《き》を遐《はるか》にす。累葉朝宗《るいようちょうそう》して歳《とし》に愆《あやま》らず。臣、下愚《かぐ》なりといえども、忝《かたじけ》なくも先緒を胤《つ》ぎ、統《す》ぶる所を駆率《くそつ》し、天極に帰崇《きそう》し、道百済を遥《へ》て、船舫《せんぼう》を装治《そうち》す。しかるに句麗《くり》無道《むどう》にして、図りて見呑《けんどん》を欲し、辺隷《へんれい》を掠《りゃく》抄《しょう》し、虔劉《けんりゅう》して已《や》まず。毎《ことごと》に稽滞《けいたい》を致し、以《もっ》て良風を失い、路に進むといえども、あるいは通じあるいは不《しか》らず。臣が亡考済《ぼうこうせい》、実に寇讐《こうしゅう》の天路を壅塞《ようそく》するを忿《いか》り、控弦《こうげん》百万、義声《ぎせい》に感激し、方に大挙せんと欲せしも、奄《にわ》かに父兄を喪《うしな》い、垂成《すいせい》の功をして一簣《いっき》を獲《と》ざらしむ。居《むな》しく諒闇《りょうあん》にあり、兵甲を動かさず。これを以て、偃息《えんそく》して未だ捷《か》たざりき。今に至りて、甲を練り兵を治め、父兄の志を申《の》べんと欲す。義士虎《ぎしこ》賁文武功《ほんぶんぶこう》を効し、白刃前《はくじんまえ》に交《まじわ》るともまた顧《かえり》みざる所なり。もし帝徳の覆載《ふくさい》を以て、この彊敵《きょうてき》を摧《くじ》き克《よ》く方難《ほうなん》を靖《やす》んぜば、前功を替えることなけん。窃《ひそ》かに自ら開府《かいふ》儀同三《ぎどうさん》司《し》を仮《か》し、その余は咸《み》な仮授して、以て忠節を勧む」と。詔して武を使持節都督倭・新羅・任那・加羅・秦韓・慕韓六国諸軍事、安東大将軍、倭王に除す。

この倭王武は、『古事記』（七一二年）に「大長谷若建命《おおはつせわかたけのみこと》」、『日本書紀』（七二〇年）に「大《おお》泊瀬幼武《はつせわかたける》」として国内で「ワカタケル」の名を伝えられ、のちに漢風諡号《かんふうしごう》で「雄略《ゆうりゃく》天皇」と呼ばれる大王に当たる。

†ワカタケル大王

『宋書』のように国際的には「倭王武」と称した大王は、列島内では「ワカタケル大王」と称した。偶然にも関東地方と九州地方とで出土した銘文刀剣である埼玉古墳群稲荷山古墳（埼玉県行田市）の出土鉄剣銘や熊本県江田《えた》船山《ふなやま》古墳（熊本県和水町《なごみ》）の出土鉄刀銘に記された「獲加多支鹵（ワカタケル）大王」が、同時代史料に記されたその名であった。

埼玉古墳群稲荷山古墳出土鉄剣銘（金象嵌）辛亥年銘（四七一年説）

（表）辛亥年七月中記。乎獲居臣、上祖名意冨比垝。其児多加利足尼。其児名弖已加利獲居。其児名多加披次獲居。其児名多沙鬼獲居。其児名半弖比。

（裏）其児名加差披余。其児名乎獲居臣。世々為杖刀人首、奉事来至今。獲加多支鹵大王寺在斯鬼宮時、吾左治天下、令作此百練利刀、記吾奉事根原也。

熊本県江田船山古墳出土鉄刀銘（銀象嵌）

台天下獲□□□鹵大王世、奉事典曹人名无利弖、八月中、用大鉄釜、并四尺廷刀、八十練九十振、三寸上好利刀。服此刀者、長寿、子孫洋々、得□恩也。不失其所統。作

刀者名伊太和、書者張安也

鉄剣銘・鉄刀銘ともに同様の用語・語彙を用い、大王の治世を「杖刀人《じょうとうじん》」（武官）・「典《てん》曹人《そうじん》」（文官）として代々「奉事」「左治天下」したことを記すとともに、大王からの庇護を得て自らの「其の統ぶる所を失わず」を目的として銘文刀剣が機能したのであった。こうして、ワカタケル大王すなわち倭王武の時代に、ヤマト王権の大王権力は地方豪族を配下に取り込みつつ勢力拡大に努めたことが知られる。地方豪族たちは、大王権力との関係を、次第に同盟関係から従属関係へと移行しながら、自らの支配権の確保を図った。しかし、畿内の大王権力も、五〇七年に大伴金村《おおとものかなむら》によって北陸から継体天皇が迎えられ擁立されるなど、十分に安定したものではなく、六世紀の間に、畿内豪族の最大勢力も、大伴氏から物部《もののべ》氏そして蘇我氏へと移行していった。

†磐井の戦いと東アジア

筑紫国造筑紫君磐井（『古事記』では「筑紫君石井」）の戦いは、『日本書紀』の継体二十一年（五二七）六月条・八月辛卯朔条、二十二年（五二八）十一月条・十二月条に、次のように伝えられている。

『日本書紀』継体二十一年（五二七）六月条

近江毛《おうみのけ》野臣《ぬのおみ》、衆六万を率て、任那に往きて、新羅に破られし南加羅・㖨己《とくこ》呑《とん》を為復《かへ》し興建てて、任那に合せむとす。是に、筑紫国造磐井、陰に叛逆《そむ》くことを謨《はか》りて、猶預《おもひ》して年を経。事の成り難きことを恐りて、恒《つね》に間隙《ひま》を伺ふ。新羅、是を知りて、密《ひそか》に貨賂《まいない》を磐井が所に行《や》りて、勧むらく、毛野臣の軍《いくさ》を防遏《た》へよと。是に、磐井、火・豊、二つの国に掩《おそ》ひ據《よ》りて、使修貢《つかへまつ》らず。外は海路を邀《た》へて、高麗・百済・新羅・任那等の国の年《としごと》に職貢る船を誘《わかつ》り致し、内は任那に遣せる毛野臣の軍を遮《さえぎ》りて、乱語《なめりごと》し揚言《ことあげ》して曰はく、「今こそ使者たれ、昔は吾が伴《とも》として、肩摩《す》り肘触《す》りつつ、共器にして同食ひき。安《いづく》ぞ率爾《にわか》に使となりて、余をして儞《い》が前に自伏《したが》はしめむ」といひて、遂に戦ひて受けず。驕《おご》りて自ら矜《たか》ぶ。是を以て、毛野臣、乃ち防遏へられて、中途にして掩滞《さはり》てあり。（継体）天皇、大伴大連金村《おおとものおおむらじかなむら》・物部大連麁鹿火《もののべのおおむらじあらかい》・許勢大臣男人《こせのおおおみおひと》等に詔《みことのり》して曰はく、「筑紫の磐井反《そむ》き掩《おそ》ひて、西の戎《ひな》の地を有《たも》つ。今誰か将たるべき者」とのたまふ。大伴大連等僉《みな》曰さく、「正に直しく仁《めぐ》み勇みて兵事に通へるは、今麁鹿火が右に出づるひと無し」とまうす。天皇曰はく、「可」とのたまふ。

同年八月辛卯朔条

詔して曰はく、「咨、大連、惟茲《これこ》の磐井率はず。汝徂《ゆ》きて征《う》て」とのたまふ。物部麁鹿火大連、再拝《おが》みて言さく、「嗟《あ》、夫れ磐井は西の戎の奸滑《かだましきやっこ》なり。川の阻《さが》しきことを負《たの》みて庭《つかへまつ》らず。山の峻《たか》きに憑《よ》りて乱を称《あ》ぐ。徳を敗りて道に反く。侮《あなど》り嫚《おご》りて自ら賢しとおもへり。在昔道臣より、爰《ここ》に室屋に及るまでに、帝を助《まも》りて罰《う》つ。民を塗炭《くるしき》に拯《すく》ふこと、彼も此も一時《もろとも》なり。唯天の賛《たす》くる所は、臣が恒に重みする所なり。能《よ》く恭《つつし》み伐たざらむや」とまうす。詔して曰はく、「良将の軍《いくさだち》すること、恩を施して恵《うつくしび》を推し、己を恕《おもひはか》りて人を治む。攻むること河の決《さ》くるが如し。戦ふこと風の発つが如し」とのたまふ。重《また》詔して曰はく、「大将は民の司命《いのち》なり。社稷《くにいへ》の存亡、是に在り。勗《つと》めよ。恭みて天罰を行へ」とのたまふ。（継体）天皇、親《みづか》ら斧鉞《まさかり》を操《と》りて、大連に授けて曰はく、「長門より東をば朕制《われがと》らむ。筑紫より西をば汝制れ。専賞罰《たくめたまひものつみ》を行へ。頻《しきり》に奏することに勿煩《なわずら》ひそ」とのたまふ。

継体二十二年（五二八）十一月条

大将軍物部大連麁鹿火、親《みづか》ら賊《あた》の帥磐井と、筑紫の御井郡《みいぐん》に交戦ふ。旗鼓《きこ》相望み、埃《ち》塵《り》相接げり。機を両《ふた》つの陣の間に決《さだ》めて、万死つる地を避らず。遂に磐井を斬りて、果して疆場《さかい》を定む。

同年十二月条

筑紫君葛子《つくしのきみくずこ》、父のつみに坐《よ》りて誅《つみ》せられむことを恐りて、糟屋屯倉《かすやのみやけ》を献《たてまつ》りて、死罪《しぬるつみ》贖《あがな》はむことを求す。

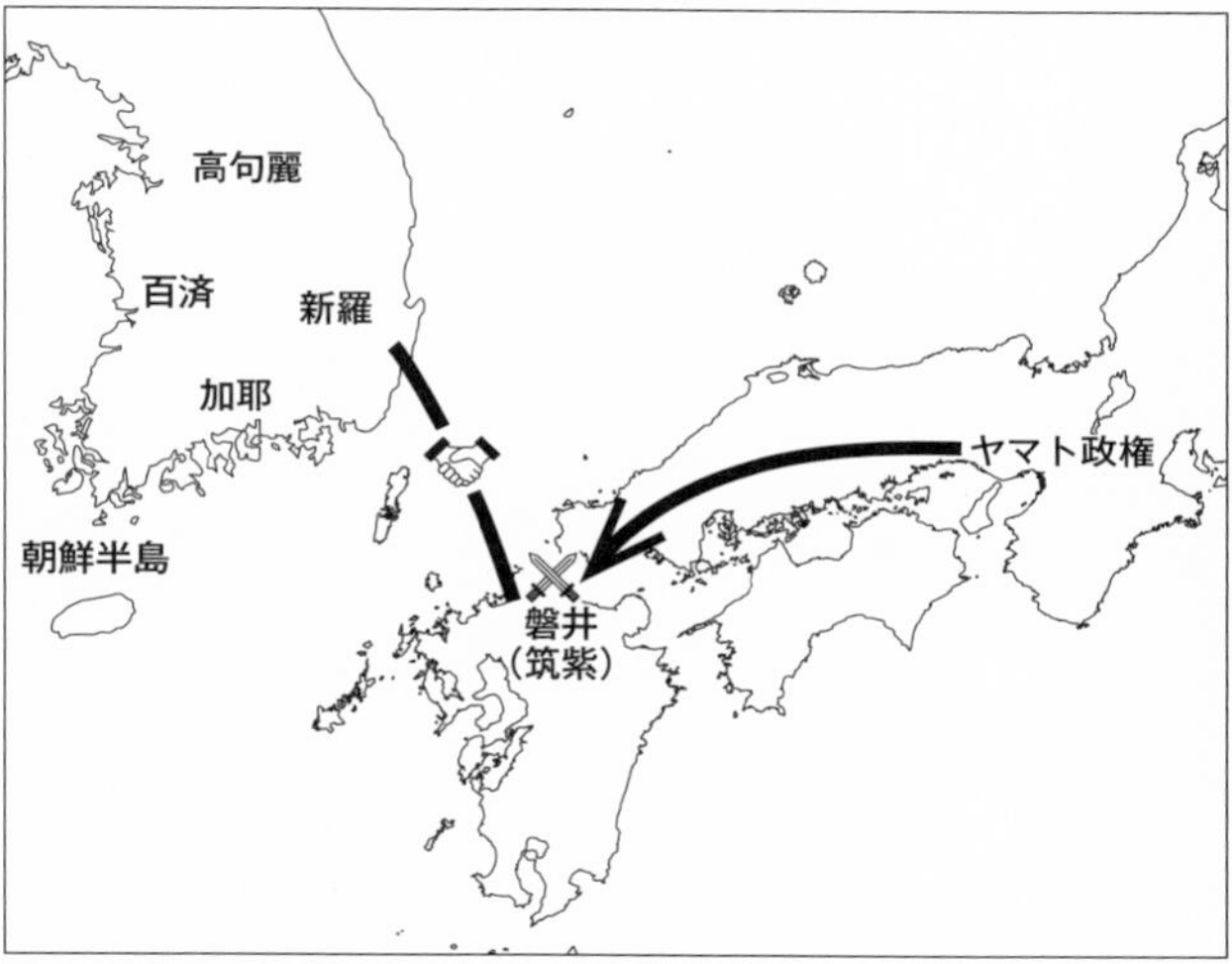

図1　磐井の戦いの構図

　ここでは、磐井が新羅と交流しつつ高句麗・百済・新羅・加耶などの諸国との外交権を独占しようとしたことが注目される。これは、倭の五王にみられるように大陸・半島との外交権の掌握によって半島や列島内における優位の獲得をめざしてきた大王権力にとっては認めがたいことであった。磐井の戦いは、外交権をめぐるヤマト王権と九州の豪族との争いでもあった。その点で、磐井の戦いは東アジアにおける国際戦争であったといえる。

　九州を代表する磐井の権力基盤は、筑紫（筑前・筑後）・火（肥前・肥後）・豊（豊前・豊後）にその勢力を誇っていた。磐井がかつて同僚であった大王の使者近江毛野臣に従うことを潔しとしなかったこと、すなわち大王との関係が同盟から従属に移行することに抵抗したことは、まだ列島内において大王による中央集権的支配が充分には貫徹していなかったことに応じていよう。

こうした国家的危機に対して、大王権力は、大将軍として最有力の中央豪族の一人物部大連麁鹿火を派遣し、九州の地の支配権をゆだねるという必死の体制で磐井の制圧に向かった。二年越しの激戦の末に、ようやく磐井は制圧された。そして戦いの結果、博多湾沿いの地に王権直轄領となる糟屋屯倉が置かれた。糟屋屯倉は、博多湾に面した筑前国糟屋郡の地であり、磐井の対外交流の拠点であったと思われる。そこに屯倉が置かれたことは、九州の豪族勢力を抑えて、外交権をヤマト王権の大王権力が直接掌握したことを示す。なお糟屋屯倉の機能は、のちに那津官家《なのつのみやけ》へと継承される。大宰府の前身ともいわれる那津官家は、大規模な倉庫群が列立する比恵《ひえ》遺跡(福岡市博多区)に比定され、博多湾に面する海上交通の要衝であった。

†『筑後国風土記』逸文の磐井の戦い

ところで、磐井の墓については、下文の『筑後国風土記』逸文と古墳の現形状によって、福岡県八女《やめ》市の八女古墳群中の岩戸山《いわとやま》古墳であることが明らかとなっている。周溝・周堤をふくめて全長約一八〇メートル規模の大前方後円墳である。造墓者の分かる古墳として極めて珍しい例といえる。

『筑後国風土記』逸文（『釈日本紀《しゃくにほんぎ》』巻十三）

筑後の国の風土記に曰はく、上妻《かみつやめ》の。県《こおり》の南二里に筑紫君磐井の墳墓あり。高さ七丈、周り六十丈なり。墓田は、南と北と各六十丈、東と西と各卌丈《しじゅうじょう》なり。石人《せきじん》と石盾《いしたて》と各六十枚、交陣なり行を成して、四面に周匝《めぐ》れり。東北の角に当《あた》りて、一つの別区《べっく》あり。号《なづ》けて衙頭《がとう》と曰ふ。〈衙頭は政所《まんどころ》なり。〉其の中に一の石人あり、縦容に地に立てり。号けて解部《ときべ》と曰ふ。前に一人あり、裸《ら》形にして地に伏せり。号けて偸人《ぬすびと》と曰ふ。〈生けりしとき、猪を偸みき、仍りて罪を決められむとす。〉側に石猪《いしい》四頭あり、贓物《ぞうもつ》と号く。〈贓物は盗みし物なり。〉彼の処に亦《また》有石馬《せきば》三疋・石殿三間・石蔵二間あり。古老の伝へて云へらく、「雄大迹《おおど》の天皇（継体）のみ世に当りて、筑紫君磐井、豪強く暴虐くして、皇風に偃《したが》はず。平生《い》けりし時、預《あらかじ》め此の墓を造りき。俄《にわか》にして官軍動発りて、襲たむとする間に、勢の勝つましじきを知りて、独自《ひとり》、豊前の国上膳《かみつみけ》の県に遁《のが》れて、南の山の峻《けわ》しき嶺《みね》の曲《くま》に終せき。ここに、官軍、追ひ尋ぎて蹤《あと》を失ひき。士、怒泄《や》まず、石人の手を撃ち折り、石馬の頭を打ち堕しき。古老の伝へて云へらく、「上妻の県に多く篤き疾あるは、蓋《けだ》し茲《ここ》に由るか。

八世紀初めに諸国で編纂された『風土記』の中に、古老たちが伝えた二百年前の磐井の戦いの記憶が留められていた。磐井が生前に造営した古墳（寿陵《じゅりょう》）ということで、九州の地元の人々たちの間では、磐井が豊前国の山中に逃れて生きのびたことになっていること も興味深い。

†岩戸山古墳と石人・石馬

『筑後国風土記』逸文に記された磐井の墓の高さ・巡り・南北・東西の規模や石人・石楯そして別区の存在などは、八女古墳群のなかの全長一八〇メートルを計る大前方後円墳の岩戸山古墳とそのまま一致する。とくに一辺五〇メートルの方形の区画「別区」が後円部東北に現存し、また石人・石馬・石楯・石猪などが多く遺存しているなど、『筑後国風土記』逸文と岩戸山古墳の姿は見事に一致する。

ここでは、別区にみられる磐井の王権に注目したい。別区の様子からは、磐井は、石人・石馬にみられる強大な軍事力、解部の石人にみられる法にもとづく裁判権、石殿にみられる政治・儀礼の場としての立派な宮殿、石蔵にみられる倉庫群に象徴される財政力をもっていたことがわかる。そして石人・石馬文化圏の広がりから、筑紫・火・豊におよぶ九州各地の豪族や民衆たちの精神的結集を果たしていたこともうかがえる。

九州の古墳文化の遺物面での特徴として、阿蘇《あそ》溶結凝灰岩《ようけつぎょうかいがん》を用いて整形した石人・石馬を墳丘に並べ飾る石人・石馬文化圏が、ちょうど六世紀前半に八女古墳群などを中心として磐井の地盤であった筑紫・火・豊の範囲に広がることが知られている。そして、六世紀半ばになると、石人・石馬文化に代わって、畿内系の埴輪《はにわ》文化へと変容するのである。このことは、磐井が勢力を張った六世紀前半の時期に九州独特の石人・石馬文化が展開したのに対し、ヤマト王権の埴輪文化がそれを凌駕していった様相といえよう。なお、岩戸山古墳や石人・石馬などの調査成果は、八女市立岩戸山歴史文化交流館いわいの郷で総合的に展示されている。

図2　岩戸山古墳

もちろん、磐井とヤマト王権の大王権力との間に一定の従属的性格をもった同盟関係が存在したであろうことは、岩戸山古墳が前方後円形をとることなどにうかがえる。ただし、磐井の戦いにおいて対外関係の掌握をめざす姿勢などに、筑紫・火・豊の地域を代表する豪族として、磐井に「相対的自立性をもった政治権力」（鬼頭清明「日本民族の形成と国際的契機」『大系日本国家史　一古代』東京大学出版会、一九七五）を認めることもできよう。

　こうして磐井は、対外関係とともに列島内の大王権力や他地方（九州各地など）の地方豪族たちとの関係という歴史的環境の中で、外交権、軍事権、裁判権、政治・儀礼、財政権などの権能を集約して、いわば九州における王国形成への道をたどりつつあったことが指摘できよう。そしてそれゆえにこそ、ヤマト王権の危機感も大きかったのである。なお、磐井と対峙した大王である継体天皇の大王陵の今城塚《いましろづか》古墳（大阪府高槻市）も、発掘調査を経て史跡整備され、その成果が多面的に展示されている（高槻市立今城塚古代歴史館）。

図３　靫（ゆき）を負う石人
（岩戸山歴史文化交流館所蔵）

†大王と地方豪族

　大王を代表とするヤマト王権による日本列島（本州・九州・四国）各地方への勢力進出の過程では、他にも地方豪族との間に戦いや摩擦が起こることがあった。その痕跡は、『日本書紀』の雄略紀から清寧紀にかけてみえる、吉備氏の反乱に関する「星川皇子《ほしかわのみこ》の乱」や、安閑《あんかん》天皇元年閏十二月条にみられる「武蔵国造《むさしのくにのみやつこ》の乱」のような、「反乱伝承」にみることができる。
「武蔵国造の乱」の場合は、武蔵国造笠原直使主《かさはらのあたいおみ》が大王権力と結びついたのに対して、笠原直使主の同族である小杵《おき》は東国の地方豪族の雄であった毛野氏の上毛野君小熊《かみつけぬのきみおくま》を頼って対立したという。そして、戦いに勝利した大王権力側は、南武蔵に直轄領としての屯倉を設置したのであった。武蔵における古墳時代の有力古墳の分布が、前期の武蔵南部から後期には武蔵北部（埼玉古墳群）に移動したことも、この「武蔵国造の乱」とかかわるのではないかと指摘されている。

『日本書紀』安閑元年閏十二月条

武蔵国造笠原直使主《おみ》と同族《うから》小杵《おき》と、国造を相争ひて、〔使主・小杵、皆名なり。〕年経るに決め難し。小杵、性《ひととなり》阻《うじはやく》くして逆《さから》ふこと有り。心高びて順《まつろ》ふこと無し。密《ひそか》に就《ゆ》きて援《たすけ》を上毛野君小熊に求む。而して使主を殺さむと謀《はか》る。使主覚《さと》りて走《に》げ出づ。京《みやこ》に詣でて状《そのかたち》を言《まう》す。朝庭《みかど》臨断《つみさだ》めたまひて、使主を以て国造とす。小杵を誅《ころ》す。国造使主、悚《かしこまり》憙《よろこび》懐《こころ》に交《み》ちて、黙已《もだ》あること能《あた》はず。謹《つつし》みて国家の為に、横渟《よこぬ》・橘《たち》花《ばな》・多氷《おおひ》（多末《たま》ヵ）・倉樔《くらす》、四処《よところ》の屯倉《みやけ》を置き奉《たてまつ》る。

こうして、地方豪族たちは、六世紀には国造制という形で大王権力のもとに組み込まれていった。そして、こうした「統合と反乱の時代」の後に、七世紀には、『隋書《ずいしょ》』東夷伝倭国条にみられるような、一定の地方制度が形成されていくことになった。

『隋書』東夷伝倭国条には

軍尼《くに》一百二十人あり、なお中国の牧宰《ぼくさい》のごとし。八十戸に一伊尼翼《いなき》を置く、今の里《り》長《ちょう》の如きなり。十伊尼翼は一軍尼に属す。

とあるように、七世紀はじめの倭国の地方制度には、中国の牧宰のような「軍尼」すなわち国ごとの国造が百二十人あり、その下に里長のような「伊尼翼」すなわち稲置《いなき》が八十戸ごとに置かれ、十人の「伊尼翼」が一人の「軍尼」のもとに所属したという。倭国からの遣隋使の情報によって隋が理解した倭の地方制度として、どれだけ正確かは別であるが、こうした地方制度が七世紀には整えられつつあったことが推定できる。ただし地方豪族である国造や稲置を地方官的に位置づけたとして、地方豪族の支配内部にどこまでヤマト王権が直接に介入し得たかは微妙であろう。

列島の地方豪族のうち有力なものには、一般的な国造に与えられた「直」とは異なり、「君」のカバネが贈られた。筑紫君磐井も上毛野君小熊も、有力地方豪族としてカバネ「君」を称している。この「君」(キミ)は「王」(キミ)に通じており、列島内の有力地方豪族も、中央の有力王族とともに「王」でもあったといえる。そして「王」の中で最高位の存在を「大王」(オホキミ)と特別に称したと思われる。そして「大王」が「王」を凌駕していく過程が展開した。大王と王の関係は、次第に庇護《ひご》と「仕奉《しぶ》」そして支配・従属の関係へと変わっていった。その過程では、大王にとって、東アジアの中国や朝鮮半島の諸国との外交関係の一元的把握とそれによる先進文物の独占・分配は、大きな意味を果たした。地方豪族の反発を排し、有力中央豪族を抑えて、大王が隔絶した権威・権力を確立して天皇（スメラミコト）となっていくのは、七世紀後半の段階であった。大王から天皇へという変化とともに、律令国家の形成へと進んでいったのである。

なお、後期加耶の中心であった大加耶国《だいかやこく》（韓国の高霊。五六二年に新羅に併合）の池山洞《チサンドン》古墳群の王陵から出土した加耶式土器には、「大王」と記した文字が知られ、東アジア諸国でこの時代に「大王」が誕生していた様相がうかがえる。

さらに詳しく知るための参考文献

太田区立郷土博物館『武蔵国造の乱』（東京美術、一九九四）……武蔵国造の乱についての研究成果をまとめたビジュアルな特別展図録。

小田富士雄編『古代を考える　磐井の乱』（吉川弘文館、一九九一）、同編『石人石馬』（学生社、一九八五）……前者は、磐井の乱の研究成果を古代史・考古学など幅広い視野から総合的に提示した基本書。後者は、石人・石馬文化についての研究を総合的にまとめた書。

佐藤信編『古代史講義【戦乱篇】』（ちくま新書、二〇一九）……大髙広和「磐井の乱」が、本講とは別の角度から戦いを位置づけている。

篠川賢『大王と地方豪族』(日本史リブレット　山川出版社、二〇〇一)、同『継体天皇』(人物叢書　吉川弘文館、二〇一六)……前者は、ヤマト王権の大王と地方豪族との関係を簡潔にまとめた書。後者は、磐井と同時代の継体天皇を幅広い視野から紹介する。

柳沢一男『筑紫君磐井と「磐井の乱」　岩戸山古墳』(シリーズ遺跡を学ぶ　新泉社、二〇一四)……岩戸山古墳や石人・石馬文化などについての新しい研究成果を、平明に紹介する。

第4講 加耶と倭

田中俊明

†加耶とは何か

加耶《かや》とは、古代の朝鮮半島南部に存在した小国群である。その史料的初見は『広開土《こうかいど》王《おう》碑《ひ》』で、高句麗《こうくり》軍が四〇〇年に新羅《しらぎ》の救援要請をうけて南下し、新羅王都にいた倭人《わじん》を追い出し、追いかけて「任那《みまな》加羅《から》の従伐城《じゅうばつじょう》に至った」と記す。この「任那加羅」とは、ある特定の国の名で、任那と加羅ではない。任那加羅国は、三世紀なかばには、『魏志《ぎし》』韓伝《かんでん》に狗邪《くや》国として登場していた小国で、現在の慶尚南道金海《キョンサンナムドキメ》にあった。金官《きんかん》国ともいう。これらのことから、加羅という表記は四〇〇年以前にはすでに存在したと考えられるものの、三世紀なかばにはさかのぼらないことがわかる。狗邪が加耶を意味するという意見もあるが、狗邪国は弁韓《べんかん》の一国であり、弁韓の一国がこの間に加耶の一国に変化したものととらえるべきである。

タイトルで加耶を掲げながら、いま加羅と表記する国について述べているが、もともと加耶と加羅とは同じことばである。朝鮮語では、r・lは発音しにくいために脱落する。加羅 ka-ra が、加耶 ka-ya へと変化したのであろう。漢字表記の例としては、加羅・加耶が一般的で、加良・賀羅・伽耶などがある。また、駕洛・加落などもあり、日本語では ka-raku となるが、朝鮮語では ka-rak であり、しいて日本音で書けば「カラッ」である。発音上では ka-ra と変わりない。史料によって表記が異なるので注意を要するが、ここでは基本的に加耶を用いる（史料引用の場合は、史料の表記のとおり記す）。

加耶とはどのような範囲であったのか、といえば、現在の慶尚南道を中心とする地域とみる見方と、もっと広く、慶尚北道《キョンサンプクト》までを含む地域とみる見方がある。重なるのは、慶尚南道を中心とする地域であり、その大部分は三世紀なかばには上記のように弁韓とよばれていた。そうした弁韓が、三世紀なかばから四〇〇年までの間に、おおよそ加耶というように、呼び方を変えた、ということになる。

『三国遺事《さんごくいじ》』巻一に「五伽耶」と題する短い項目がある。そこには「阿羅《あら》伽耶・古寧《こねい》伽耶・大《だい》伽耶・星山《せいざん》伽耶・小《しょう》伽耶」という五つの加耶国をあげている。これは金官国（任那加羅国）を筆頭にして、残る五つをあげたもので、すなわち六加耶について記すものである。この六加耶が全体として何らかの有機的な関係があったかのようにみるのは正しくな

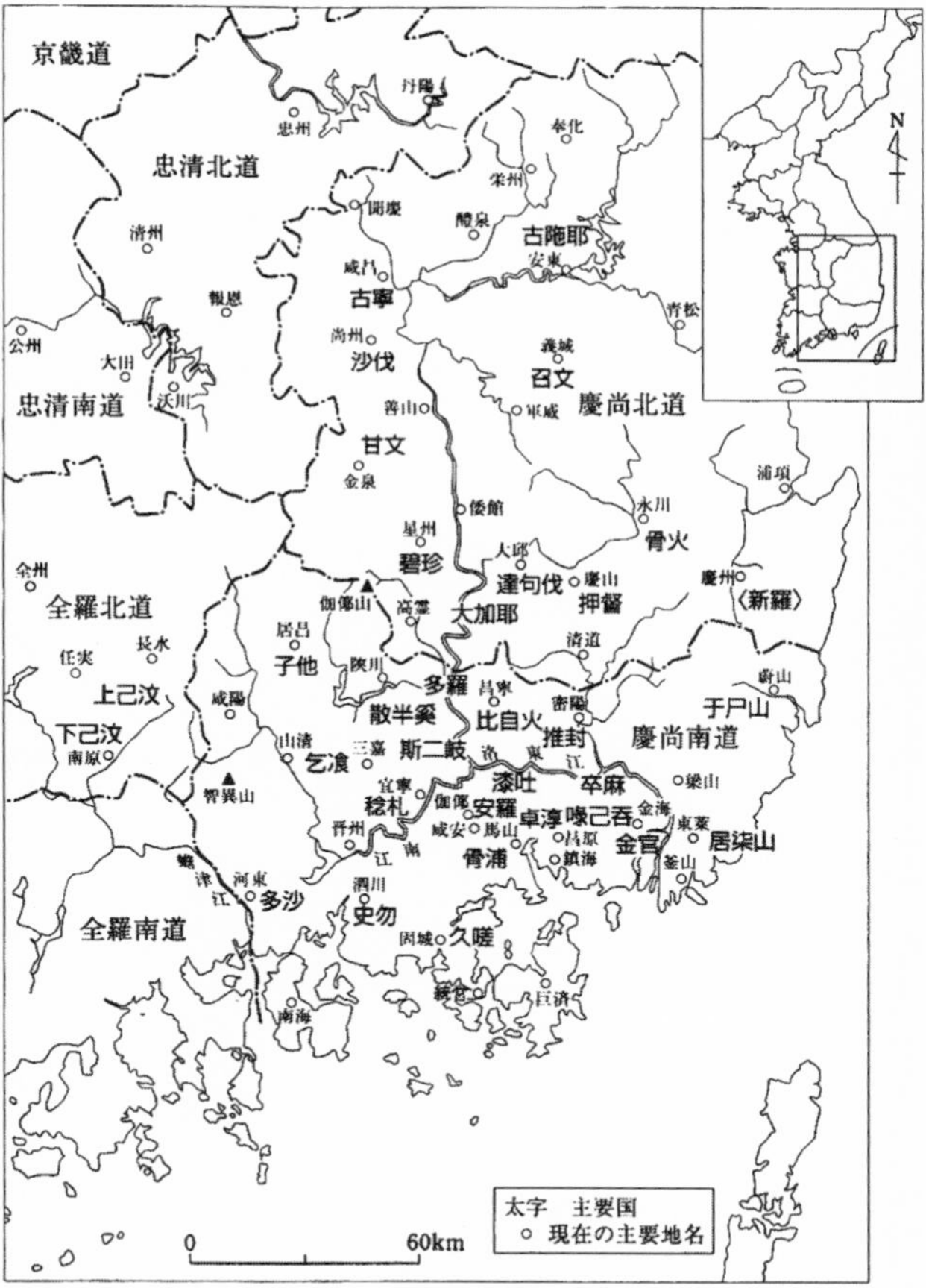
京畿道
丹陽
忠州
奉化
忠清北道
栄州
聞慶
醴泉
清州
古陁耶
安東
咸昌
古寧
報恩
青松
公州
尚州
義城
大田
沙伐
召文
忠清南道
沃川
善山
軍威
慶尚北道
甘文
浦項
金泉
倭館
星州
永川
大邱
骨火
碧珍
全州
伽倻山
慶山
慶州
達句伐
押督
〈新羅〉
全羅北道
高霊
大加耶
居昌
清道
長水
任実
子他
陜川
蔚山
多羅
昌寧
上己汶
咸陽
散半奚
密陽
于尸山
比自火
下己汶
山清
推封
慶尚南道
三嘉
斯二岐
洛東江
南原
乞飡
梁山
智異山
宜寧
漆吐
卒麻
伽倻
金海
稔礼
安羅
卓淳
喙己呑
東萊
晋州
咸安
馬山
昌原
金官
居柒山
南江
骨浦
鎮海
釜山
蟾津江
河東
泗川
多沙
史勿
全羅南道
固城
久嵯
統営
巨済
南海
太字　主要国
○ 現在の主要地名
0
60km
N
加耶諸国

い。単に編者が知っていた加耶の国名を並べたにすぎないものであるが、加耶の範囲を考えるときには有効である。

また、同じ箇所には「本朝史略《ほんちょうしりゃく》」を引いて九四〇年に五伽耶の名を改めたとして、「一、金官。二、古寧。三、非火《ひか》。残りの二つは阿羅・星山である」という五つの加耶もあげている。この五加耶も、単に加耶の国名を並べたにすぎないものである。

『三国史記《さんごくしき》』には地理志があり、統一新羅時代の新羅九州の諸郡県の沿革を記す。そのなかで、尚州《しょうしゅう》古寧郡は「もと古寧加耶国であった」とあり、康州咸安郡《こうしゅうかんあん》は「〔新羅の〕法興《ほうこう》王が大兵で阿戸良《あしら》国を滅ぼした」とあり、康州高霊《こうれい》郡は「もと大加耶国である」とある。『三国史記』において、もと加耶の国であると明示するのは、これらのみである。阿戸良国は、先の阿羅伽耶のことで、三国いずれも六伽耶・五伽耶としてとりあげられる国でもあった。

ここまでにとりあげた国々が存在する地点が、加耶諸国全体の範囲に含まれることはまちがいない。その場合に注目すべきは古寧伽耶である。現在の尚州市咸昌邑《サンジュハムチャン》にあたる。慶尚北道でもかなり北である。それが加耶の一国であったとすれば、加耶の範囲は、大きく広げて考えなければならない。それが慶尚北道までを含むという見方である。

とはいえ、一般に加耶という場合、慶尚南道を中心にして、少し広がる範囲で考えるのがふつうである。加耶の主要な国として、金官国・小加耶国・阿羅国・大加耶国をあげるのが通例であり、それらを含む範囲ということである。

いずれにしても、重要なことは、加耶とは一国のことではなく、小国群を指すもので、最後までひとつにまとまることはなかったということである（いくつかの加耶の国が連合することはあった）。したがって、加耶と倭とは友好関係にあった、というような表現は正しくない。加耶の南部諸国と倭のヤマト政権とは、とかいうように言わなければならない。加耶のなかのどの地域か、どの国かを示さなければいけないのである。

ところで、かつて日本の学界では、加耶のことを任那とよんでいた。任那とはほんらい、最初にあげたように任那加羅であり金官国を指す。加耶諸国のなかの一国にすぎない。朝鮮史料で「任那」のことを記すものは少ないが、ほぼみなこの金官国を指している。『日本書紀』ではほかの意味で「任那」を多用しているが、それは当時の日本列島の勢力と最も近く、早くに関係が生じ、その後も長く続いたことから派生したものである。

†加耶諸国と倭との関係のはじまり

『日本書紀』において、日本列島以外の勢力・集団との関係を記す記事の最初は、崇神《すじん》紀の六五年条の「任那国が蘇那曷叱知《そなかしち》を派遣して朝貢してきた」という記事である。この

「任那」は、それに続く説明から金官国を指していることはまちがいない。

その五年後にあたる垂仁紀《すいにん》の二年条に蘇那曷叱知の帰国についての記事があり、その注に、崇神の時代に「意富加羅国王之子《おほからこくおうのこ》」である都怒我阿羅斯等《つぬがあらしと》がやって来たという別伝を記す。意富加羅国は大加羅であり、金官国を指す。

加耶の歴史において、大きい加耶とされた国は二つのみであり、ひとつが金官国、もうひとつはあとの時代の大加耶で、最後まで大加耶と呼ばれた。先にもふれた、高霊《コリヨン》にあった国である。およそ五世紀なかばを前後して、大加耶が交替するのである。

同じ時期に金官国からやってきた都怒我阿羅斯等と蘇那曷叱知とは、同一人物であるという意見がある。そうであれば、崇神の時代に、金官国から人がやってくることがあった、そしてそれが国際的な通交の始まりとして観念されていたとみることができる。

それは自然なことである。狗邪国の段階において、狗邪国と対馬《つしま》（対海）国・壱岐《いき》（一支）国さらに九州の末盧《まつろ》国などが、海路でつながれていたことは、『魏志』倭人伝の記述を通して知ることができる。その航路は先史時代から用いられていたものと考えられ、日本列島の勢力がそうした航路を用い、壱岐・対馬を経て朝鮮半島東南の勢力と通じるのは、極めて自然なことといえるのである。それは四世紀はじめのことであったと想像している。

この金官国に続くのは、神功《じんぐう》皇后摂政紀（以下、神功紀）が記すように卓淳《とくじゆん》国であり、三六〇年代のことであった。卓淳の位置は実は明確ではないのであるが、馬山《マサン》湾に面したどこかで、西側の昌原《チャンウォン》市鎮東《チンドン》面県洞《ヒョンドン》あたりが中心であった可能性が高い。

その卓淳との通交関係を記す記事は、神功紀四六年条である。神功紀四六年から五二年までの記事は、一連の内容を記している。神功紀四六年は、『日本書紀』の紀年でいえば、西暦二四六年にあたる。しかし、明治以来の紀年論争を経て、神功紀の記事は、その年代のこととみるのではなく、干支二めぐり（六〇年×二）つまり一二〇年繰り下げて修正しなければならないことが明らかになっている。そのため三六六年のこととして考える必要がある。神功紀四六年~五二年の記事は、そのように修正して、三六六年から三七二年のことを記しているものととらえなければならないのである。しかしそうすれば、すべて事実としてみなすことができるかといえば、問題がないわけではない。そのことを意識しつつ記事を用いなければならない。

卓淳に使者を送ったことが神功紀四六年条にみえている。それは三六六年のことと考えられる。そして四七年条にかけて、卓淳王が仲介するかたちで、百済《くだら》からの使者が倭国にやってきたことも記している。さらに、百済の使者が倭にやってくるとき、迷って新羅に着いて、そこで新羅に貢ぎ物を取り替えられたため、倭には新羅のよくないものをもってやって来たと記す。

これに続く記事が四九年条である（四八年条はない）。そこには、不可解なことがたくさん記されている。四七年条で、新羅の罪を問うために千熊長彦《ちくまながひこ》を新羅に派遣しようとしたはずなのに、いきなり新羅に対する侵攻が記されている。その侵攻の主役は、荒田別《あらたわけ》・鹿我別《かがわけ》という将軍で、後発として木羅斤資《もくらこんし》・沙沙奴跪《ささなこ》が増派されている。

木羅斤資は、『日本書紀』にはあと二回登場する。神功紀六二年条の分注と、応神紀《おうじん》二五年条の分注である。後者に木満致《もくまんち》が登場し、木羅斤資の子であるとする。木・木羅は百済の有力な姓で、どちらでも同じである。木劦《もくらい》とも記す。この木満致が、実は『三国史記』にもみえる。

『三国史記』の百済本紀の蓋鹵《がいろ》王二一年（四七五）条に、次王となる文周《ぶんしゅう》とともに漢城《かんじょう》をすてて南行する人物として「木劦満致《もつきょう》」がみえる。この「木劦」は「木刕」が正しく、つまり木満致と同姓同名である。異論もあるが、同一人物である可能性が高い。とすればどうなるのかといえば、父木羅斤資が新羅を討ったときに新羅の女性を娶って生んだということから、生まれた時期がわかる。父が新羅を討ったというのは、記録の限りで、先の神功紀四九年しかない。すなわち三六九年のことと考えられ、それからまもなく生まれたということになり、そうであれば、四七五年には百歳を越えてしまう。そのことから、木羅斤資の記事は、先にふれた干支二運繰り下げた修正ではなく、もう一運繰り下げた修正をしなければならない、というように考えられている。四二九年のこととみるのである。その場合には、四七五年には四〇歳代なかばとなり、文周とともに南行した人物としてふさわしくなる。

結局、神功紀四九年条というのは、もともと三六九年のことを記した記事と、四二九年のことを記した記事とから成り立っているということであり、そのためおかしなことになっていたのである。とはいえ、四九年条から、木羅斤資に関わる部分を取り除けばすむわけではなく、いきなり新羅に侵攻しようとするのはおかしく、造作であると考えるしかないのであるが、それをさらに取り除けば、新羅に派遣された千熊長彦がその後、百済に行って王と盟約を結び、久氏《くてぃ》とともに帰って来た、ということになり、四七年条と無理なくつながる。

五〇年以後の記事についても問題がある。久氏と千熊長彦の往来が多すぎる。そのため、五〇年条・五一年条についても造作であろうという考えがある。わたしもそう考えて、四九年にすぐに続くのが五二年条であるとみている。とすれば、四九年に百済を出発した久氏と千熊長彦が着いたのが五二年条に記されているということで、百済人久氏がやってきたのは、四七年条に続いて二回目であったということになる。

五二年条に七枝刀《ななつさやのたち》などを献上したと記すが、それはつまり、三六九年に百済を出発した久氏が持ってきたものということで、七支刀《しちしとう》が「泰和《たいわ》四年」に造られたことと符合する。

石上《いそのかみ》神宮が所蔵する七支刀は、冒頭に「泰和四年」と記しており、異論もあるが、東晋の「太和《たいわ》」を指すという考えが妥当である。「太和」は「泰和」と表記しても問題ないのであり、太和四年は三六九年にあたる。

以上みてきたことから、神功紀の四六年〜五二年条は、次のように要約できる。

倭国から卓淳国に使者が派遣され、卓淳王から聞いた話によって、その使者がみずからの従者を百済に送り、それに対応して百済から倭国に使者が派遣された。その際に、迷って新羅に寄った百済の使者が、新羅によって倭に持ってこようとしたものを取り替えられた。倭に到着した百済の使者からそのことを聞いて、新羅に問罪使《もんざいし》を派遣した。問罪使はさらに百済に行って、百済王と会い、盟約を結び、百済の使者といっしょに戻ってきた。その際に百済の使者は、七支刀を持ってきた。

倭国と金官国との関係からはじまった倭と加耶との関係は、その西側の卓淳国との関係に広がり、そして百済との関係も生じたということになる。倭国は、さらに西側の安羅《あら》国とも通じたものと考えられ（『広開土王碑』の時点では、明らかに安羅国と倭国が同じ側である）、金官・卓淳・安羅という加耶南部の国々と倭と百済とで、同盟関係が成立したものと考えられる。わたしはそれを三七二年体制とよぶが、それが基本的に六世紀はじめまで維持される。

†「任那支配論」について

先に木羅斤資の記事を、一八〇年繰り下げる修正をしなければならない、と述べたが、その記事のなかに「新羅を撃って破った。そのけっか、比自炑《ひしほ》・南加羅《ありひしのから》・喙国《とくのくに》・安羅・多羅《たら》・卓淳・加羅の七国を平定した」というくだりがある。倭国の軍隊が新羅を撃破し、その結果として七つの国を平定した、というもので、この七つもまた、加耶諸国のなかでの有力国であったといえる。

かつて日本の古代史学界では、「任那支配論」が有力な考え方であった。つまり、古代の日本が朝鮮半島南部に出兵し、そこを占領して植民地として支配した、というように考えていた。その地域を「任那」とよび、その支配のために任那日本府《みまなにほんふ》を置いていたとする。

その場合の支配地の獲得が、この記事に示されている。つまり、ここで平定した、とあることを事実であると受け取り、倭国はこの七国の地を支配するようになったと考えたのである。しかし、この記事は極めて問題の多い記事であり、なぜこのような記事を根拠に、支配があったと考えることができたのか、疑問である(『広開土王碑』や七支刀が裏づけているとみたのではあるが)。そもそも新羅を撃破したことによって平定されたという因果関係が理解できない。南加羅すなわち金官国、およびそれに続いて友好な国となったはずの卓淳国も平定対象になっていることも不可解である。このあやしげな記事を事実と認め、それによって成立したという植民地を、疑うことなく認めていたことはふしぎというほかない。ましてこの記事は、さきに述べたような史料操作によって、三六九年の記事ではなく四二九年に置いて、事実かどうかを考えなければならない記事なのである。このように、加羅七国平定記事に信頼性はまったくなく、とうぜんながら、そのことを前提に考え出された「任那支配」など存在しようがないのである。

†百済と新羅の加耶進出

五世紀において、加耶史としては、あとの大加耶の成長があり、それを中心とする諸国連合も成立する。わたしはそれを大加耶《だいかや》連盟《れんめい》とよび、その成立・展開について述べたことがあるが、大加耶国としてはそれほど倭と関わりがみられないので、ここではふれない。

六世紀初めまでに全羅南道《チョルラナムド》まで到達した百済は、五一〇年代に加耶へと矛先をむける。まずぶつかることになるのが己汶《こもん》（全羅北道《チョルラプクト》南原《ナムオン》）・多沙《たさ》（慶尚南道河東《ハドン》）であり、それは大加耶連盟に属していた勢力であった。そのため、百済対大加耶連盟の対立、となったのであるが、結局は百済が五二二年までに多沙の津まで確保することになった。

六世紀初めに大きく成長した新羅は、五二二年に大加耶と婚姻同盟を結ぶいっぽうで、加耶南部への侵攻をすすめた。五二四年には、金官国さらに喙己呑《とくことん》国へ侵攻した。それに対して、卓淳・安羅などの加耶南部諸国は、同盟関係にあった倭に救援を要請した。それを承けて、派遣されたのが近江毛野臣《おうみのけなのおみ》であった。ところが、五二七年に派遣された際には、筑紫において、新羅と結ぶ磐井《いわい》の妨害にあって、渡海できなかった。そこで五二九年にあらためて派遣された。

安羅に到着した毛野臣は、すぐに前線の熊川《くまなり》（昌原市熊川《ウンチョン》）に移った。新羅は、上大等《じょうだいとう》の異斯夫《いしふ》（伊叱夫礼智干岐《いしぶれちかんき》）が軍を率いて金官国に進撃した。毛野臣は、新羅の侵攻に対して結局なにもできないまま卓淳国に属するとおもわれる久斯牟羅《くしむら》に後退した。異斯夫は、容易に金官国を攻撃して、それを構成する四村を抄略した。金官国は、これによって壊滅的打撃をうけ、五三二年になって、王および王族の新羅への投降というかたちで、最終的に滅亡した。

なお、その際にとった新羅の措置は、のちの安羅の対応に重要な意味をもつ。新羅は、金官国最後の王であった仇亥《きゅうがい》に対して、王族を含む新羅の特権身分である真骨《しんこつ》身分に列し、また本国を食邑とするという、他に例をみない破格の優遇策をとったのである。

新羅は、金官国の四村を抄略したあと喙己呑・卓淳へと西進していった。いっぽう百済は、五三一年に安羅へ進駐していた。百済は多沙から安羅へ歩を進めたのであった。しかし、己汶・多沙への侵攻とは異なり、この場合は、必ずしも侵略意図によるものとはいえない。というよりは、同盟関係にある安羅からの救援要請を受けてのことである。百済に救援要請をしたのは、先に倭に要請し、倭から近江毛野臣が派遣されてきたにもかかわらず、結局、倭軍はなにもできないで、手をこまねいていたことによる。

このように、五三一年に百済は安羅に進駐し、いっぽう新羅はその目前の卓淳を滅ぼして、この加耶南部地域において、百済と新羅とが直接対峙する形勢となった。そして、この戦線は、しばらく膠着状態におちいるのである。しかし百済は、五四一年に新羅に、対高句麗で共同歩調をとろうと和議を結んだ上で、加耶には積極的に介入を続けた。

†「任那日本府」と加耶関係の終焉

『日本書紀』欽明《きんめい》紀によれば、五四一年と五四四年に、百済の聖王《せいおう》(聖明王《せいめい》)のよびかけで、百済において加耶諸国の旱支《かんき》(首長)たちと「任那日本府」の臣が集まって会議が開かれている。それは、新羅によって滅ぼされた金官・喙己呑・卓淳を復建しようという名目の会議であったが、名目にすぎないことは、百済側が執拗に要求していることなどを分析すれば明らかである。「任那日本府」という語は、『日本書紀』にのみみえるものであるが、すべて欽明紀に限られ、とくにこの会議の際に登場するものがほとんどである。そこで会議を検討することが、「任那日本府」の実像を知る直接的な方法になる。

「任那日本府」とは、ほんらい「在安羅諸倭臣《あらにはべるもろもろのやまとのまえつきみ》」であり、倭国からの使臣団を指す、というのが有力な見方になっている。それを何らかの機関であるかのように受け取るのは、そもそも史料から導かれた見方ではないが、そのようにみなした上で、そのようなものはなかったとか、交易のための機関であったとか主張することも、方法としては問題であった。当時の用語としては「任那日本府」はなかったといえるが、その実体がなかったわけではない。特定の問題のために派遣された使節であったのである。

ただし、それを実質的に動かしたのは、安羅にいた倭系の人たちであった。河内直《かふちのあたい》・阿《あ》賢移那斯《けえなし》・佐魯麻都《さろまつ》らである。彼らは兄弟またはいとこであり、祖父は倭から移住してきた。その子が安羅人女性と結ばれて生まれたのが彼らである。少なくとも麻都は確実にそうであり、倭系の安羅人ということになる。

百済王が、繰り返し主張しているのは、彼らやはり「任那日本府」の臣である的《いくはの》臣《おみ》・吉備臣《きびのおみ》の放逐である。その理由は、彼らが新羅に内応しているということである。的臣・河内直らは新羅に往来し、麻都は新羅の身分を表示する衣冠《いかん》を身につけていた。

百済王はまた、金官国など三国が滅んだのは、新羅が強かったためではなく、内応者がいたからである、と繰り返し述べている。そのために内応を戒める、ということであるが、百済が「内応」とよぶ、新羅との通好は、実は麻都たちだけではなく、安羅自体がそのような意向をもっていたのであり、麻都たちはむしろその意向に沿って動いていたというべきである。つまり「任那日本府」は、安羅の意向に沿ったかたちで行動していたのである。

百済が止めたいのは、そうした安羅の意向であった。そのために四世紀以来の友好な関係をもちだして、説得につとめている。それは悲痛な懇願ともいえるものであった。なぜ安羅の新羅通好を止めたいかといえば、それは百済の利害に大きく関わるからにほかならない。その利害とは、逆に「任那日本府」が百済に要求している、下韓《あるしからくに》の郡令《こおりのつかさ》・城主《きのつかさ》の撤退問題である。

下韓とは、多沙の津から安羅に至るルート上の地域である。その地に百済は、中央派遣の地方官としての郡令・城主を設置していた(五三八年以後とみられる)。つまりその地を直轄地として支配していこうということである。四世紀以来の友好関係を保ってきた安羅としても、それには承伏しがたかったのであろう。しかも先にふれたように、東に迫った新羅は、金官国に対して破格の優遇策をとっているのである。安羅が、二者択一の状況になって、どちらを選ぶかは、すでに明らかであった。

このように、いわゆる「任那復興会議」は、その名目通り、三国の復建を策したものなどではなく、新羅に接近をはかり、百済と利害の反するようになった安羅をはじめとする加耶諸国に対して、新羅に通計することの危険と、古くからの友好関係をもちだして、それを止めようとして開いたものであり、倭国から派遣された「任那日本府」は、安羅に居住する倭系安羅人たちに主導されて、安羅国の意向に沿って、百済を詰問したり、新羅と通交したりしていたのであった。

このような会議は、百済と新羅の進出がすすみ、直接対峙し合うようになり、さらに百済が確保した地を直轄支配しようとしたこの時点になってはじめて開かれた会議であって、決して恒常的に開かれていたものではない。倭国からの使臣が、加耶全域の諸国会議に参加することも考えがたい。倭と関わりの深かった金官・卓淳・安羅等との会議はあったかもしれないが、それは確認できない。

「任那日本府」は、そうした事態に即応して派遣された使臣団を指すのであって、しかも主導的な役割ははたせなかった。結局、倭は新羅や百済の進出に対して、加耶諸国の力にはなり得なかったのである。

百済と倭との関係は、しかしながら、この時の倭の安羅寄りの姿勢にも拘わらず、その後も継続する。加耶における問題に際しては、安羅の立場を重視したのであったが、百済と決裂したというわけではなかった。しかし、その安羅は、まもなく新羅へ降ったものとみられる。それは、大加耶連盟諸国が最終的に新羅に降伏する五六二年よりも早かったとみられる。倭と加耶南部との関係は、「任那復興会議」の段階で、ほぼ終焉を迎えたのであった。

これ以後にも残った加耶諸国は、大加耶を中心とするものであるが、最終的に五六二年に新羅の攻撃をうけて滅び、加耶の百済・新羅による分割は完了した。

さらに詳しく知るための参考文献

田中俊明『大加耶連盟の興亡と「任那」』(吉川弘文館、一九九二)……本講ではほとんどふれなかった、あとの大加耶を中心とする諸国連合について、その成立から展開、終焉までを詳細に述べているので、参照されたい。

田中俊明『古代の日本と加耶』(山川出版社、二〇〇九)……本講でふれた加耶南部諸国と古代日本との関係について詳述するもので、省略した部分を確認してほしい。

末松保和『任那興亡史』(吉川弘文館、一九四九)……かつての日本の学界を代表する著作で、古代日本の「任那支配」を体系的に述べたものである。

李永植『加耶諸国と任那日本府』(吉川弘文館、一九九三)……韓国人研究者の著作として、任那問題をどのように扱っているかを確認してもらいたい。

第5講

百済と倭

三上喜孝

†百済という国

本講の主題となる百済は、高句麗・新羅と並んで、古代の朝鮮半島に存在した国である。本講のタイトルが「百済と倭・日本」ではなく、「百済と倭」なのは、倭国が国号「日本」を名のる前の六六〇年に百済が滅亡したためである。しかしながら百済は、滅亡後も「日本」の古代国家建設に大きな影響を与えた。本講ではその前提として、百済と倭との間に展開した文化的な交流を中心に、金石文などの同時代の史料をできるだけ用いて叙述してみたい。

百済は、三〜四世紀にかけて、漢江流域の小国を統合して国家として発展していった。初期は現在のソウルに都が置かれていて、この時期を「漢城《かんじょう》期」と読んでいる。ソウル市内には、夢村土城《むそんどじょう》や風納土城《ふうのう》といった遺跡が残り、これらが百済の王城であったことが考えられている。

しかし四七五年、漢城が高句麗に落とされると、都は一二〇キロ南の錦江《きんこう》中流域の熊津《ゆうしん》（現在の公州市）というところに遷る。さらに五三八年には三〇キロほど錦江を下った泗沘《しひ》城（現在の忠清南道扶余郡）に遷都する。かくして百済の都は、政治情勢に応じて漢城期→熊津期→泗沘期と遷都を余儀なくされるのである。

百済は、その成立当初から、北にある高句麗からの脅威に常にさらされていた。そのため、中国の南朝や倭国と密接な関係をもつことで、北からの脅威を牽制しようとはかったのである。

†七支刀銘文にみえる百済と倭

四世紀後半の百済と倭の関係を象徴するものとして、奈良県の石上《いそのかみ》神宮に伝来する国宝の七支刀《しちしとう》がある。刀身の左右に互い違いに屈曲した枝状の鋒《きつさき》が取り付けられた特異な形態を持ち、刀身の両面には銘文が刻まれている。その形状から考えると、実用的な武器というよりも、儀式や呪術などに用いられるような特別な刀である。釈読には諸説あるが、その銘文は、以下の通りである。

（表）泰□〔和カ〕四年□〔五カ〕月十六日丙午正陽造百錬□〔鉄カ〕七支刀□辟百兵宜供供候王□□□□作

（裏）先世以来未有此刀百済□世□奇生聖音故為倭王旨造□□□〔伝示後カ〕世

（泰□四年□月十六日丙午正陽、百錬の鉄《てつ》の七支刀を造る。百兵を辟《しりぞ》け、供供たる候王に宜し。□□□作なり。先世以来、未だ此の刀有らず。百済王世□、奇生聖音故に倭王旨の為に造り、後世に伝示す。）

七支刀の冒頭に記されている年紀「泰□四年」についてはさまざまな議論があったが、ここでは、東晋の太和四年（三六九）に、百済から倭王に贈与された刀であると考えておきたい（吉田二〇〇一）。

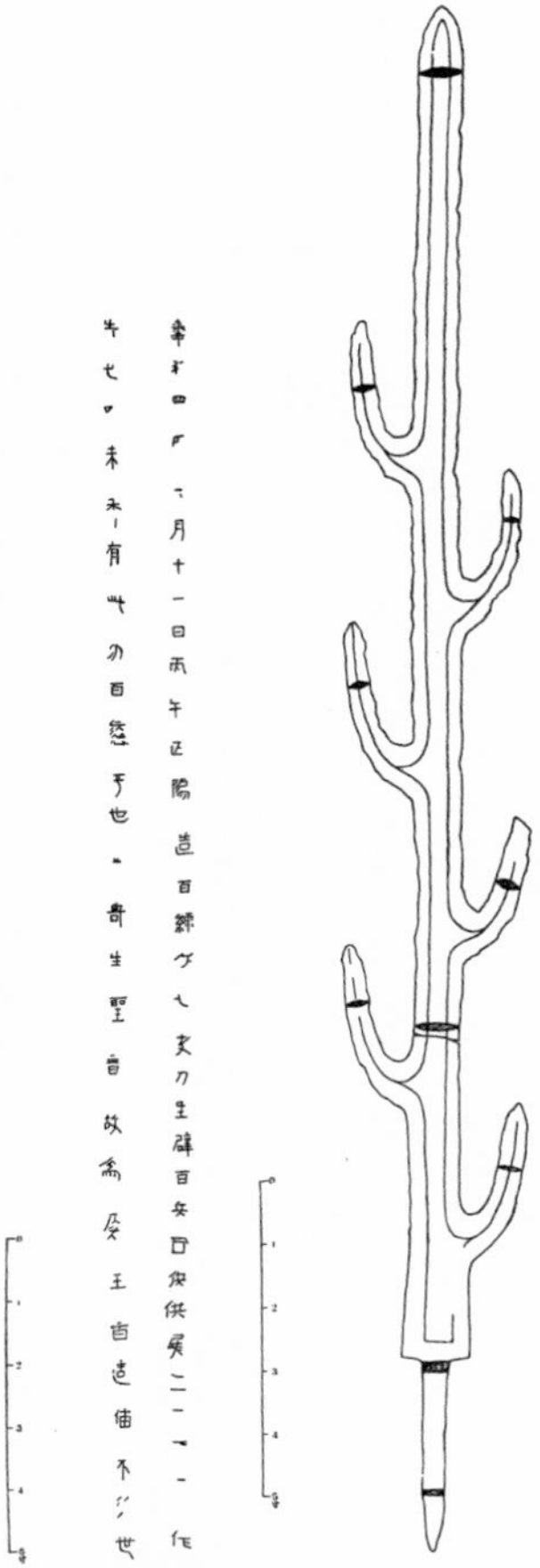

図1　七支刀の実測図（右）と銘文（左）（石上神宮編『石上神宮宝物誌』石上神宮、1930）

銘文の内容に注目すると、「百済王（またはその世子）」が、倭王のためにこの刀を作ったとしており、この七支刀が百済と日本の外交関係の中でもたらされたことがわかる。

これと対応すると思われる記事が、『日本書紀』神功皇后五十二年九月丙子の条にみえる。その記事によると、百済の官僚であった久氐《くてい》らが千熊長彦《ちくまながひこ》に従って倭国にやって来て、「七枝刀一口、七子鏡一面、及び種々の重宝」を献じたとある。ここに出てくる「七枝刀」が、現存する七支刀に相当するものではないかと考えられている。

七支刀銘文でもう一点興味深いのは、東晋の年号が使われている点である。百済は三七二年に東晋に外交使節を派遣しており、これにより東晋の後ろ盾を得ることができた。七支刀が倭国に送られたのはこの直前であり、東晋の後ろ盾と倭国との協力関係を通じて、高句麗による北からの脅威に対抗しようとしたのである。

†広開土王碑文にみえる百済と倭

続いて、同時代史料として百済と倭の関係を知ることができるのは、高句麗・広開土王碑文である。これは広開土王の子である長寿王《ちょうじゅおう》が四一四年に立てた石碑で、そこには広開土王の業績を顕彰する内容が刻まれている。とりわけ以下の部分はよく知られている。

百残（＝百済）・新羅は、むかしから高句麗の属民で、長い間高句麗に朝貢していた。

ところが倭が、辛卯《しんぼう》の年（三九一）より、海を渡って百残を破り、新羅を□□して、臣民としてしまった。そこで広開土王は、六年丙申（三九六）に、躬ら水軍を率いて、〔百〕残国を討伐した（原文は漢文）。

これによると、もともと高句麗の属民であった百済と新羅に対して、三九一年に倭が海を渡って百済を破り、さらに新羅までもその配下におさめ、臣民としてしまった、そのため三九六年に広開土王は自ら水軍を率いて、百済を討伐したという。

はたして、倭が海を渡って百済・新羅を「臣民」としたのか、この点については慎重に考える必要がある。広開土王碑はそもそも広開土王の戦績をことさらに顕彰するという性格の史料であり、高句麗と対峙する倭の軍事支配の描写を誇張すればするほど、広開土王の戦績が際立つのである。そこであえて倭をヒール役に仕立てて描いたとも考えられる。いずれにしても、高句麗は百済や新羅への領土拡大政策（南下政策）を進めるにあたり、倭をかなり意識していたことは間違いない。その背景には、百済と倭の関係が親密であったことに対する高句麗の強い対抗意識が存在していたのだろう。

†五世紀の文字史料にみえる百済と倭

五世紀に入ると、「倭の五王」という時代を迎える。中国史書にあらわれる讃・珍・

済・興・武と呼ばれる五人の王である。なかでも、倭王武が四七八年に南朝の宋に提出した上表文は、自らの意志を文字化して伝えたという意味において、それまでにはない画期的な外交交渉の手段であった。

第2講・第3講でとりあげられているので、上表文の内容は省略するが、この上表文は、中国の典籍からの引用や、駢儷体《べんれいたい》という高度な文体を使用するなど、文字文化に対する相当な理解なしには作成できないものである。さらにいうと、倭の上表文は、とりわけ百済のそれとの親和性が高い。こうしたことから、実際の上表文の作成者は、おそらくは中国系に由来する百済からの渡来人によるものだった可能性が高い。

同時代史料である熊本県・江田船山古墳出土の鉄刀の銘文には、その銘文を作文した人として「張安」の名が刻まれている。「張」姓が百済の対中外交における使者の姓としてたびたび登場し、その張姓者が中国系の人々とみられることから、「張安」もまたそうした人物であると考えられる（田中二〇〇五）。

同じく同時代史料として、埼玉県・稲荷山古墳出土の鉄剣銘文がある。稲荷山鉄剣銘文についても第2講でとりあげているので、ここでは百済の文字文化との関係という点に着目してみたい。

稲荷山鉄剣では、有名な「獲加多支鹵《わかたける》大王」と表記される王名が登場する。これは「ワカタケル大王」と読み、『古事記』や『日本書紀』にみえる雄略天皇、さらには『宋書』倭国伝にみえる「倭王武」と同一人物であるとみなされている。

ここで問題にしたいのは、その漢字表記である。固有名詞である人名を一字一音で表記しているが、各音にどの字をあてているかに注目すると、近年、百済の都が置かれた扶余の陵山里寺址《りょうざんりじあと》から出土した次の木簡との類似が注目される。

○扶余・陵山里寺址出土木簡

城下部対徳疏加鹵

六世紀頃の木簡とされているが、「□城下部」は地名もしくは所属名、「対徳」は官職名、「疏加鹵」は人名である。ほぼ同時期の百済でも、人名の字音表記に、「加」「鹵」などの、稲荷山鉄剣と共通する文字が用いられていたことは注目される（三上喜孝『日本古代の文字と地方社会』吉川弘文館、二〇一三）。

このように五世紀は、百済からの文字文化が倭国に強い影響を与えた時期であった。『古事記』の応神天皇段には、百済の照古王《しょうこおう》が貢上した和邇吉師《わにきし》（王仁《わに》）によって、『論語』十巻と『千字文《せんじもん》』一巻が伝えられたとする記事がある。応神天皇は、実在したとすれば、いわゆる『宋書』倭国伝にみえる「倭の五王」の時代にあたるので、五世紀の前半の記事ということになる。だが、この記事にみえる『千字文』が、六世紀初頭の、南朝梁《りょう》の時代に編纂されたものであり、厳密にいえば、五世紀前半の応神天皇の時代に『千字文』が伝来した、というのは、明らかな矛盾を含んでいる。

しかしながら、この記事は文字文化の倭国への受容という観点からはきわめて象徴的な意味を含んでいる。『論語』も『千字文』も初学者のテキストであり、それが百済からもたらされた。しかも「王」姓は、中国系の姓でもある。つまり中国系の姓をもつ百済からの渡来人が、五世紀の倭国の文字文化を支えていたことが、後代の歴史認識からも確かめられるのである。

†武寧王と倭

四七五年、百済は高句麗による漢城侵攻に遭い落城した。滅亡の危機に瀕した百済は、南の錦江（白馬江）中流域の熊津に遷都を余儀なくされた。この熊津期に百済を建て直した、いわば中興の祖として知られるのが、武寧王《ぶねい》である。

武寧王は、倭国と関係の深い王として認識されている。『日本書紀』雄略天皇五年（四六一）条によると、武寧王は筑紫《つくし》の各羅嶋《かからのしま》（加唐島）で生まれ、「嶋君《せまきし》」と名付けられたという。またその即位については、『日本書紀』武烈天皇四年（五〇二年）是歳条によると、百済の末多《また》王が暴虐であったので、百済の国人は王を殺し、斯麻《しま》王を立てて武寧王としたとしている。あたかも暴虐な武烈天皇から継体天皇に代わった経緯を暗示しているような記事である。

一九七一年、熊津城（公州公山城）の近隣にある宋山里《そうざんり》古墳群から、武寧王とその王妃の墓が未盗掘の状態で発見された。この古墳が武寧王とその王妃の墓だと判明したのは、墓道の入口付近に並べられた二枚の誌石である。二枚の誌石のうちの一面は、武寧王に関する墓誌で、そこには、

寧東大将軍百済斯麻王、年六十二歳、癸卯年五月丙戌朔七日壬辰崩到

（寧東大将軍である百済の斯麻王は、年六十二歳にして、癸卯年（五二三）五月七日に亡くなった）

と刻まれていた。「斯麻王」の諱は『日本書紀』の記述とも一致し、「寧東大将軍」の称号も、中国の史書である『梁書』の記述とも一致しているなど、ほかの文献記録とも対応していたことは大きな発見であった。また、これにより生没年が四六一～五二三年と判明したことは大きな成果である。ちなみに『日本書紀』が「嶋君」が誕生した年と伝える雄略天皇五年は四六一年にあたる。

武寧王はまた、和歌山県隅田《すだ》八幡《はちまん》神社に伝わる画像鏡《がぞうきょう》の銘文にも登場する。

癸未年八月日十大王年男弟王在意柴沙加宮時斯麻念長寿遣開中費直穢人今州利二人等取白上同二百旱作此竟

（癸未の年の八月日、十大王年男弟王、意柴沙加宮《おしさか》に在りし時、斯麻、長寿を念じ、開中費直穢《かわちのあたいえ》人《ひと》、今州利《いますり》、二人らを遣わして、白き上同二百旱《かん》を取りて、此竟《このかがみ》を作る）

冒頭の「癸未年」については、これを四四三年とする説と、五〇三年とする説があるが、近年では五〇三年説が有力となっている。銘文の釈文についても不確定な部分が多いが、ここにみえる「男弟王」を継体天皇に、「斯麻」は百済の斯麻王すなわち武寧王に比定し、五〇二年に即位した百済王斯麻が、即位前の継体に使者を遣わし、長寿を祈念して鏡を作らせたとする説が広く支持されている（山尾、一九八九）。「〇〇王、〇〇宮に在る時」という表現は稲荷山鉄剣のそれと類似するし、鏡の製作の目的が長寿の祈念にある点は、江田船山鉄刀のそれと類似する。その意味で、これもまた百済の影響を受けた五世紀の金石文《きんせきぶん》の記載様式の系譜をひくものである。

†暦の伝来

武寧王の次の聖明王《せいめい》の時代も、倭国との積極的な外交を進めた。よく知られているのは、仏教公伝である。『日本書紀』によると、欽明天皇十三年（五五二）に百済の聖明王により釈迦仏の金銅像、幡蓋《ばんがい》、経論《きょうろん》などが献上されたという記事があり、このときがいわゆる「仏教公伝」の年だとされてきた。一方で、聖徳太子の古い伝記である『上宮聖徳法王《じょうぐうしょうとくほうおう》帝説《ていせつ》』や『元興寺伽藍縁起《がんごうじがらんえんぎ》』によると、仏教が伝わったのが「戊午年《ぼご》」とあり、それを根拠に近年では五三八年が公伝の年であると考えられてきている。いずれにしても、聖明王の代である。

百済から伝わった仏教については、第8講でふれられているのでここでは割愛し、もうひとつ、百済からの文化の受容として重要と思われる、暦の伝来について、ここではとりあげる。そのことを考える上で重要な発見が、二〇一一年にあった。

それは、福岡市西区の元岡古墳群G－6号墳から、銘文が刻まれた鉄製鉄刀が出土したことである。鉄刀には、次のような銘文が刻まれていた。

大歳庚寅正月六日庚寅日時作刀凡十二果

この有銘鉄刀が埋納された古墳の築造年代は七世紀初頭、埋葬は七世紀第2四半期と考えられているが、この銘文にみえる「庚寅《こういん》」は、五七〇年をさすと考えられている。

この銘文の冒頭には「大歳《たいさい》」（太歳）という言葉がみられるが、これは暦の表記で用いられる言葉である。とりわけ「大歳」のあとに干支年《かんし》が続く事例として注目されるのが、百済の都・扶余の陵山里寺址出土の百済昌王銘石造舎利龕《しゃりがん》である。これには「百済昌王十三年太歳在丁亥」とあり、こうした「大歳干支」表記は百済の暦表記との共通点が認められる。

もうひとつ、大歳干支表記が百済の暦表記の影響を受けていると想定される例として、『日本書紀』継体天皇二十五年（五三一）十二月条に引く『百済本紀』に「太歳辛亥三月」とある点が注目される。『百済本紀』は、『百済記』『百済新撰』とならぶ「百済三書」の一つで、現在では伝わっておらず、『日本書紀』にその逸文が引用されることにより知られているもので、編年体の歴史書であったと推定される。一般に大歳干支表記を載せる例は中国の正史や『続日本紀《しょくにほんぎ》』以降の六国史にはみえないのだが、百済系の史書にこの大歳干支表記がみられるという点は、注意してもよいだろう。

次に想起されるのが、『日本書紀』欽明天皇十四年（五五三）六月条である。この記事では、百済に対し、医博士・易博士・暦博士らを交代制で倭に送ることと合わせて、卜書・暦本・各種の薬物を送るようにと要請している。そして翌年二月には、易博士として施徳《しとく》王道良《おうどうりよう》が、暦博士として固徳王保孫《ことくおうほうそん》が、医博士として奈率王有㥄陀《なそちおううりようだ》が、それぞれ派遣されている。このほかにも、五経博士や僧、採薬師、楽人なども交替して派遣されており、この時期に集中して、儒教や仏教、医薬文化、音楽、易学や暦など、先進的な文化や知識を百済を通じて貪欲に学ぼうとする姿勢がうかがえるが、その中の一つが、暦の知識だったのである。むろん、これ以前から暦の知識は中国や百済を通じて入っていたとは思われるが、「暦本《れきほん》」による体系的な暦の知識が本格的に導入されたのがこの時期であり、先の有銘鉄刀も、そうした時期の産物として評価すべきであろう。

†倭系百済官人

五世紀に倭国に文字文化を伝えた百済からの渡来人のなかには、外交的な理由だけではなく、高句麗の南下政策の影響で、百済と親交の深い倭国へ移動を余儀なくされた人たちも含まれていた。

反対に、倭国から百済へと渡り、百済の官人として活躍する者もいた。いわゆる「倭系百済官人」と呼ばれる人たちである。

「倭系百済官人」は、百済が、対高句麗戦略の必要から、新羅や倭と連携する過程で必要とした存在である。彼らは百済に臣属しながら、百済と倭との間の外交に活躍し、その先進文物を本国の氏族集団に与え、その代わりに一族の軍事力を提供する窓口の役割をしていた。

倭系百済官人の存在は五世紀後半頃から文献に登場するが、六世紀に入ってさらにその活躍が目立つようになる。

『日本書紀』欽明天皇二年（五四一）七月条の割注によると、紀臣奈率弥麻沙《きのおみなそちみまさ》は、紀氏と「韓婦」（韓人の母）の間に生まれた子で、そのまま百済にとどまり百済の官人になった。

奈率とは、百済の官位十六品の第六位にあたる。このほか、同欽明天皇四年（五四三）九月条には、聖明王が遣わした使者のひとりに「物部施徳麻奇牟《もののべのせとくまかむ》」がいる。「物部」は明らかに倭人のウジ名であり、「施徳」とは、百済の官位十六品の第八位にあたる。また、欽明天皇五年三月条に、やはり百済から派遣された使者として「許勢奈率歌麻《こせのなそちかま》」「物部奈率《もののべのなそち》歌非《かひ》」が登場する。

さらに、同敏達《びたつ》天皇十二年（五八三）条に登場する達率日羅《だちそちにちら》は、父が肥の葦北《あしきた》国造の阿《あ》利斯登《りしと》である。大伴金村《おおとものかなむら》の命を受けて朝鮮半島に渡った阿利斯登と韓婦との間で生まれたのが日羅で、やはり百済にとどまり官人となったといわれる。達率は、百済の官位十六品の第二位にあたる。

こうした人たちは、百済官人として活躍する一方、出自を利用して、列島諸地域と百済を結びつける存在でもあった（田中二〇〇五）。

†百済木簡の中の倭系百済官人

そして一九九八年、百済の都が置かれた扶余の双北里《そうほくり》遺跡から、次のような木簡が出土した。

○韓国・扶余・双北里遺跡

「〉那尓波連公」

木簡の年代は、七世紀半ば頃と推定されている。おそらく、百済が滅亡する六六〇年よりも前の年代が与えられるだろう。

解釈の難しい木簡なので注意を要するが、「那尓波」は「なには」と読むことができ、すなわち「難波」をさすとみられ、「連公」は「むらじのきみ」という姓を示していると考えられる。つまりこれは、「なにわのむらじのきみ」という倭人の名前である可能性が高い。木簡の形状をみると上端の左右に切り込みが入っていることから、なにかのモノに付けられていた付札《つけふだ》木簡として分類される。

そうであるならば、百済の都から倭人の名を記した木簡が出土したということになり、きわめて貴重な文字資料であるといえる。これについては、倭国で作成され、調度物などに付けられた荷札が物品とともに百済の都にもたらされ、物品の収納先で廃棄されたとする見解もあるが、この人物じたいが倭系百済官人である可能性もある。

倭系百済官人と思われる人物の名前に注目すると、「紀臣弥麻沙」「物部麻奇牟」「許勢奈率歌麻」のように、ウジ名が倭人的、名前が百済的という組み合わせが目立つ。このことからすると、「那尓波」もまた「難波」を意味するとみてよいと思われる。

このほかに、継体紀・欽明紀に登場する百済の使者「斯那奴阿比多《しなぬのあひた》」、欽明紀に登場す

図２「那尓波連公」木簡実測図（平川南「百済の都出土の「連公」木簡」『国立歴史民俗博物館研究報告』153集、2009）

る「斯那奴次酒《しなぬのしす》」（上部徳率、施徳、内臣徳率）、「科野新羅《しなののしらぎ》」（上部奈率）など、「シナノ」という地域に由来する倭系百済官人の名もみられ、一字一音表記という点で「那尓波」の表記とも共通する。

難波氏は、もともと渡来系氏族であり、雄略朝ごろから「難波吉士」のウジ名があらわれる。『日本書紀』によれば、天武天皇十年（六八一）に草香部《くさかべの》吉士《きし》大形《おおがた》に「難波連《なにわのむらじ》」が賜姓され、さらに天武天皇十四年（六八五）六月に「難波忌寸《いみき》」が賜姓された。先述したように、木簡の年代は百済滅亡の六六〇年より前の七世紀半ば頃と推定されるが、文献上では確認できないものの、このときに「連」姓を名乗っていた可能性も十分に考えられるであろう。

朝鮮半島に近い福岡県の元岡・桑原遺跡群からは「難波部」と書かれた木簡が複数点出

土しており（『木簡研究』二三、三三）、部姓ではあるものの、この地域での「難波」氏の存在が想定され、「那尓波」と名乗る人物が倭系百済官人であっても不思議ではない。いずれにしても、百済か倭へ、という一方的な人の流れではなく、倭から百済へ、という人の流れを含めた双方的な人的交流について、これからも注目していかなければならない。その痕跡は、木簡などの百済の同時代史料にも引き続きあらわれてくるだろう。

これに関連して、朝鮮半島西南海岸一帯や栄山江《えいざんこう》流域に分布する倭系古墳や前方後円墳の被葬者像も、近年議論が活発化している（高田二〇一九）。これについても、百済と倭の間の錯綜した人的ネットワークの文脈の中でとらえるべきものかも知れない。百済と倭の交流の実態は、新しい資料や視点を得たいま、さらに研究を深めていかなければならない。

文字文化をはじめとして、仏教、儒教、易学、暦、医薬文化など、中国のさまざまな先進的な知識体系が、百済を経由して倭に伝わった。これらは、百済の生存戦略として、倭との外交関係を友好なものとして維持していくために必要な外交手段であり、倭もそうした先進文化の受容を積極的におこなったのである。この関係は、百済が滅亡する六六〇年まで続くが、百済の滅亡後も、倭国に亡命した百済系の渡来人が、倭の古代国家の建設に大きな役割をはたした。いままでみてきた、こうした百済と倭との人的なネットワークの上に古代国家が成り立ち得たといっても過言ではないのである。

さらに詳しく知るための参考文献

山尾幸久『古代の日朝関係』(塙書房、一九八九)……戦後歴史学の中で、古代の日朝関係の礎となった総合的な研究書として参照されるべき書である。

吉田晶『七支刀の謎を解く　四世紀後半の百済と倭』(新日本出版社、二〇〇一)……題名の通りに、七支刀の銘文そのものの検討を中心に、東アジアにおける百済と倭の外交のはじまりの歴史について活写している。

田中史生『倭国と渡来人』(吉川弘文館、二〇〇五)……渡来人研究の中でも、漢字文化に着目するなかで、百済からの渡来人が果たした役割を論じている。

高田貫太『「異形」の古墳——朝鮮半島の前方後円墳』(角川選書、二〇一九)……朝鮮半島西南部の栄山江流域に広がる前方後円墳について、日韓双方の研究をふまえた研究の最前線。

第6講 高句麗と倭・日本

中野高行

高句麗の建国と領土拡大

高句麗に関する最古の記録は『漢書』地理志に玄菟《げんと》郡の首県名として挙げられている「高句驪《こうくり》県」（中国遼寧省新賓県永陵付近）であり、鴨緑江《おうりょくこう》の支流佟佳江《とうかこう》流域を中心に、小国連合が形成されていたと考えられている。玄菟郡の設置は前一〇七年（前漢武帝の時代）で、高句麗は郡の首県になるほどの文化的・社会的発展段階にあった。漢の建昭二年（前三七）、高朱蒙《こうしゅもう》は国を建て「高句麗」と号したと『三国史記』は記しているが、史実と認められている。

二世紀には、濊狛《わいはく》や馬韓《ばかん》など周囲の諸族を糾合して、玄菟・遼東両郡や扶余《ふよ》と戦い、東方諸族の盟主的存在となったが、遼東太守であった公孫度《こうそんたく》に服属した。公孫氏は次第に強大化して楽浪郡を支配下におき、二〇五年頃、帯方《たいほう》郡を設置した。二三八年、魏は公孫氏を滅ぼすと、高句麗攻撃を開始し王都の丸都城《がんと》をおとした。『三国志』魏志高句麗伝や『魏略』など中国の史書は、有力な地縁的政治集団として順奴《じゅんど》部・絶奴《ぜつど》部・消奴《しょうど》部・灌奴《かんど》部・桂婁《けいろう》部という五族の存在を伝えている。

二八〇年、呉を征服した晋により中国は再び統一される。しかし、八王の乱やその後の分裂などで晋が衰退すると高句麗は遼東地方への進出を図る。三一三年、晋は楽浪郡を放棄し、翌年には帯方郡が滅亡し、高句麗は平壌《へいじょう》方面に勢力を伸ばした。こののち、五胡十六国の戦乱の中、多くの中国人有力者が高句麗に亡命して国政整備・軍備拡張・新文化移入に貢献すると、高句麗は積極的な外交政策をすすめた。

四二七年、平壌に遷都すると王都に集中した貴族たちが中央集権化をすすめ、五族は内・東・西・南・北（あるいは黄《こう》・前・後・左・右）の五部に改称され、強力な貴族が政権を握るようになった。

†高句麗と倭国の対立

三九一年に即位した広開土王（好太王）は大規模な遠征を繰り返し、周辺の諸国・諸民族を攻撃した。鴨緑江《おうりょくこう》の中流域北岸（中国吉林省集安《しゅうあん》県）に立つ『広開土王碑文』（以下『碑文』）は広開土王が亡くなった翌々年（四一四年）に建てられた。三段に分れる碑文のうち、広開土王の戦功を年代順に列記する第二段は、高句麗をめぐる東アジアの国際情勢を詳しく記している。

三九六年（永楽六）に百済を討伐し漢江以北を制圧した。三九八年には、帛慎（粛慎《しゆくしん》）を討伐。三九九年に百済王が誓約を破り倭国と和通したため、翌年、新羅に救援軍五万人を派遣して倭軍と安羅軍を破り、四〇四年には帯方地方（現在の黄海道周辺）に侵入した倭を撃退した。『碑文』には、高句麗に対抗するために百済が倭と「和通」したと記されているが、『三国史記』や『日本書紀』（以下、『書紀』）にも、百済が王子を倭国に人質として送り好《よしみ》を結んだという記述があり、百済が倭国との提携によって高句麗に対抗しようとしたことは概ね史実とみてよい。吉村武彦氏は『碑文』の、倭人が「新羅の国境に満ちる」「男居城《だんきよじよう》から新羅城まで満ちる」「帯方の界に侵入する」などの記述から、「広開土王の領土拡大への勲績《くんせき》を過大評価する傾向が想定されるにせよ、倭の進出を否定することは不可能である」としたうえで、百済の倭国への従属的外交関係は否定できず、倭国が百済・新羅を「臣民」にしたことはまちがいないとする（吉村武彦『ヤマト王権』岩波新書、二〇一〇）。

四三六年、長寿王は遼東に進出し遼河《りようが》で北魏に接して、四七五年には百済の王都漢城を攻め落とし漢江流域を制圧した。これに対して、四二一年、宋の武帝から除授の詔をうけた倭王讃ののち、珍・済・興・武がたびたび朝貢し、宋の皇帝に朝鮮半島南部における軍事指揮権の承認を求めている。四七七年に武が「使持節都督 倭・新羅・任那・加羅・秦韓・慕韓六国諸軍事 安東大将軍 倭王」を授与されたのは、その二年前に百済王都漢城が高句麗軍によって陥落させられた影響が考えられる。吉村氏は、倭の五王が宋に対して要請した倭国王の半島南部に対する軍事的支配権の主張は、『碑文』に「臣民」と記述された「四世紀末の百済・新羅との政治的従属関係に基づいて」おり、王墓・王宮の大阪平野への移動は、朝鮮・中国への関心と関係したものと説明している（吉村、前掲『ヤマト王権』）。倭王武が宋へ出した上表文によれば、倭は高句麗に強い対抗意識を有し、中国王朝に求めた官爵や、倭の「大王」号は高句麗を意識したものであると考えられる。

†高句麗と倭国の交流

五世紀前半の高句麗と日本の関係は軍事的対立や戦闘であったが、六世紀中葉以降に高句麗との関係は好転し、六世紀後半の欽明朝に正式な国交が結ばれる。欽明三一年（五七〇）、越国《こしのくに》に到着した高句麗使が提出した上表文を読み解ける者がいないなか、船史《ふねのふひと》の祖の王辰爾《おうしんに》だけが読み解いた。船史は第一六代百済王・辰斯《しんし》王の子である辰孫《しんそん》王の後裔とされるが、王姓を持つので中国系とする説もある。史姓の氏族は、ほぼすべて渡来系と考えられている。船史・白猪《しらい》史・津史などが史となったのは六世紀後半で、高句麗使の上表の前のことである（関晃『帰化人』講談社学術文庫、二〇〇九、初版一九六六）。船史は船賦《ふねのみつぎ》を数え録すことで一定の地位を確保し、外交にも従事した。津史は港津の税《こうしん》を管理し、白猪史は屯倉を管理した。

北朝文化を身につけた高句麗僧の来訪が注目される。五九五年（推古三）、高句麗僧慧慈《えじ》が倭国に来た。聖徳太子の仏法の師となり、百済僧慧聡《えそう》とともに「三宝の棟梁《さんぼう》」とたたえられた。五九六年に造営された法興寺《ほうこうじ》（飛鳥寺《あすかでら》）に住み、六一五年に帰国した。六二二年、太子の死を知ると大いに悲しみ、来年の太子の命日に死ぬと予言し、翌年同日、予言どおりに没したという。太子が著したとされる『三経義疏《さんぎょうぎしょ》』を持ち帰ったと伝えられる。

六一〇年（推古一八）、高句麗僧曇徴《どんちょう》が倭国に来た。五経（『易経《えききょう》』『詩経』『書経』『礼記《らいき》』『春秋』など儒学の基本経典）に詳しく、また彩色（絵の具）や紙墨《しぼく》の製法にも精通していた。製紙技術はすでに伝えられていて、曇徴はさらに良質の紙の製法をもたらしたと考えられている。水力を利用した臼《うす》はこの時にはじまるとされる。『聖徳太子伝暦《しょうとくたいしでんりゃく》』には、法隆寺に住したとある。

大安寺《だいあんじ》の学僧だった道顕《どうけん》は、六六二年（天智元）、鼠が馬の尾に子を生んだことから、高句麗の滅亡を予言した。『日本世記《にほんせいき》』を著したとされるが現存せず、逸文では当時の国際関係を記述している。また、中臣鎌足《なかとみのかまたり》の伝記も含まれていたと思われる。『日本世記』は

『書紀』の原史料のひとつと考えられている。鎌足の長子の僧定恵《じょうえ》（貞慧）が六六五年に亡くなったときに長文の誄《るい》（追悼文）を作ったことが『藤氏家伝《とうしかでん》』貞慧伝に記されている。

†高句麗滅亡

五八九年、隋が四〇〇年ぶりに中国を統一すると、朝鮮三国はすみやかに隋の冊封を受けた。高句麗が防備を整えると隋の文帝はこれを攻めたが、隋軍の補給の不備と高句麗王の謝罪により軍事衝突は回避された。しかし文帝の次の煬帝《ようだい》は、高句麗と東突厥《とっけつ》の通交の発覚や、百済・新羅の高句麗征討要請などから、六一二年に一〇〇万の大軍を率いて高句麗に親征した。隋軍は首都平壌を攻撃したが最終的に撃退された。煬帝は六一三年、六一四年にも遠征を行ったがいずれも失敗した。六一七年には四度目の高句麗遠征を計画したが国内各地の反乱続発により中止に追い込まれた。六一八年、煬帝は殺害され、隋は滅亡する。隋にかわって成立した唐の冊封を朝鮮三国は受け、唐と高句麗の関係は安定した。しかし、六二八年、太宗《たいそう》が国内統一を達成すると、唐は対外強硬策に転じて高句麗への圧力を増すと唐と高句麗は再び対立するようになる。

六四二年、高句麗の重臣だった淵蓋蘇文《えんがいそぶん》は栄留王《えいりゅう》と一八〇人余の臣下を殺害し、王弟の子である宝蔵王《ほうぞう》を王位に就けて実権を握った。淵蓋蘇文のクーデタとほぼ同時期、他国でも政治体制の転換と権力の集中が進んだ。六四二年、百済では義慈王《ぎじ》が新羅に侵攻して加耶地方を制圧するとともに専制体制を構築し、翌年には高句麗と百済の間で和睦が成立した。六四二年、善徳《ぜんとく》女王を中心として王族の金春秋、重臣の金庾信《ゆしん》の三名による権力体制が成立した新羅は高句麗・百済の連携で孤立し、唐に出兵を求めた。六四五年に太宗は水陸十余万の軍を率いて親征し、六四七年・六四八年にも高句麗征討軍を派遣したが高句麗に撃退された。

六四五年に即位した新羅の金春秋（武烈王）は唐に百済征討を要請した。六六〇年、唐は蘇定方《そていほう》を大総管とする水陸十三万の軍を派遣した。唐軍は、武烈王・金庾信が率いる新羅軍五万と合流して百済を攻撃し、百済の義慈王と王子たちを捕らえ長安に送った。その後、百済復興勢力が反転攻勢にでるが、六六三年、白村江《はくそんこう》の戦いに敗れた百済は完全に滅亡した。六六五年、高句麗で実権を握っていた淵蓋蘇文が死去すると後継者争いが起こった。六六七年、唐は遼東方面に軍を進め、翌年、新羅軍と合流して平壌を攻撃して高句麗を滅ぼした。

†高句麗壁画の影響と高麗楽

奈良県高市郡明日香《あすか》村に所在する高松塚古墳とキトラ古墳（いずれも二段築成の円墳）の壁

図　高松塚古墳西壁女子群像（『壁画古墳 高松塚』奈良県教育委員会、1972）

画には、高句麗の影響が指摘されている。高松塚古墳の石室内の天井に星宿《せいしゅく》（古代中国の星座）が四角く様式的に配列され、東西南北の壁には男子群像・女子群像や四神（青龍・白《びゃっ》虎《こ》・玄武《げんぶ》・朱雀《すざく》）、東西壁上部には日月像が描かれている。キトラ古墳の石室内の天井の東に金箔の日像、西に銀箔の月像を配し、天の北極を中心とした赤道など三つの同心円と、中心を異にする黄道（天球上における太陽のみかけの通り道）、星宿などが、また東西南北の四壁の中央には四神が描かれている。

高松塚古墳壁画が発見された当初から、高句麗古墳群（世界遺産）と比較する研究がなされている（末永雅雄・井上光貞編・共著『高松塚壁画古墳 朝日シンポジウム』朝日新聞社、一九七二）。四神は高句麗古墳でも特徴的なモチーフであり、高松塚古墳およびキトラ古墳が影響を受けている可能性が高い。高松塚古墳の女子群像の服装は、高句麗古墳の愁撫塚《しゅうぶづか》や舞踊塚の壁画の婦人像の服装と相似することが指摘されている（岸俊男『宮都と木簡』吉川弘文館、一九七七）。キトラ古墳の天文図は、飛鳥時代に流入した高句麗系統、高松塚古墳の天文図は唐系統とされている（東潮『高句麗壁画と東アジア』学生社、二〇一一）。

雅楽の一種である高麗楽（狛楽）は高句麗に由来する。

『書紀』天武一二年（六八三）正月丙午（一八日）条に、

この日に、小《お》墾田儛《はりだのまい》及び高麗《こま》・百済・新羅、三国の楽《うたまい》を庭中《おおば》に奏《おこ》す。

とあり、朝鮮半島由来の舞楽としては高麗楽・新羅楽・百済楽の三種（三韓楽）があったことが分かる。九世紀に外来系の楽舞は大幅に整理され（楽制改革）、唐楽と林邑《りんゆう》楽は左方に、三韓楽と渤海《ぼっかい》楽は右方に配され、宮廷行事などでは舞楽が左右一対で演奏された。百済楽・新羅楽・渤海楽は次第に高麗楽に統合されていった（西本香子『古代日本の王権と音楽』高志書院、二〇一八）。

†高句麗系渡来人

『書紀』持統元年（六八七）三月己卯（一五日）条に、

三月乙丑の朔にして己卯、投化高麗五十六人を以て、常陸国《ひたちのくに》に居《はべ》らしめ、田を賦《あた》え稟《ひん》（扶持米）を受《たま》いて、生業を安からしむ。

とあり、七世紀末、常陸国に高麗人が入植していることが分かる。

霊亀《れいき》二年（七一六）、武蔵国に高麗郡が置かれる。

『続日本紀』（以下、『続紀』）霊亀二年五月辛卯（一六日）条

辛卯、駿河《するが》・甲斐《かい》・相摸《さがみ》・上総《かずさ》・下総《しもうさ》・常陸・下野《しもつけ》、七国の高麗人千七百九十九人を以て、武蔵国に遷し、「始めて」高麗郡を置く。

「始めて」は『日本紀略』には見えるが他の写本・校本には見えない。『新訂増補国史大系』では「始」の字を補っている。新羅郡の設置記事では諸本に「始」の文字が明記されているのと対照的だが、高麗郡建郡記事に「始めて」と記されていない理由は不明である。

高麗郡建郡記事に見える一七九九人の高麗人は、高句麗滅亡のあと日本に渡来した高句麗人のうち、東国に移されて入植した庶民が多かったので、そのなかの主な人々ではないかと推測されている。『和名抄《わみょうしょう》』に「高麗郡〈古方〉」とあり、現在の埼玉県日高市高麗本郷を中心とした高麗川沿いの地域と想定されている。『和名類聚抄《わみょうるいじゅうしょう》』によると、武蔵国高麗郡には高麗郷と上総郷の二郷があったが、後者の郷名は上総国からの移住者が郷の中核となったことによるものか、と考えられている。

高麗郡建郡時の初代郡領について『高麗氏系図』は高麗王若光《じゃっこう》とする。肖奈公《しょうなのきみ》（のち高《こ》麗朝臣《まのあそん》に改氏姓）福信の祖父である肖奈福徳《ふくとく》が武蔵国に住み、福信《ふくしん》は伯父の行文《ゆきふみ》に連れられ

て上京したことなどからみて、若光が高麗郡に居住した可能性はある。高麗大山《こまのおおやま》の父（中村順昭「高麗福信と武蔵国」〈高橋一夫・須田勉編『古代高麗郡の建郡と東アジア』高志書店、二〇一八〉）、高麗福信の父（加藤謙吉「肖奈行文と高麗福信」、前掲『古代高麗郡の建郡と東アジア』）を初代郡領とする説もある。

『書紀』天武一四年（六八五）二月庚辰（四日）条に、

大唐人・百済人・高麗人、併せて百四十七人に爵位を賜う。

とあることから、この時に若光が直広肆《じきこうし》（後の従五位下に相当）に叙されたのではないかと推測されている（荒井秀規「相模国の若光伝承」、前掲『古代高麗郡の建郡と東アジア』）。

藤原宮跡東方官衙北地区遺跡から出土した木簡に、

「（高麗カ）□□若光」

とあることについて、①同じ遺構から出土した木簡が宮内省・中務省《なかつかさしょう》や王家・門の警備に関係するものが多くこれらの職務に若光が就いていた、②王姓表記がないことから若光が王姓を下賜された大宝三年以前の木簡である、と指摘されている（鈴木正信「武蔵国高麗郡の建郡と大神朝臣狛麻呂」『アジア遊学』一九九号〈衝突と融合の東アジア文化史〉、勉誠社、二〇一六）。

『新撰姓氏録《しんせんしょうじろく》』左京諸蕃《しょばん》下の「高麗朝臣《こまのあそん》」は「高句麗王、好台の七世孫、延典王《えんてんおう》」を祖としていることから、肖奈氏はある段階で好台《こうだい》（高句麗広開土王）の子孫とする王族系譜を持つようになったため王姓が与えられたと推測され、好太王の後裔を称した高麗朝臣が、高麗郡建郡に協力した在京の高麗王若光を、ある段階で系譜上の祖に取り込んだ可能性が指摘されている(田中史生『渡来人と帰化人』角川選書、二〇一九)。

一八三〇年に成立した江戸幕府官撰地誌の『新編武蔵風土記稿』高麗郡巻九の「大宮社」の項では社伝に基づき、霊亀二年に高麗王を始めとする一七九九人の高麗人が高麗郡の地に来住して開拓・耕作し、天平二〇年(七四八)に高麗王が薨《こう》じたとする。

肖奈行文は、神亀四年一二月二〇日に正六位上に昇叙されているが、この昇叙記事に続いて記されている「渤海郡王使高斉徳《こうさいとく》等八人」の入京記事があることに注目した赤木隆幸氏は、行文への叙位がこの渤海使来朝に関係してなされたものとし、肖奈行文は、渤海使の入京から朝貢・宴に至るまで通訳を兼ねて渤海使と行動を共にしたことであろうと推測する(赤木隆幸「肖奈氏における高麗朝臣賜姓の歴史的背景」、前掲『古代高麗郡の建郡と東アジア』)。

高麗丘陵北側の日高市域では官衙《かんが》や官人・富裕層居住の痕跡が強く、南側の飯能市域では実務・技能系の痕跡が強い(富元久美子「高麗郡建郡と東金子窯」、前掲『古代高麗郡の建郡と東アジア』)。

†渤海国と日本の高氏

六六八年に高句麗が滅亡した後、新羅が朝鮮半島を統一するが、高句麗の故地である中国東北部には多くの高句麗人が存在した。六九八年、高句麗人と靺鞨《まっかつ》人を糾合した大祚栄《だいそえい》が渤海国を建てた。

在唐の遣唐大使藤原清河《ふじはらのきよかわ》を迎える使者として、七五九年に第四次渤海使の帰路に同行し、渤海経由で入唐した高元度。肖奈行文の子で、七五〇年に高麗臣に改姓、同年九月遣唐判官に任命され、第六次渤海使を伴って帰国した高麗大山。高麗大山の子で、七七七年に第九次渤海使を送る第九次遣渤海使に任命されて渡海し、同年に第一〇次渤海使を伴って帰国した高麗殿嗣《こまのとのつぐ》（七七九年、高倉朝臣《たかくらのあそん》に改姓）など、日本の高氏は唐・渤海との外交で活躍した。

日本との通交に活躍した渤海国の高句麗系氏族のうち、高氏が大使六名（二九名中）、副使四名（一三名中）、判官七名（一八名中）、録事七名（一五名）、通事・訳語二名（六名中）、その他三名（一一名）と他姓と比べて明らかに多い。渤海史研究の先駆者である金毓黻《きんいくふつ》は高氏が高句麗王族だからと考えたが、渤海時代の高氏について高句麗王家との関係を示す記録はない。渤海国が唐に派遣した対唐遣使に見える高氏は、日本に派遣された渤海使とは対照的に極端に少なく、八世紀には登場せず九世紀前半に集中している。対唐遣使は渤海王族の大氏が中心であり、七四〇年代までの渤海の対唐遣使に明確な高句麗系は見られない。唐への使者で高句麗系が明確に登場するのは九世紀だが中心はあくまで王族大氏で、高氏が多く登場する対日遣使(渤海使)と好対照となっている。

唐が大氏を冊封していたため、国王の代理として王族が使者として朝貢すべきなので、渤海は対唐関係良好化のためそれを維持した。それに対して、日本には朝貢国に位置づけられたくない渤海は王族大氏を送らなかったと、と古畑氏は結論づけた(古畑徹「渤海国の高氏について―渤海国の対外政策と関連させて―」〈中野高行・柿沼亮介編『渤海と古代日本(仮)』〉、高志書院、二〇二四年五月刊行予定)。

さらに詳しく知るための参考文献

関晃『帰化人』(講談社学術文庫、二〇〇九〔初版一九六六〕)……渡来人研究の名著。五〜九世紀の渡来人を時代別・氏族別に分類し、関連史料を網羅する。彼らが伝えた高度な技術・知識を解説する。

朝鮮史研究会編『【新版】朝鮮の歴史』「第二章　三国の成立・発展と加耶諸国　第一節　高句麗」(三省堂、一九九五)……朝鮮史に関する基本的な概説書。高句麗の成立から勢力拡大、滅亡までを記述し、広開土王碑文を解説する。

井上秀雄『古代朝鮮』(講談社学術文庫、二〇〇四)……檀君神話、広開土王碑、任那日本府、白村江の戦いと唐との戦争など、統一新羅の滅亡までの朝鮮半島の政治・社会・文化を簡明に解説している。

田中俊明『朝鮮の歴史』(昭和堂、二〇〇八)……先史時代から現代までの朝鮮史を平易・簡潔に記述する。考古学の成果を積極的に取り入れ、先史時代の叙述が多い。

鈴木一郎・宮瀧交二監修『武蔵国新羅郡の時代』(雄山閣、二〇二二)……高麗郡が建郡された八世紀に、同じく武蔵国に建てられた新羅郡に関する論考を収載する。第Ⅲ章の2「高麗郡建郡の背景」に高麗郡関連論考が網羅されている。

第7講 新羅と倭・日本

柿沼亮介

†はじめに

『日本書紀』には、新羅《しんら(しらぎ)》《シルラ》から倭国に派遣された外交使節が「調《みつき》」を貢いだとする記事が散見される。「調」は服属儀礼として差し出される物であり、それを貢いでいる新羅は「朝貢国《ちょうこうこく》」ということになる。新羅側に朝貢の意図があったか否かにかかわらず、新羅から贈られた物を「調」として扱うことで、当時の為政者や『日本書紀』の編者たちは、新羅のことを「朝貢国」と見做《みな》そうとしたのである。

大宝律令においても日本は新羅を「蕃国《ばんこく》」として位置づけており、それによって「異民族」を支配する「帝国」型の国家構造を目指した。そのため新羅使に対して朝貢使節としての体裁を求めたが、それを拒む新羅使との間で政治的な問題となることもしばしばであった。これにより七三〇年代以降に来日した新羅使の多くが、入京を許されずに筑紫《つくし》から

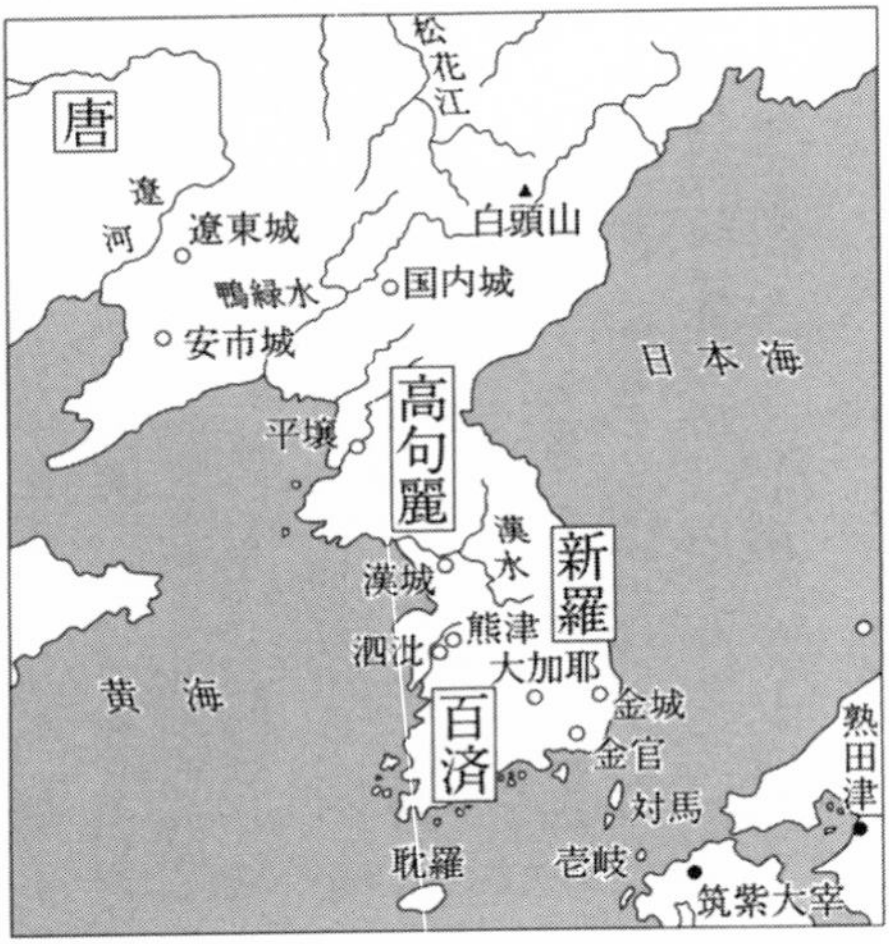

図1　7世紀の東アジア
出典：森公章『戦争の日本史1　東アジアの動乱と倭国』（吉川弘文館、2006）

放還《ほうかん》されている。また、日本の遣新羅使もしばしば、新羅において「礼」に違う対応をされたことや、放還されたことを帰国後に報告している。

　このように八世紀の日本と新羅は、外交使節を互いに追い返すことを繰り返した。こうした外交姿勢は、相手国との関係を主観的に位置づけることで、自国を中心とする国際秩序を創り出そうとしたものである。その意味では互いに相手の存在を必要としていたともいえよう。両者の関係は政治的には悪化することも多かったが、常に様々なチャンネルを通じた交流が続いており、《反目》しつつも《依存》し合っていたのである。本稿では新羅と倭・日本との長きにわたる交流の展開を追いながら、それが日本列島の歴史をどのように規定してきたのかについて考えていきたい。

†新羅の国家形成とヤマト政権の朝鮮半島進出〈四世紀～五世紀〉

高句麗《こうくり》《コグリョ》・百済《ひやくさい（くだら）》《ペクチェ》・新羅という朝鮮半島三国の中では、早くから政治的成長をとげた高句麗が、中国東北部から半島北部にかけての地域において紀元前一世紀頃に国家を形成した。それに対して半島南部の国家形成は遅れ、『三国志』の「魏志」東夷伝韓条によれば、三韓（馬韓《ばかん》・弁韓《べんかん》・辰韓《しんかん》）では七〇以上の小国が分立していたという。そのうちの辰韓十二国の中に斯盧国《しろ》がみえ、現在の慶尚南道《けいしようなんどう》《キヨンサンナムド》の慶州《けいしゆう》《キヨンジユ》盆地周辺に所在していた。これが後に新羅へと発展することになる。

日本列島もまた弥生時代には小国分立状態であったが、列島と半島の諸勢力は加耶《かや》地域で産出する鉄資源を求めて互いに通交し、それが国家形成上も重要な役割を果たした。三世紀後半～四世紀にかけての時期に、列島のヤマト政権と半島の百済や新羅が相次いで成立するのも、偶然ではない。

四世紀初頭に楽浪郡《らくろう》と帯方郡《たいほう》が滅亡すると、斯盧国は両郡が滅亡したことで失われた対中国ルートにかわって高句麗へと接近し、政治的に従属した。そして高句麗文化の影響を受けた斯盧国を中心に辰韓諸国は統一され、新羅が成立した（李成市「新羅の国家形成と伽耶」鈴木靖民編『日本の時代史2　倭国と東アジア』吉川弘文館、二〇〇二）。

半島南西部では、馬韓五〇余国のうちの一つであった伯済国《はくさいこく》が馬韓全域を支配して、百済が成立した。百済は倭国との連携を模索するようになり、加耶諸国が媒介する形で倭国・加耶・百済が結ばれ、高句麗・新羅と対立した。

三九一年、高句麗では好太王《こうたいおう》（広開土王《こうかいどおう》）が即位し、各方面を攻めて国土を拡大した。好太王碑には、新羅が高句麗に臣属したことや、高句麗の南下政策に対して倭が朝鮮半島に派兵したということが記されている。

しかし五世紀半ばになると、新羅は高句麗に対して反抗の姿勢を示し、「脱高句麗化」を進めるとともに、百済や加耶と連携して高句麗の南征に対処するようになる（井上直樹「高句麗の対北魏外交と朝鮮半島情勢」『高句麗の史的展開過程と東アジア』塙書房、二〇一一、二〇〇〇初出）。この時期の日本列島の古墳からは百済・大加耶系文物と新羅系文物がともに出土し、高句麗南征に対する共同対処の中で、新羅が倭国とも積極的に通交していたことが窺《うかが》える（高田貫太「朝鮮半島諸勢力による対倭交渉の動向」『古墳時代の日朝関係——新羅・百済・大加耶と倭の交渉史』吉川弘文館、二〇一四）。

さて、『宋書』倭国伝にみえる倭王武による宋の皇帝への四七八年の上表文には、倭の大王の事績として「渡りて海北を平《たいら》ぐること九十五国」とあり、「海北」（朝鮮半島）への進出について述べられている。さらに武は「使持節都督倭・新羅・任那《みまな》・加羅《から》・秦韓《しんかん》・慕《ぼ》韓《かん》六国諸軍事安東大将軍倭王」という称号を得て、朝鮮半島への軍事指揮権を宋に認められた。このように倭国は、高句麗と対抗する朝鮮半島南部の国々と連携しつつも、半島へと派兵した。それは半島南部の国々にとって、単純に共同戦線を張る味方が増えたというだけでなく、倭の軍による緊張にさらされる状況になったということでもある。ただしこの頃の倭の軍は、日本列島各地の首長層がそれぞれ新羅への侵攻を行っていたものであった（木村誠「朝鮮三国と倭」武田幸男編『古代を考える　日本と朝鮮』吉川弘文館、二〇〇五）。政権として派兵する場合にも、北部九州の兵力が重要な役割を果たしていた（森公章『戦争の日本史1　東アジアの動乱と倭国』吉川弘文館、二〇〇六）ことに注意が必要である。

†新羅の領土拡張と三国の抗争〈六世紀初頭～六世紀半ば〉

六世紀になると、新羅では法興王《ほうこう》（在位五一四～五四〇年）の下で国家体制の整備が進められた。そして五二〇年代には、洛東江《らくとうこう》《ナクトンガン》以西の加耶地域を統合すべく侵攻を本格化させていった。次の真興王《しんこう》（在位五四〇～五七六年）は、領土拡大を行った王として知られる。「国境」にあたる地域を巡見したことを記念する巡狩碑《じゅんしゅひ》がソウル近郊の北漢山《ほっかんさん》《プッカンサン》など半島の各地に建てられており、対外的な膨張の様相を今に伝えている。

一方の百済は、北方から高句麗の圧力を受け、四七五年に首都の漢城《かんじょう》《ハンソン》（現在のソウル）が陥落して一時的に滅亡した。その後、首都を南の熊津《ゆうしん（くまなり）》（現在の忠清南道公州《ちゅうせいなんどうこうしゅう》《チュンチョンナムドコンジュ》市）に移して復興するが、北方を高句麗によってふさがれたことから、南方・東方経営に活路を求めざるを得なくなり、六世紀代には耽羅《たんら》（済州島《さいしゅうとう》《チェジュド》に所在した国）を属国化し、さらに加耶のうち新羅によって併呑《へいどん》された地域の奪回を目指した（森前掲二〇〇六年著書）。

このように六世紀半ばには、高句麗の南下に対抗する形で連携してきた新羅と百済の協調は崩れ、高句麗・百済・新羅の三国が抗争する時代に突入した。また、倭国にとって朝鮮半島進出の足がかりであり、鉄資源の供給地としても重要であった加耶諸国（『日本書紀』は「任那《みまな》」と表記する）は、新羅や百済に滅ぼされて両国の領土として編入されていった。

三国の抗争において倭国は百済を支援したが、新羅や高句麗も倭国に外交使節を派遣するなど、倭国と朝鮮半島三国の間では複雑な外交が展開された。

この時期の日本列島の各地では新羅系文物が多く出土し、新羅は洛東江以西の加耶地域を統合していく上で、倭国との関係の維持に努めていたことを物語っている。この視点から筑紫国造《つくしのくにのみやつこ》磐井《いわい》の乱（五二七～五二八年）について考えると、新羅は、ヤマト政権だけでなく九州の豪族である磐井に対しても使者を送ることでヤマト政権による半島への派兵を阻止しようとしたということである。これは外交権が一元化されていなかった時代の王権と九州勢力との関係を考慮した巧みな外交であったといえる（高田前掲二〇一四年論文）。新羅は、倭国との関係を維持しつつも、倭国による半島への軍事介入を防ごうとしていたのである。

さて、磐井の子の筑紫君葛子《くずこ》は、父に連坐することを恐れて糟屋屯倉《かすやのみやけ》を献上した。こうした事件を契機としてヤマト政権による地方支配は強化され、外交権の回収も図られた。日本列島における国内支配の深化に際しても、朝鮮半島との関係は重要な役割を果たしたのである。

†隋・唐の成立と白村江の戦い〈六世紀末〜七世紀半ば〉

五八九年、北朝の隋が南朝の陳《ちん》を倒し、数百年ぶりに中国を統一した。隋は高句麗遠征に対する不満から反乱が相次いで六一八年に滅亡し、かわって唐が建国した。

この頃、新羅は善徳女王《ぜんとく》（在位六三二〜六四七年）・真徳女王《しんとく》（在位六四七〜六五四年）の治世下で王権が不安定であったが、一方で、百済では六四一年に義慈王《ぎじ》が、高句麗では六四二年に泉蓋蘇文《せんがいそぶん》がそれぞれクーデタによって政権を掌握し、権力を集中させた。倭国でも、六四五年に中大兄皇子《なかのおおえのおうじ》と中臣鎌足《なかとみのかまたり》によって蘇我蝦夷《そがのえみし》・入鹿《いるか》親子が滅ぼされるクーデタ（乙巳《いっし》の変）が起こり、いわゆる「大化改新」が進められた。緊迫する東アジア情勢が「国際的契機」となって、倭国においても権力の集中と国政改革が図られたのである（石母田

正『日本の古代国家』岩波書店、一九七一)。

こうした中で、加耶地域の奪回を目指す百済は六四二年に新羅に攻め入った。これに対して新羅の金春秋《きんしゅんじゅう》が高句麗や倭国に赴いて連携を模索したが、外交交渉はどちらも不調に終わり、高句麗は百済と連携していくことになる。さらに百済が、唐から中止勧告を受けたにもかかわらず再び新羅に侵攻したため、六四八年に金春秋が唐に赴いて派兵を要請し、国内でも唐風化政策を進めた。これにより、新羅は唐の信頼を得るとともに王権を強化し、金春秋は武烈王《ぶれつ》(在位六五四~六六一年)として即位した。こうした朝鮮半島における動乱の中で倭国は、新羅とは距離をおく姿勢をみせた。六四六年に始まった唐による高句麗遠征が六五五年に再開され、また高句麗と百済が新羅を攻撃すると、新羅は唐に救援を要請し、これを唐が受け入れたことで〈新羅・唐〉対〈百済・高句麗〉の構図が決定的なものとなる。ここで倭国は百済・高句麗陣営へと参入したが、六六〇年に新羅・唐連合は百済を滅ぼした。そこで倭国は、百済遺臣の要請に応える形で倭国に滞在中の百済の王子余豊《よほう》璋《しょう》を半島に送り、百済の復興を目指した。しかし六六三年、出兵した倭国の軍は白村江の戦いで新羅・唐連合軍に敗れ、百済復興は叶わなかった。その後、六六八年には新羅・唐によって高句麗も滅ぼされた。これにより、新羅・唐と対立した倭国は東アジアの中で孤立した。そして本格的に律令国家の建設を進めていくことになるのである。

†新羅・唐の対立と日本〈七世紀後半〉

白村江の戦いの後、新羅・唐による日本列島侵攻に備えて、中大兄皇子《なかのおおえのおうじ》（後の天智天皇）の下で防衛体制の整備が図られ、対馬の金田城《かねだじょう(かなたのき)》～生駒《いこま》山地の高安城《たかやすじょう》に至るまで、九州から瀬戸内海沿岸の各地に古代山城《やまじろ(さんじょう)》が築かれた。

天智天皇の死後、息子で近江朝廷を率いた大友皇子《おおとものおうじ》と天智の弟の大海人皇子《おおあまのおうじ》との間で、六七二年に皇位継承をめぐる壬申《じんしん》の乱が起こった。勝利した大海人皇子が翌年に天武天皇として即位すると、王権は伸長し、大王の権力は豪族とは隔絶したものとなった。この時期に「日本」国号が成立し（「天皇」号の成立もこの時期であるとする説もある）、倭国は豪族の連合体であったヤマト政権の段階から、天皇を中心とする中央集権国家「日本」へと転換したのである。

「日本」が成立した時期に、対馬に金田城が築かれて防人《さきもり》が配置され、筑紫に大宰府が整備されるなど北部九州は国防の場となった。これにより、対馬を国土の最前線とする「国境」概念が成立した（ブルース・バートン『国境の誕生　大宰府から見た日本の原形』日本放送出版協会、二〇〇一／柿沼亮介「日本古代の国家領域と『辺境』支配」『早稲田教育評論』三六－一、二〇二二）。新羅や唐との対立の中で古代日本の国家領域が形づくられたといえるだろう。

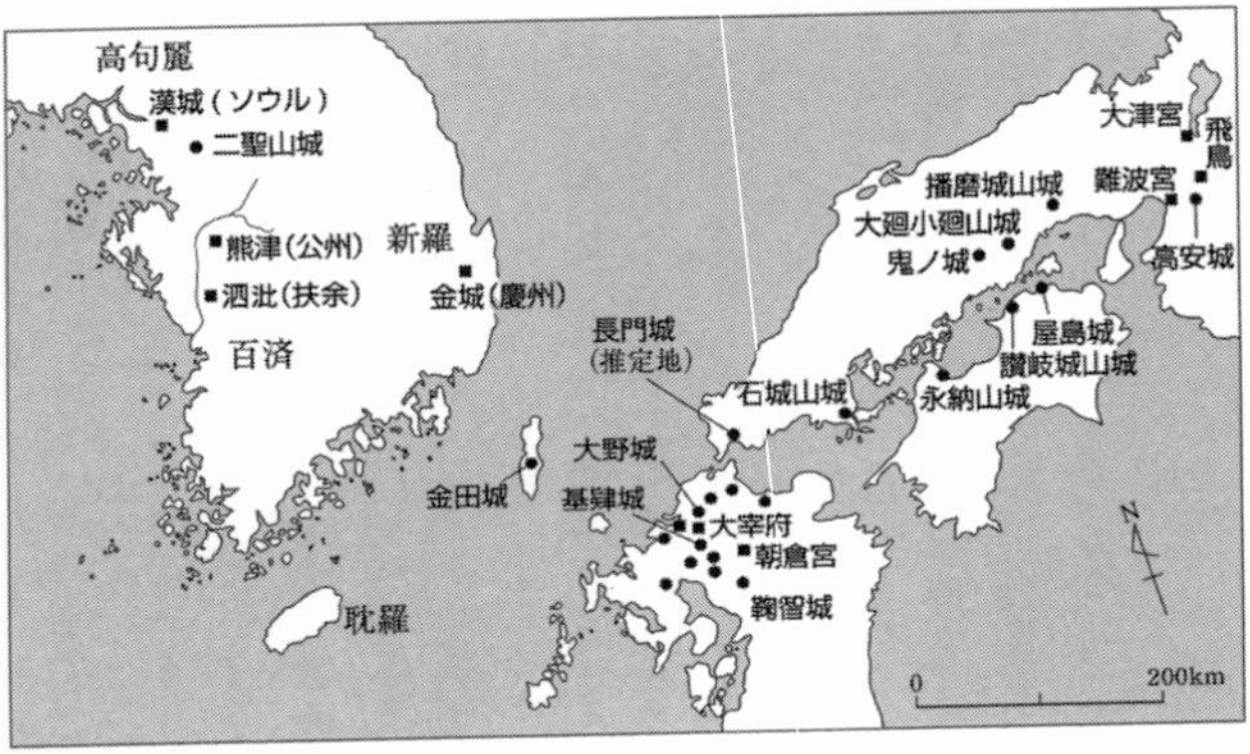

図２　古代山城
出典：岡田茂弘「古代山城としての鞠智城」（笹山晴生監修『古代山城　鞠智城を考える』山川出版社、2010）を一部改

さて、百済の滅亡と白村江での敗戦、さらに高句麗の滅亡によって、倭国は存亡の危機を迎えた。しかし、結果的に新羅や唐からの攻撃を受けることはなかった。これは、高句麗の滅亡後も唐の軍が朝鮮半島への駐留を続けたことで、百済・高句麗の遺領をめぐって新羅と唐が対立し、羅唐戦争へと発展したことによる。唐と対立した新羅は倭国との関係改善を目指し、六六八年には倭国への遣使を再開した。その後、七世紀末までの三十年程の間、一〜二年ごとという高頻度で新羅使が派遣され、倭国（日本）に対して低姿勢での外交を展開した。

新羅は、滅亡した高句麗の王族の安勝《あんしょう》に高句麗遺民を率いさせて、六七〇年に金馬渚《きんばしょ》（現在の全羅《ぜんら》北道《ほくどう》《チョルラプクト》益山《えきざん》《イクサン》市）に定着させるとともに、「高句麗王」として冊封した。これにより、「高句麗」の王権が擬似的に存続している体裁をとったのである。このような高句麗の残存勢力からは、六七一年から六八二年にかけて八回もの「高麗使《こまし》」（高句麗使）が倭国（日本）に派遣されている。「高麗使」はしばしば新羅使に付き添われる形で送られており、使節の派遣は新羅の影響下で行われたと考えられる。これは、朝鮮半島諸国を朝貢国として見做すことで、自らを中心とする「中華」を形成しようとした日本の古代国家の意向に沿うものであった。新羅は、高句麗の残存勢力を利用して対日外交を円滑に進めようとしたのである（柿沼亮介「律令国家形成期における対外関係と日本の小中華意識」『日本史攷究』四一、二〇一七）。しかし、安勝は六八三年に新羅の王都である金城《きんじよう》（現在の慶州）に移され、新羅の貴族層に取り込まれた。これによって高句麗の残存勢力による日本への遣使は行われなくなった。

この時期には、百済の属国であった耽羅からも外交使節が倭国（日本）へと派遣された。これに対して耽羅の国王へも日本の位階を授けるなどして「服属国」として扱った。しかし耽羅は六七九年に新羅によって侵略され、属国化された。そして耽羅から日本への遣使は、六九三年を最後に終焉を迎えることとなる。かわって六九〇年代後半から日本は、南西諸島との通交を本格化させていくことになる。高句麗に次いで耽羅という「服属国」も「喪失」したことから、自らを「中華」とするために、服属する「異民族」が新たに必要となったことによるものであろう(柿沼前掲二〇一七年論文)。

以上のように、新羅による朝鮮半島支配の進展は、日本の国家構造や政策にも様々な影響を与えたのである。

†新羅・日本の関係悪化と交易〈八世紀〉

新羅と唐の緊張関係は、六七八年の吐蕃《とばん》の入寇《にゅうこう》や六九四年の契丹《きったん》の反乱など、唐における国土侵略の危機を経て緩和していった。この頃、六九八年に大祚栄《だいそえい》によって建てられた渤海《ぼっかいバレ》は、朝鮮半島の南北で向かい合う新羅、さらには唐と対立した。渤海への対応に際して新羅と唐の関係は強化され、七三五年二月に唐は、新羅による浿江《ばいこう》(大同江《だいどうこうテドンガン》)以南の領有を認めた。

国際情勢の変化は、日本と新羅の関係にも大きな影響を与えた。七二〇年代までの新羅は、日本との衝突を防ぐことを意識して対日外交を展開していた。しかし七三〇年代以降、新羅使や遣新羅使を互いに放還しあうようになり、両国の関係は悪化していった。七五三年には唐の長安において、新羅の遣唐使よりも下位に設定されていた元日朝賀の席次について、新羅の席と交換するように日本の遣唐使が唐側に求めている。

七五〇年代半ばに藤原仲麻呂《なかまろ》が政権を掌握すると、仲麻呂は渤海との関係を深める一方

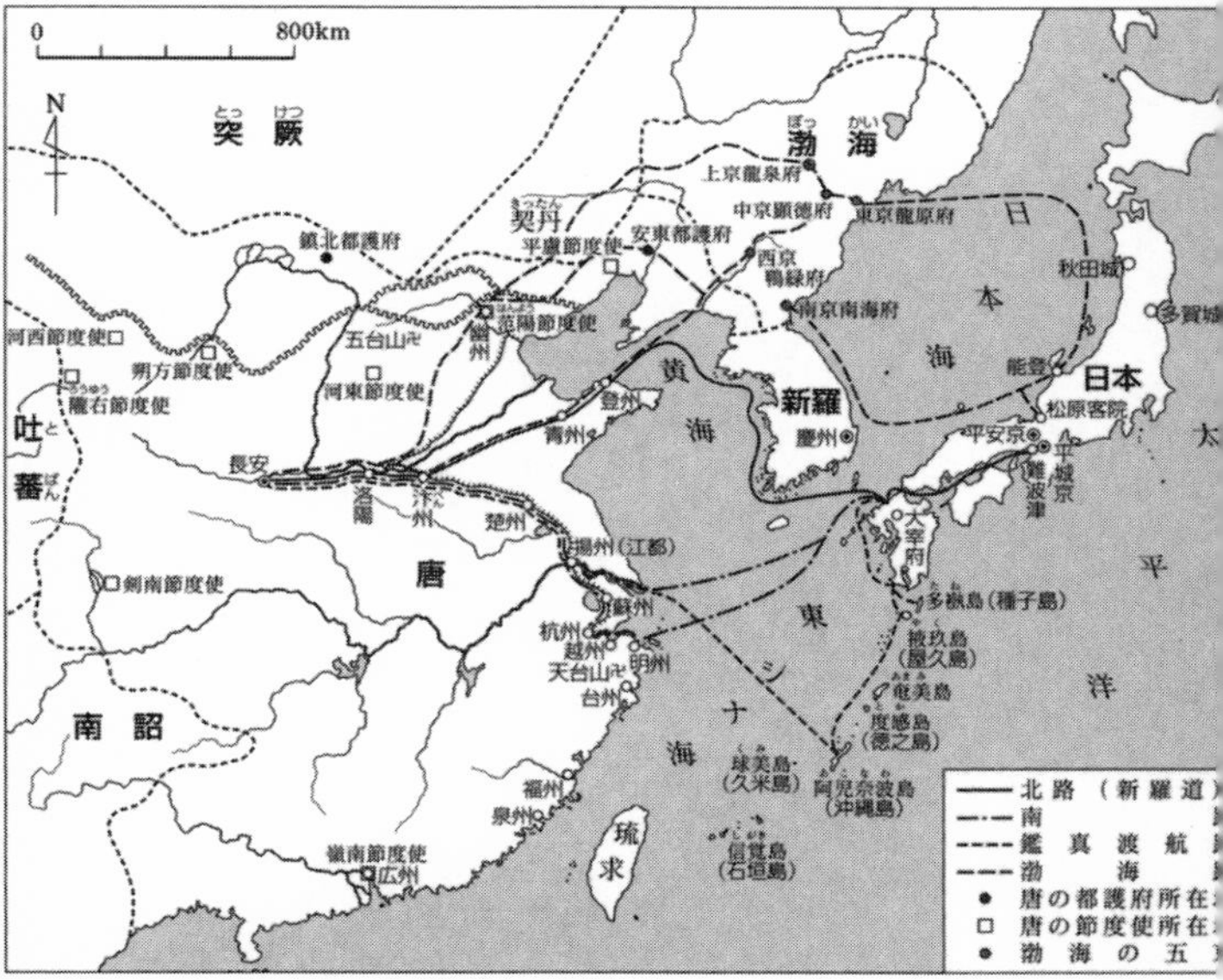

図3　7〜9世紀の東アジアと交通路
出典：石井正敏『東アジア世界と古代の日本』（山川出版社、2003）

で、新羅に対しては敵対的な姿勢をとった。この政権下では遣新羅使が一度も派遣されず、七五八年十二月に唐における安史《あんし》の乱の消息が伝わって以降は、新羅征討計画も進められていった。また仲麻呂は、自らが擁立した淳仁《じゅんにん》天皇の即位に際して、七五八年八月に武蔵国の空閑地に「帰化」した新羅人を移配して新羅郡《しらぎぐん》を建郡した。また自身の後ろ盾となっていた光明皇《こうみょうこう》太后《たいごう》の病状悪化をうけて、七六〇年四月には新羅郡への移住者を増やすことで、淳仁―

仲麻呂の政権が新羅を従える構図を作り出し、権威の上昇を図った（柿沼亮介「藤原仲麻呂政権と武蔵国新羅郡の建郡」須田勉・高橋一夫編『渡来・帰化・建郡と古代日本――新羅人と高麗人』高志書院、二〇二三）。このように新羅からの移住者たちは、本人たちに「帰化」の意志があったか否かにかかわらず「帰化人」として扱われ、「敵国」となった新羅は政権の浮揚のために政治的に利用されたのである。

仲麻呂政権崩壊後も、日本は体裁の不備などを理由として新羅使を入京させずに放還することを繰り返し、七七九年を最後に新羅使の来日は途絶する。このように、八世紀に新羅との関係は悪化していき、新羅は外交使節の派遣そのものを止めることになる。しかし、日本と新羅の交流が失われたわけではなかった。両者の関係が悪化していく七三〇年代以降、史料にみえる新羅使の人数は、むしろ増加していくのである。これは、新羅人の海上活動の活発化と関係しており（内藤雋輔「新羅人の海上活動について」（『朝鮮史研究』東洋史研究会、一九六一、一九二八初出）、商業活動を行う人々が使節に随行するようになったためであると考えられる。

特に注目されるのは、七五二年に来日した新羅使である。両国の関係が悪化し、七四三年以降、新羅使も遣新羅使も派遣されなかった中で、王子金泰廉《きんたいれん》に率いられた七〇〇人余が筑紫に来航し、七三四年以来となる入京が実現している。この使節の目的については様々な説があるが、使節がもたらした物品について日本の貴族が購入を申請した文書である「買新羅物解《ばいしらぎぶつげ》」が正倉院文書などにのこされていることから、金泰廉一行の目的は通商であったと考えられる（東野治之「鳥毛立女屏風下貼文書の研究――買新羅物解の基礎的考察」『正倉院文書と木簡の研究』塙書房、一九七七、一九七四初出／濱田耕策「中・下代の内政と対日外交――外交形式と交易をめぐって」『新羅国史の研究――東アジア史の視点から』吉川弘文館、二〇〇二、一九八三初出／石井正敏「八・九世紀の日羅関係」鈴木靖民・赤羽目匡由・浜田久美子編『石井正敏著作集1　古代の日本列島と東アジア』勉誠出版、二〇一七、一九八七初出）。日本との関係が悪化する中で新羅は、「王子」である金泰廉と貢調使《こうちょうし》としての体裁をとった大使節団を派遣することで、日本の「中華」としての意識を満足させ、放還されることなく確実に入京を期し、交易を行ったということであろう（柿沼前掲二〇二三年論文）。

七五二年の新羅使の活動には、他にも注目されることがある。それはこの新羅使が大安寺や東大寺において礼仏し、新羅学問僧《しらぎがくもんそう》（新羅への留学経験がある日本僧）との交流が行われたと考えられることである（田村圓澄「新羅王子金泰廉の東大寺参拝」『古代日本の国家と仏教――東大寺創建の研究』吉川弘文館、一九九九）。

新羅の物品を介して日本の貴族層が新羅との関係を持った「買新羅物解」にみえる交易や、普遍宗教である仏教を介した日本の僧侶と新羅使との交流は、先鋭化しがちな国家間

出発年月	使者
668(天智7).11	道守麻呂
670(同 9).9	阿曇頰垂
675(天武4).7	大伴国麻呂
676(同 5).10	物部摩呂
681(同 10).7	采女竹羅
684(同 13).4	高向麻呂
687(持統元).正	田中法麻呂
693(同 7).3	息長老
695(同 9).7	小野毛野
700(文武4).5任	佐伯麻呂
703(大宝3).7着	(不明)*
.10	波多広足
704(慶雲元).10任	幡文通
706(同 3).11	美努浄麻呂
712(和銅5).10	道首名
718(養老2).5	小野馬養
719(同 3).8	白猪広成
722(同 6).5任	津主治麻呂
724(神亀元).8任	土師豊麻呂
732(天平4).正任	角家主
736(同 8).4	阿倍継麻呂
740(同 12).4	紀必登
742(同 14).10着	(不明)*
752(天平勝宝4).正任	山口人麻呂
753(同 5).2任	小野田守
779(宝亀10).2任	下道長人
799(延暦18).4任	大伴峰麻呂
803(同 22).3	斎部浜成
804(同 23).5着	(不明)*
.9	大伴岑万里
806(大同元).3着	(不明)*
808(同 3).2着	(不明)*
836(承和3).8	紀三津
878(元慶2).8着	(不明)*
882(同 6).4着	(不明)*

使者欄の＊印は『三国史記』にのみ見える。着は新羅到着。

来着年月	使者	備考
668(天智7).9	金東厳	
669(同 8).9	督儒	
671(同 10).6	(不明)	
.10	金万物	
672(天武元).11	金押実	
673(同 2).閏6	金承元	
675(同 4).2	金忠元	
.3	朴勤修	
676(同 5).11	金清平	
.11	金楊原	
678(同 7).	金消勿	
679(同 8).10	金項那	
680(同 9).5	考那	
.11	金若弼	
681(同 10).10	金忠平	
682(同 11).6	金釈起	
683(同 12).11	金主山	
684(同 13).12	金物儒	
685(同 14).11	金智祥	
687(持統元).9	金霜林	
689(同 3).4	金道那	
690(同 4).9	金高訓	
692(同 6).11	朴億徳	
693(同 7).2	金江南	
695(同 9).3	金良琳	
697(文武元).10	金弼徳	
700(同 4).11	金所毛	
703(大宝3).正	金福護	
705(慶雲2).10	金儒吉	
709(和銅2).3	金信福	
714(同 7).11	金元静	
719(養老3).5	金長言	
721(同 5).12	金乾安	放還
723(同 7).8	金貞宿	
726(神亀3).5	金造近	
732(天平4).正	金長孫	
734(同 6).12	金相貞	入京後放還
738(同 10).正	金想純	放還
742(同 14).2	金欽英	放還
743(同 15).3	金序貞	放還
752(天平勝宝4).閏3	金泰廉	
760(天平宝字4).9	金貞巻	放還
763(同 7).2	金体信	放還
764(同 8).7	金才伯	放還
769(神護景雲3).11	金初正	放還
774(宝亀5).3	金三玄	放還
779(同 10).7	金蘭蓀	

表1（右）　新羅使一覧
表2（上）　遣新羅使一覧
（ともに白村江の戦い以後）
出典：石井正敏「信使から商旅へ」（村井章介・荒野泰典編『新体系日本史5　対外交流史』山川出版社、2021）

外交を補う多元的な外交チャンネルとして機能したと考えられる（柿沼前掲二〇二三年論文）。

さて、七五二年の段階では交易を行うために入京が目指されていたが、その後の新羅使は五回連続で放還されている。体裁の不備を理由に日本側が入京を認めず、筑紫から帰されるであろうことを承知の上で来日を繰り返しているということである。その頃には筑紫まで来ることで交易が可能になっていたからであろう。そして七七九年を最後に新羅使の来日はなくなるが、これはすでに民間商人によって十分に交易が行えるようになっていたことから、政治的な対立を引き起こしてまで外交使節を派遣する必要がなくなったためである（石井前掲一九八七年論文）。

このように八世紀に日本と新羅との関係は、政治的には悪化する一方で、経済的な結びつきは強化されていった。

†「海商」と「海賊」の時代〈九世紀〉

安史の乱（七五五〜七六三年）以降、唐は衰退し、唐を中心とした東アジアの国際秩序もまた弛緩していく。これにより、日本においても疑似的な「異民族」支配によって、国内の「帝国」構造を維持する必要性は低下していった（坂上康俊『日本の歴史05　律令国家の転換と「日本」』講談社、二〇〇一）。新羅との国家間の関係もこうした中で低調になっていくが、一方で国家の枠組みを超えた勢力の活動は活発化していく。
九世紀には、新羅の民間商人が北部九州や中国の沿岸地域に来着し、時に居住して交易活動に従事するようになっていた。値《ち》嘉嶋《かのしま》と呼ばれた五島列島には唐や新羅の商人が来住し、現地の産物を持ち帰るだけでなく交易品を持ち込み、開放的・国際的な居留地が形成されていたともいわれている（戸田芳美「平安初期の五島列島と東アジア」『初期中世社会史の研究』東京大学出版会、一九九一、一九八〇初出）。

また、中国の山東半島から江蘇《こうそ》《チャンスー》省にかけての地域には、新羅人が進出して各地に集落を形成し、在唐新羅人《ざいとうしらぎじん》と呼ばれている。彼等は中国内で互いにネットワークを築いており、承和の遺唐使に伴って入唐《にっとう》し、八三八〜八四七年の長きにわたって唐に滞在した円仁《えんにん》（慈《じ》覚大師《かくだいし》）は、在唐新羅人に助けられながら活動したことが『入唐求法巡礼行記《にっとうぐほうじゅんれいこうき》』から知られる。円仁は山東半島の赤山法華《せきざんほっけ》院《いん》に滞在したが、この寺院は代表的な新羅海商で、日本の貴族との間でも交易を行っていた張宝高《ほうこう》（保皐）によって建てられ、新羅僧によって営まれていた。このように新羅人は、「国境」を越えて各地に進出していたのである。

九世紀後半からは、新羅人の日本列島への来着が頻繁にみられるようになり、史料では「新羅海賊」などと記されている。一方で、対馬や肥前国沿岸地域の住人である「島嶼之人」は、新羅の政府による取り締まりをかいくぐりながら朝鮮半島に渡って交易や漁業を行っていた（鄭淳一「承和三年の新羅国執事省牒にみえる『島嶼之人』」『九世紀の来航新羅人と日本列島』勉誠出版、二〇一五）。こうした中、八六六年に肥前国の郡司が新羅人と共謀して対馬を攻撃しようとした事件が、また八七〇年には大宰少弐《だざいのしように》が新羅国王と通謀したとされる事件が起こった。日本列島と朝鮮半島との間では、在地勢力による国家の統制を超えた活動が活発化していったのである。

八五七年、対馬で郡司や島民が嶋司《とうし》（国司に相当）の館を襲撃し、対馬守立野正岑を殺害する事件が起こった。この時に犯人たちに対しては、死刑から遠流へと減刑されるなど寛大な処置がとられているとともに、八六五年には対馬の郡司のための職分田《しきぶんでん》が筑前国に用意されている。こうした対馬の在地勢力に対する優遇措置は、日本国内の勢力と新羅とが結びつくことへの警戒感によるものであると考えられる（柿沼亮介「古代西海道の『辺境島嶼』と『越境』する人々」『民衆史研究』一〇五、二〇二三）。

九世紀の新羅は、疫病や飢饉、国内政治の混乱などが続き、これが賊徒化した新羅人の活動へとつながった。新羅人の来襲を経験する中で、日本では九世紀後半に隠岐《おき》国が「辺要」（「辺境」の法的位置づけ）とされるようになるなど、危機感が高まった。こうした状況は、神国思想と新羅敵視観の昂揚を促すとともに、日本の貴族の間に閉鎖的で排外的な国際意識を生じさせるようになっていった（村井章介「王土王民思想と九世紀の転換」『古代中世境界史論』岩波書店、二〇一三、一九九五初出／石井正敏「貞観十一年の天災と外寇」鈴木靖民・赤羽目匡由・浜田久美子編『石井正敏著作集1　古代の日本列島と東アジア』勉誠出版、二〇一七、二〇一二初出）。新羅との関係が、平安中期以降の日本の国土観や外国人に対するケガレの観念を醸成していったのである。

†おわりに

九世紀末に朝鮮半島は、後百済や後高句麗が建てられて新羅と対立する後三国時代となった。そして後高句麗から興った高麗は九三五年に新羅を滅ぼし、翌年に半島を統一した。ここに新羅の歴史は終焉を迎える。

古代の倭・日本にとって新羅は、最も長く交流をもった国である。それは新羅が三国時代から滅亡に至るまで、六〇〇年にわたって存続したからであるが、ただ付き合いが長かっただけではない。両国の関係は単純に〈良い／悪い〉〈好き／嫌い〉といった二項対立で説明できるものではなく、《友好》《敵対》《牽制》《羨望》《蔑視》など様々な要素が、その時その時の国際情勢や国内政治の動向、現実的な力関係の中で、比率を変えつつも同時に顕在化するものであった。

このアンビバレンスの下で複雑に相互作用を及ぼしあったからこそ、その交わりは時として国家形成の契機となり、また東アジアの動乱を引き起こし、さらには国家の枠組みを超えた勢力の活動を促すことにもつながったのである。その意味では、現代の日韓関係にも通ずるものがある。《依存》と《反目》が常に同居し、感情的・先鋭的になりがちな両国間の関係について、「韓流」や「嫌韓」、「親日」や「反日」といった語で単純に状況を説明するのではなく、日本列島と朝鮮半島との長い交流の中で相対化して捉えるための視座を、古代の新羅と倭・日本との関係は教えてくれるように思う。

さらに詳しく知るための参考文献

円仁（足立喜六訳注・塩入良道補注）『入唐求法巡礼行記（全二巻）』（平凡社、一九七〇・一九八五）……円仁の九年にわたる唐滞在中の旅行記である『入唐求法巡礼行記』の訳注。唐代の交通路や社会制度などについて知ることができる重要な史料であり、円仁が在唐新羅人のネットワークに助けられながら唐で活動し、帰国に際しても新羅船を利用している様子が記録されている。

石井正敏『日本史リブレット14　東アジア世界と古代の日本』（山川出版社、二〇〇三）……古代の外交と交易について、東アジアの中での日本の立ち位置を踏まえながら描く。唐・新羅・渤海と日本との関係についても分かりやすく述べられており、古代日本の対外関係について理解する上で、まず手に取るべき一冊。

田中史生『国際交易の古代列島』（角川選書、二〇一六）……弥生時代から平安時代に至る国際交易のあり方について時代を追って叙述しながら、交易が社会に与えた影響について述べる。日本と新羅との交易や新羅海商、在唐新羅人などについても詳しく書かれている。

高田貫太『海の向こうから見た倭国』（講談社現代新書、二〇一七）……朝鮮半島で出土する倭系遺物や日本列島で出土する半島系遺物、さらに朝鮮半島南西部の栄山江流域に所在する前方後円墳などから、地方勢力による日本列島と朝鮮半島との間の多様な交流のあり方について描き、さらには王権による外交権の統一までを見通す。

第8講

仏教の伝来と飛鳥寺創建

中林隆之

†仏教の伝来と「公伝」

仏教は、北インド地域においてバラモン教の異端として発祥し、以後アジア地域一帯に普及していったいわゆる世界宗教である。その性格は時代と受容空間の広がりに伴って様々に変容したが、日本列島で受容されたものは、インドから様々な経路を通じて、僧侶や信奉する政治権力・信者の移動と相互交流、仏舎利を中心とした聖遺物や仏像・仏典の請来などにより、波状的・累積的に中国大陸にもたらされ、中国の地で、仏典の漢訳を伴いながら在来の思想と習合・混淆して、中国風にアレンジされながら成長し、周辺地域・諸国に波及していった思想・文化体系であった。

そうした仏教は、倭国では朝鮮半島諸国や中国（とくに南朝）との直接・間接的な交流を前提として、まずは渡来人らによって受容・信仰され、しだいに日本列島に定着していったものと思われる。だが、倭国における仏教興隆の方向性を大枠で規定したのは、東アジアの中での王権間の交渉を通じた、中央権力（倭王権）による導入とみるべきである。具体的に言うと、倭王権は、仏教を百済王権より受容した（仏教「公伝」）。

†仏教「公伝」をめぐる史料と研究史

百済王（聖明王）と倭国との間で行われた仏教の授受をめぐっては、研究史上、その「公伝」の年次が重要な議論の対象とされてきた。八世紀段階における古代国家の公的歴史認識を示す『日本書紀』では、その出来事を五五二年（欽明天皇十三年）＝壬申年として描いている。他方、『元興寺《がんごうじ》伽《が》藍縁起并流記《らんえんぎならびにるき》資財帳《しざいちょう》』（元興寺縁起）や、『上宮聖徳法王帝《じょうぐうしょうとくほうおうてい》説《せつ》』（法王帝説）などでは、その年次を「戊午年」＝五三八年と記している。つまり、倭国における仏教の公的受容の初年年次をめぐっては、所伝を異にする二系列の史料群が存在するわけである。ちなみに、『日本書紀』の紀年に従えば、欽明天皇の在位年間中には、元興寺縁起や法王帝説が伝える「戊午」の年次は存在せず、それに相当する年次は宣化《せんか》天皇の在位期間中のこととなる。この点を含めて二系列の史料群とその評価をめぐって、これまで多くの検討と史料批判が積み重ねられてきた。

『日本書紀』の場合、六世紀以降の記事に限っても、それが編纂される際にその材料として利用された様々なもとの史料の所伝の相違に由来して、該当する出来事の年次について異伝が伝えられる場合がいくつもみられる。また記載された記事の内容についても吟味が必要な事例が多々あることが知られている。「公伝」の記事も、まさしく、そうした年次や記載内容について早くから問題視されてきたものの一つである。

具体的に言うと、百済聖明王が倭国に仏法を勧めた「上表」文の内容が、八世紀に翻訳された『金光明最勝王経《こんこうみょうさいしょうおうきょう》』などの経典に記された文言を利用して記載されたと考えられること（井上薫「日本書紀仏教伝来記載考」同『日本古代の政治と宗教』吉川弘文館、一九六一）、また上表文とともに仏教を伝えたとされる百済使の「西部《さいほう》姫《き》氏《し》達率《だちそち》怒《ぬ》唎《り》斯《し》致《ち》契《けい》」という人名や地位の記載にも問題があることが指摘されている（松木裕美「欽明朝仏教公伝について――公伝年次を中心として」『東京女学館短期大学紀要』一、一九七八）ことなどから、その作為性が指摘されている。加えて、五五二年という伝来年次についても、実年代ではなく、末法思想にもとづいて設定された年次であるとする見解も出されている（益田宗「欽明天皇十三年仏教渡来説の成立」坂本太郎博士還暦記念会編『日本古代史論集』上、吉川弘文館、一九六二／吉田一彦『仏教伝来の研究』吉川弘文館、二〇一二など）。

したがってこれまでは、飛鳥寺に由来する寺院（元興寺）の所伝にもとづくとみられていた元興寺縁起や、法隆寺僧が集成した記録類をもとにしたとされる法王帝説に示された

「戊午」年（五三八）の方を、正統な「公伝」年次とする見方が多く、高等学校の日本史教科書でもそう説明されている。

だが近年にいたり、元興寺縁起にも一層の史料的吟味が加えられ、この縁起が、九世紀後半に作成された、尼寺建興寺《けんこうじ》（豊浦寺《とゆらでら》）の縁起をもとに、平安末期にさらに僧寺たる元興寺の歴史を付加する形に改編して述作された偽文書であるとの見解が提示されるまでに至っている（吉田一彦前掲『仏教伝来の研究』）。

もっとも、少なくとも元興寺縁起の中に収録されている元興寺の塔覆盤銘《とうふくばんめい》（塔露盤銘《とうろばんめい》）部分については、そこに記された漢文表記に古い様相がみられると指摘されており、また七世紀代の木簡の表記にも同様の表記が確認できることなどから、改めて銘文記載の古さを指摘する有力な見解があり（田中史生「飛鳥寺建立と渡来工人・僧侶たち―倭国における技能伝習の新局面―」鈴木靖民編『古代東アジアの仏教と王権――王興寺から飛鳥寺へ』勉誠出版、二〇一〇／川尻秋生「飛鳥・白鳳文化」『岩波講座日本歴史』岩波書店、二〇一四など）、その評価は大いに揺らいでいる。

長く法隆寺に伝来されてきた法王帝説についても、同様に現存本の原本調査にもとづく史料の吟味が進展しているが（沖森卓也・佐藤信・矢嶋泉著『上宮聖徳法王帝説　注釈と研究』吉川弘文館、二〇〇五など）、そこに記された仏教伝来に関する叙述についてもその事実性についての評価は分かれている（吉田一彦前掲書は、法王帝説の「戊午年」伝来説を含めた、五八八年の飛鳥寺建立以前の仏法伝来関連記事の事実性をすべて疑問視するが、東野治之校注『上宮聖徳法王帝説』（岩波文庫、二〇一三）は、史料の検討を踏まえ、「戊午」年伝来説を肯定している）。

こうした研究史をたどってみると、結局のところ、仏法「公伝」を示す二系列の史料の評価は未だ定まっていないと言わざるを得ない。ちなみに『日本書紀』の場合、「公伝」に関わった使者の表記や「上表文」での文飾の存在は、それのみでは、その年次に百済王から仏教が伝えられたことの否定までには、必ずしも直結しない。また末法思想にもとづく年次の設定という見解も、そもそも末法思想の定着時期が不確かで、末法初年の計算法についても異伝もあるため（たとえば、八世紀半ばの聖武天皇の大仏建立詔では、当時を「末法」ではなく「像法」としている）、一つの仮説という以上にはでない。

他方、『元興寺縁起』の場合、最澄《さいちょう》撰の『顕戒論《けんかいろん》』で引用された、最澄の大乗戒壇《かいだん》設立に反対するために南都の僧綱らが提出した上表文の中で、仏法伝来の年次について、「元興縁起」にもとづいて、戊午年と述べていたことは、やはり無視できない。僧綱が正式に天皇に対して奏上した上表文の中で、仏法伝来の根拠として挙げた「元興縁起」が、由来が定かでないあいまいな史料であったとはとうてい考えがたい。とすると、これが七四七年（天平十九年）の時点で、大安寺や法隆寺などの資財帳とともに作成された本来の元興寺縁起であった可能性は、大いにありうるであろう。同様に、法王帝説中に記載された「公伝」年次部分も、その本来の元興寺縁起（ないし同系統の史料）をもとに記されたものであった可能性もありえよう。

こうしてみると結局、百済王権と倭国との仏教の公的授受の問題については、年次の問題を含めて、上記した二系列の「公伝」史料の内在的検討、という手法のみでは判断しきれないと言わざるをえない。むしろ、ここで求められるのは、百済と倭国との仏教の公的な授受問題を、それのみを切り離して論じるのではなく、『日本書紀』中の継体紀～欽明紀にみられる実録的な外交関係記事や、『三国史記』や関連する中国「正史」などからうかがえる半島諸国の動向とを重ね合わせて慎重に吟味し、その意義を当該期の東アジア（とりわけ韓―倭）地域世界の政治情勢の推移の中に的確に位置づける、という視角であろう。

†仏教「公伝」の実相

四七五年、高句麗の攻撃によって都の漢城とその周辺を失陥した百済は、都を熊津《ゆうしん》、さらには泗沘《しひ》へと南遷させた。その間、百済は一方では漢城周辺の旧領の回復をめざして高句麗と断続的に戦うとともに、南進策も進め、加耶諸国や新羅とも交渉や紛争を繰り返していた。そうした中で百済は、六世紀初め以降、倭国に対して断続的に軍事援助を求め、その見返りとして、最新の知識を有した人物らを倭国に送りこみ、彼らを数年間倭国で滞在させた後、次の者に交代させるという方式の人材派遣（上番）の方策をとっていた。

『日本書紀』では、五一三年・五一六年（継体紀七年六月条・同紀一〇年九月条）と五四七年・五五四年（欽明紀八年四月条・同紀十五年二月条）に、具体的な身分名と人名をともなう人材の派遣・交代に関する実録的な記事を確認できる。そのうち五五四年の記事には、「前番」の道深《どうじん》ら七名の僧に代えて、曇慧《どんえ》ら九名の僧が派遣されたとある。同じ記事中で東城子莫古《とうじようしまくこ》に交代された「前番」の東城子言《とうじようしごん》は、五四七年の派遣記事にも名がみえる。とすると、欽明紀八年四月条の記事では省略されているものの、実際にはこの時点で僧の道深ら七名も東城子言と同じく、五四七年に来倭して七年ほど倭国に滞在し、その後曇慧ら九名の僧と交替したとみてよいであろう。

百済と倭国の王権間の交渉を前提とした仏教の専修スタッフである僧の長期派遣と滞在は、当然ながら、仏教教義の伝授や仏教関連の資財の授受などをも伴ったと推察される。この点を重視するならば、五四七年こそが「公伝」に関わる初発の記事とみなしてよいのではないか。ちなみに百済は、それに先立つ五四一年に南朝梁《りょう》に朝貢し、孟子博士に加えて、『涅槃経義《ねはんぎようのぎ》』、工匠・画師などの下賜を要請し許可されている（『梁書』巻五十四諸夷百済伝、『三国史記』百済本紀第四聖王十九年条）。百済による倭国への僧七名の派遣は、こうした最新の梁仏教の知識を前提にしたものであった蓋然性が高いだろう。

ただし、大伴狭手彦《おおとものさでひこ》が百済の計に従って百済とともに高句麗と戦い、高句麗王から奪った戦利品や婦人等を伴って凱旋したとする伝承（『日本書紀』欽明天皇二十三年八月条）も軽視できない。もっとも、五六二年（欽明天皇二十三年）は新羅が大加耶を最終的に併合した年次であり、そこに高句麗は基本的に関与していない。したがって、『日本書紀』の同条の本文の紀年は不正確であり、別伝（一云）の紀年（欽明天皇十一年＝五五〇年）の方が伝承としての蓋然性が高い。

ただ、二十三年条の本文中にみられる、狭手彦が蘇我稲目《そがのいなめ》に送ったとされる戦利品の「銅鏤鍾三口《どう(の)ろうしょうさんこう》・五色幡二竿《ごしきのばんふたさお》」などは、仏具であったことを強く示唆している。また、二十三年条本文をふくめた狭手彦の凱旋譚は、『新撰姓氏録』左京諸蕃下の和薬使主《やまとのくすしのおみ》の所伝で、和薬使主の祖とされる智聡《ちそう》が、欽明朝に狭手彦にしたがって内外典や薬書・明堂図《めいどうず》等百六十四巻・仏像一軀・伎楽調度一具などをたずさえて来朝したとみえる伝承とも連動する。さらに、鞍部司馬達等《くらつくりのしばたつと》の子多須奈《たすな》とともに、大伴狭手彦連の女善徳《ぜんとく》や大伴狛夫人《おおとものこまのいろえ》が、新羅媛善妙《しらぎひめぜんみょう》・百済媛妙光《くだらひめみょうこう》らとともに出家している（崇峻紀三年是歳条）。この点も大伴氏と仏教との深いつながりを示しており、上記の一連の狭手彦を通した仏教文物の受容伝承とも整合的で注目される（大伴狭手彦の事績については、日野昭「大伴狭手彦の伝承と仏教」同『日野昭論文集Ⅰ　日本書紀と古代の仏教』和泉書院、二〇一五、初出一九八一を参照）。

以上を総合的に考えると、倭国における仏教受容の経緯は、朝鮮半島における慢性的な戦争状態のもと、高句麗や新羅などに対抗した百済による安全保障上の措置として、倭国からの軍事援助の見返りとして、百済王権より、最新の南朝系仏教が、僧の上番や、高句麗の捕虜・文物などとともに、五四〇年代後半から五五〇年代前半頃に相次いで伝えられた、というのが実相であったとみられる。『日本書紀』の編者は、この間の一連の出来事を、五五二年の画期的な一回的事件としてまとめあげたのではなかろうか。ちなみに、仏教の受容に際しては、倭国の中央氏族の中では、蘇我氏とその配下の渡来系氏族のみならず、上記のごとく半島情勢に主体的に関与した大伴氏も大きな役割を果たした蓋然性が高いであろう。

なお、上記した『日本書紀』の五四七年の記事において、道深以下七名の僧の記述がみられないのは、『日本書紀』の編者が「公伝」を五五二年の一回的事件と設定したことに関わって、それ以前のもとの史料にあった百済の僧の派遣記事の情報を、書紀編纂時に削り省略した可能性があるのではないか。また、大伴狭手彦の凱旋と仏教的文物の請来記事を欽明紀二十三年条本文に配置し、凱旋を五五〇年とする「一云」ではその詳細が記されていないのも、書紀編者の同様の編纂方針に由来する可能性があるだろう。

ちなみに、『隋書』倭国伝によれば、倭国は仏教を百済から受容することを通じて、初めて文字言語を活用するすべを学んだと記される。この記述も、仏典類の受容とその理解の過程で体系的文字言語の習得が進展したことを指したものと考えれば、概ね事実を伝えたものとみてよいであろう（東野治之「古代日本の文字文化」国立歴史民俗博物館・平川南編『古代日本　文字の来た道【古代中国・朝鮮から列島へ】』大修館書店、二〇〇五）。この点にも仏教受容のもった大きな意義が認められる。

†飛鳥寺の創建

もっとも、仏教は「公伝」以来、ただちに倭王権全体で積極的に導入されたわけではなかったようで、その後も受容に反対する天皇や有力氏族もあったと伝える史料も見られる。したがって受容した仏教の咀嚼とその積極的な導入までには一定の期間が必要であったことが推測される。だが、その後倭国では、法興王《ほうこう》〜真興王《しんこう》代の君主主導による仏教興隆を前提に躍進した新羅の動向への対峙を外的な契機としつつ、主体的な仏教導入が図られたようである。『日本書紀』には、五七七年に大別王《おおわけおう》・小黒吉《おぐろのき》氏《し》が使者となって百済に仏教を求めたとする実録的な記事が掲載されている（敏達天皇六年五月丁丑条・同年十一月庚午条）。この使者の派遣と仏教文物を伴う帰国を皮切りとしたあいつぐ導入の動きは、その後、五八八年の大臣蘇《そ》我馬子《がのうまこ》の主導による飛鳥寺の建立へと結実する。

飛鳥寺は、蘇我馬子が主導し、飛鳥衣縫造祖樹葉《あすかのきぬぬいのみやつこのそこのは》の家を壊して五八八年に創建され、五九六年に完成したとされる（『日本書紀』崇峻天皇元年是年条・同推古天皇四年十一月条、元興寺縁起）。完成した飛鳥寺は瓦葺き礎石建ての壮大な伽藍を有した建造物であった。それは百済から派遣された造寺《ぞうじ》工《こう》・瓦《が》工《こう》・露《ろ》盤《ばん》師・画工などの援助・指導のもとになされたものであり（『日本書紀』崇峻天皇元年是年条、元興寺縁起）、実際に発掘された軒平《のきひら》・軒丸《のきまる》瓦の文様も、百済のそれに近似するとされる。なお発掘された軒丸瓦の紋様（花組・星組）に連動する形で、瓦当《がとう》部と丸瓦《まるがわら》部との接合方式に二系統の様式が確認されたことなどから、百済から派遣された造瓦工人は二系統の技術者集団からなっていたとみられている。

†飛鳥寺の伽藍配置とその系譜

ところで、飛鳥寺は、発掘調査の結果、一塔三金堂形式の伽藍配置であることが判明したが、こうした伽藍配置は、発掘当初から、高句麗の都平壌の清岩里《せいがんり》廃寺《はいじ》をモデルとしたと指摘されてきた（奈良国立文化財研究所学報第五冊『飛鳥寺発掘調査報告』真陽社、一九五八）。けれども近年、百済の都泗沘（扶余）の王興寺の発掘調査以降、王興寺を伽藍配置を含めた飛鳥寺のモデルとする見方が出され、また飛鳥寺造営の時期に高句麗からの外交使節の到来がないことなどから、主要伽藍の完成するまでは高句麗の影響が少なかった可能性を推測する見解も提示されている。

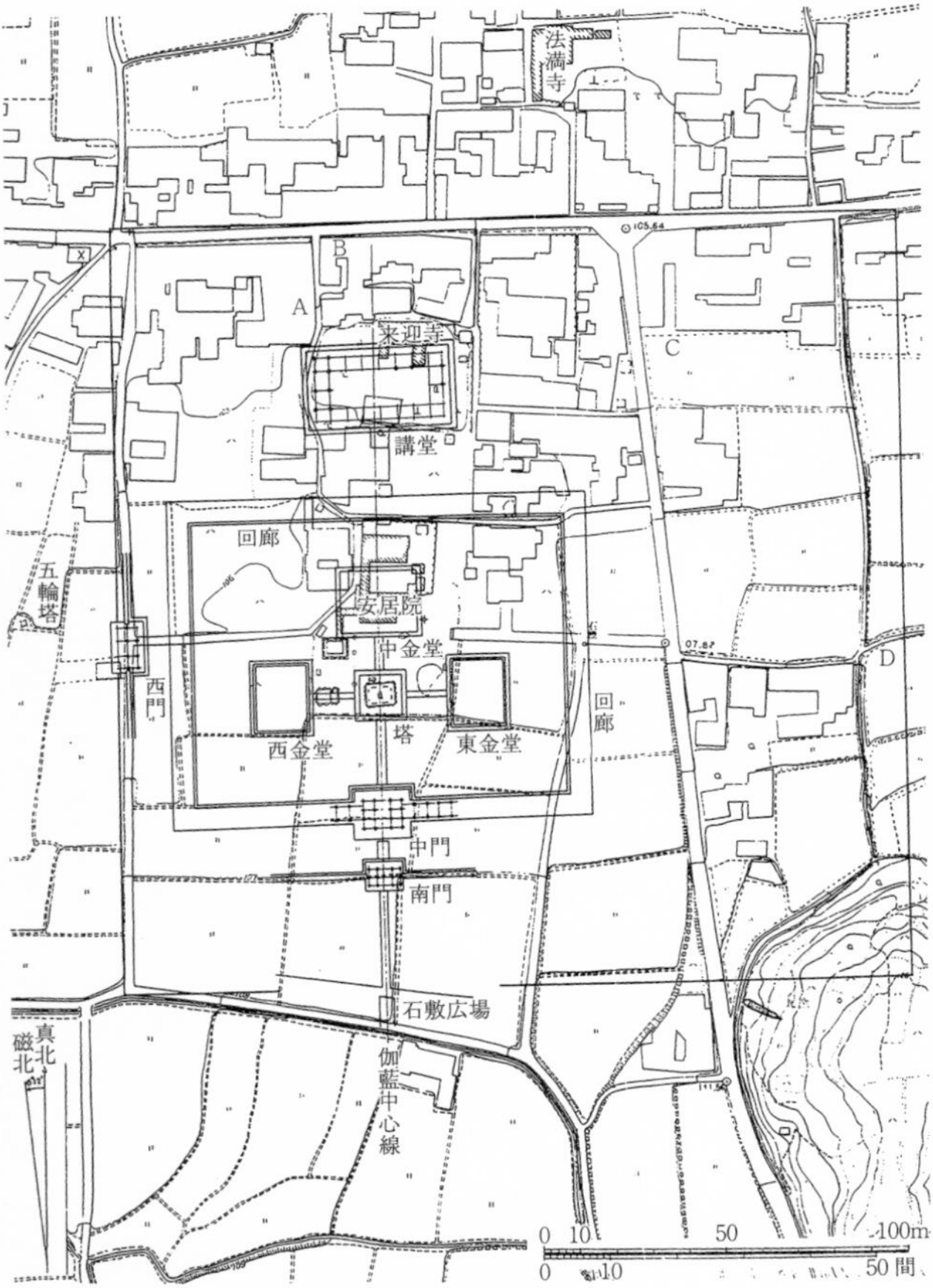

A・B　瓦堆積発見地点
C　石敷溝発見地点
D　礎石及び瓦出土地点

図　飛鳥寺の伽藍配置（奈良国立文化財研究所学報第五冊『飛鳥寺発掘調査報告』真陽社、1958）

たしかに、伽藍配置をめぐる百済の寺院・技術者などとの関係については、今後も現地での発掘調査の進展なども見守りながら、慎重に検討していく必要がある。しかし現状では、百済では、問題の王興寺を含めて、一塔三金堂《こんどう》形式の伽藍配置の寺院跡は確認されていない。他方、高句麗では、清岩里廃寺の他にも、同じく平壌に建立された定陵寺《ていりょうじ》廃寺も、一塔三金堂形式の伽藍配置であった。この点は、やはり無視できない。

また、飛鳥寺創建時には高句麗からの外交使節の来訪はないものの、当該期にも高句麗との関係は想定可能である。すなわち、高句麗出身の還俗僧《げんぞくそう》恵便《えべん》の存在が重要である（『日本書紀』敏達天皇十三年是年条、元興寺縁起など）。恵便は、来倭の経緯は不明ながらも、五八四年の時点で播磨《はりま》地域に居住しており、同年に蘇我馬子が派遣した使者に招請され、善信尼らの戒師となっている。倭国初の出家者の戒師に抜擢されたことを念頭に置けば、還俗僧であった彼が、出身地のそれを含む仏教関係の様々な知識を有したことは容易に推測される。加えて、上記した大伴狭手彦が凱旋した際に、「高麗之囚」（高句麗の捕虜）を献上し、その末裔がのちに山城国《やましろのくに》に配置されたとある（『日本三代実録』貞観三年八月十九日条）ことや、五五〇年に百済聖明王が「高麗奴」を天皇・使者に贈り、また「狛虜」も献じたとされること（『日本書紀』欽明天皇十一年四月庚辰朔条・乙未条）なども注意される。これらの捕虜とされて倭国に送られた高句麗人の中に、仏教建築に関わる技術者・知識人がいた可能性もあろう。これらを総合的に判断すると、飛鳥寺の伽藍配置の設定に高句麗の影響があったことは十分に考え得るのではないか。

†飛鳥寺創建の意義

飛鳥寺の建立以後、王族を含めた中央豪族らは積極的に寺院の造営を進めていき、政府の調査の結果、六二四年には、飛鳥地域を中心に四十六の寺が立ち並んだとされ、そこには総計で僧八百十六人・尼五百六十九人が居住していたという（『日本書紀』推古天皇三十二年九月丙子条）。飛鳥寺を含む中央氏族らが建立した寺院群は、「君親之恩《きみおやのおん》」（君主と自身の氏族の祖先への追善と報恩）を目的としたものであったとみられるが（『日本書紀』推古天皇二年二月丙寅朔条）、こうした追善や報恩を軸とした寺院建立の動向は、倭国のみならず当該期の東アジアの支配層に概ね共通する動きといえよう（千田剛道「高句麗・百済の王陵付属寺院」『奈良文化財研究所紀要』二〇〇七、など）。

伽藍が整備された飛鳥寺では、本尊として金銅と繡《ぬいもの》の仏像が作成・安置された。このうち金銅の丈六仏《じょうろくぶつ》の鍍金《ときん》に際しては高句麗王の援助もなされた（『日本書紀』推古天皇十三年四月辛酉朔条、元興寺縁起所引「丈六光銘」）。飛鳥寺の丈六仏は六〇六年に完成し、それを祝って仏誕日にあたる四月八日に斎会《さいえ》が開催されたが、以後、飛鳥寺を中軸とした諸寺では、毎年四月八日と、祖先の追善を目的とした盂蘭盆《うらぼん》の期日にあたる七月十五日に法会が実施されるようになったとされる（『日本書紀』推古天皇十四年四月壬辰条）。しかもその後、六四七年の冠位十三階の制定に際しては、大会（国家の重要儀式）・饗客《きようきやく》（使節の来訪に伴う外交儀礼）とともに、四月・七月斎会の際にも冠位を着用することが定められている（『日本書紀』大化三年是年条）。この動きは、飛鳥丈六仏の開眼《かいげんく》供養《ようえ》会と並行して制定された冠位十二階の時点まで遡るとみるのが自然である。このことは飛鳥寺や中央氏族建立の諸寺での法会開催が、中央氏族らの冠位による序列付けと王権への結集につながるものであったことを示す。あわせて、そうした毎年恒例の法会の開催が、王宮での各種の儀礼の整備とも連動した動きであったことも示している（中林隆之「古代国家の形成と仏教導入」『日本古代国家の仏教編成』塙書房、二〇〇七）。

さらに、飛鳥寺で採用された瓦葺き・礎石建ての建物の様式と技術は、その後、諸寺院のみならず王宮・諸施設の建築にも継承されていくことになった。こうして飛鳥寺を中核としながら、飛鳥地域は次第に都市的な様相を呈するまでに成長していったのである。

さらに詳しく知るための参考文献

薗田香融「東アジアにおける仏教の伝来と受容――日本仏教の伝来とその史的前提」（同『日本古代仏教

の伝来と受容』塙書房、二〇一六(初出一九八九)……この論文では、明治期以来の仏法「公伝」をめぐる研究史が簡潔にまとめられており有益である。あわせて東アジア諸国との関連の中で倭国の仏教受容の過程についても大づかみに論じている。

吉田一彦『仏教伝来の研究』(吉川弘文館、二〇一二)……『日本書紀』や元興寺縁起、法王帝説をはじめとした、仏教の伝来に関わる諸史料と先行研究の批判的検討にもとづき、百済からの援助による飛鳥寺の建立を仏教伝来の画期と主張した著作。とくに元興寺縁起に対する史料批判は詳細であり、この縁起の本文(中心部分)が、九世紀に作成された豊浦寺縁起をもとに、平安末期に述作されたものであることを指摘した点は、重要である。

川尻秋生「飛鳥・白鳳文化」(『岩波講座日本歴史　第2巻　古代2』岩波書店、二〇一四)……仏教の受容期から飛鳥寺建立、その後の藤原京段階までの中央および列島各地の仏教の受容と展開の推移と、関連する文化の特色について、出土文字史料や寺院遺構などの発掘調査を含む近年の研究成果をふんだんに盛り込んで論じている。

日野昭「大伴狭手彦の伝承と仏教」(同『日野昭論文集Ⅰ　日本書紀と古代の仏教』和泉書院、二〇一五〔初出一九八二〕)……研究史上あまり顧みられることは無いが、大伴狭手彦の朝鮮半島での事績の検討をもとに、倭国の仏教導入にしめた大伴氏の役割の重要性について論じた好論。同著に収録された他の論文にも注目すべきものがある。

中林隆之「古代国家の形成と仏教導入」(『日本古代国家の仏教編成』塙書房、二〇〇七)……仏教の受容から定着の経緯を東アジア地域の変動の中に位置づけた論文。先行研究を踏まえ、百済からの仏教の公的受容の初発を五四七年とする。また飛鳥寺と諸寺で開催された毎年四月・七月の定例法会の開催に連動する形で、推古朝以降、冠位制の整備や世俗の公的・臨時の行事の整備が進展したことを述べる。

第9講　遣隋使と倭

吉永匡史

†隋の建国と東アジア情勢

古代東アジアの国際関係において、中国諸王朝が一貫してその中核でありつづけたことは、よく知られる通りである。中国の政治思想の一つに、中華思想がある。これは世界の中心が中華（中国王朝）であり、中華による教導の対象である夷狄《いてき》がこれに服属する、という思想である。したがって中華の王であり、天帝から統治を委任された「天子」である皇帝にとって、夷狄が従属することは権威保持のために不可欠であった（堀敏一「中華世界」『東アジアのなかの古代日本』研文出版、一九九八）。

これは中国王朝側の論理だが、周辺諸国にとっても、抜きん出た国力をもつ中国王朝といかに向き合い、またその力を自らにとって利益となるように活用できるかは、重大な政治案件だった。ゆえに国家使節を中国王朝に送ったのである。国王（異民族集団の首長）も

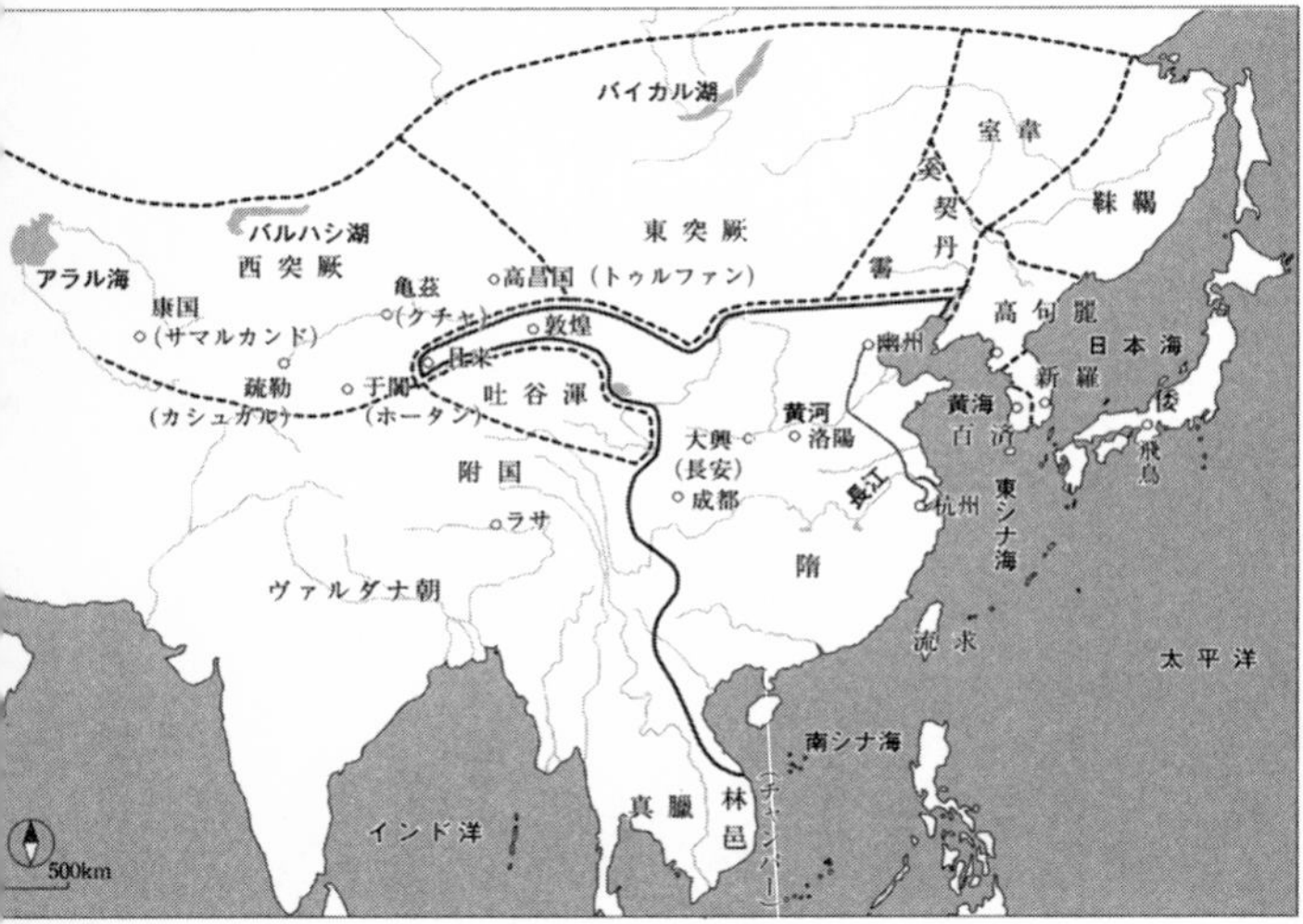

図　7世紀初頭の東アジア・中央アジア・北アジア（氣賀澤編 2012）

しくはその使者が貢物をもって中国皇帝に拝謁することを、朝貢《ちょうこう》といった。

　五八一年、北朝の北周王朝より隋《ずい》王朝が建国した。隋は五八九年に南朝の陳《ちん》を滅ぼし、約四百年ぶりに南北朝の統一を果たした。強大な統一国家が東アジアに出現したのである（図）。これまで周辺諸国は北朝と南朝それぞれに遣使してバランスをとってきたが、そのようなわけにはいかなくなった。隋といかに対峙するかが、緊迫した外交課題となったのである。翌五九〇年には、学問尼善信《ぜんしん》らが百済《くだら》から倭国に帰国しており、新しい中国情勢はこのときに伝えられたものと推測される。

　朝鮮三国のうち、高句麗《こうくり》と百済はす

でに北朝と南朝双方に遣使の経験があり、隋王朝成立後すみやかに遣隋使を派遣した。そして領土拡大に成功して朝鮮半島西海岸に到達した新羅《しらぎ》も、五九四年に隋に遣使し、新羅王に冊封《さくほう》されている。

高句麗は隋との関係が悪化の一途をたどり、ついに五九八年には水陸三十万の大軍勢による第一次高句麗遠征が実施された。高句麗は防衛に成功して隋の大敗に終わるが、隋の対外侵攻が東アジア諸国に衝撃を与えたことは想像に難くない。高句麗は西方の隋と南方の新羅への対応、百済は自らを圧迫する高句麗と新羅への対抗という事情があり、東アジア国際情勢における倭国の外交戦略上の地位はますます高まっていた。

ここで倭国に目をむけると、このころ倭国と新羅は朝鮮半島南端の旧任那《みまな》地域をめぐって関係が悪化していた。隋に冊封された新羅王を公然と攻めることは、隋への敵対を形式的に意味することにもなり（吉田孝『日本の歴史2　飛鳥・奈良時代』岩波書店、一九九九）、隋の第一次高句麗遠征にともなう緊迫した国際環境のなか、倭国は急ぎ対処する必要が生じたのである。こうした隋を中心とした東アジア国際情勢において、倭国が隋に遣使することを妨げる要素はなく、記録上約一二〇年ぶりに、倭国は中国王朝へ遣使することとなった。このときの大王は推古《すいこ》であり、飛鳥の地で彼女と蘇我馬子《そがのうまこ》・厩戸王《うまやど》（聖徳太子）による三頭政治が展開されていた。

†倭国遣隋使の派遣――開皇二十年遣隋使をめぐる問題

倭国の遣隋使は何回派遣されたのだろうか。著名なのは六〇七年の遣隋使であるが、実は定説があるわけではない。というのも、遣隋使の記事がみえる史料は『日本書紀《にほんしょき》』と『隋書《ずいしょ》』だが、両者で一致するのは六〇七年の遣隋使と、来訪した隋使裴世清《はいせいせい》を送り返した翌六〇八年の遣隋使のみであって、いずれか片方の史料にしか確認できない遣隋使があるからである。

具体的に挙げていくと、『日本書紀』には六〇七年・六〇八年・六一四年の派遣記事がある。対して『隋書』の場合、二代皇帝煬帝《ようだい》の帝紀《ていき》（各皇帝の治世を時系列にそってまとめたもの）と、倭国について述べた巻八一列伝四六東夷《とうい》の倭国条および流求国条《りゅうきゅうこく》（以下、倭国伝、流求国伝と略称）の計三箇所にみえ、六〇〇年・六〇七年・六〇八年・六一〇年の記事がある。しかし六〇八年の遣隋使は煬帝紀と倭国伝それぞれに記事があり、これを同一とみてよいか議論がある。また流求国伝に記載される遣使も、どの年次の遣隋使に比定するのか定見がない。煬帝紀の六一〇年の遣隋使は『日本書紀』に対応記事を確認できず、逆に『日本書紀』の六一四年の遣隋使を『隋書』の中に見出すことができない。

つまり各記述をどのように評価するかによって、遣使の回数が大きく変わってくるのである。現在までに、一回・三回・四回・五回・六回の計五説が提示されている（氣賀澤《けがざわ》保規「『隋書』倭国伝からみた遣隋使」〈同編『遣隋使がみた風景』八木書店、二〇一二〉の整理による）。戦後、日本史学界では四回説（『隋書』倭国伝の六〇〇年の遣使と『日本書紀』の三回の計四回をとる説など）が主流であったが、『隋書』煬帝紀の記事を排除することには異論があり、全ての記事を整合的に解釈する、よりいっそうの研究の深化が待たれる状況にある。

遣隋使の遣使回数について述べてきたが、江戸時代以前より大きな問題とされてきたのは、『日本書紀』にみえず、『隋書』倭国伝のみによって知られる開皇《かいこう》二十年（六〇〇）の遣使がはたして最初の遣隋使だったのか、という点である。

『隋書』倭国伝によれば、高祖文帝の治世下にあたる開皇二十年、「姓は阿毎《あめ》、字は多利《たり》思比孤《しひこ》、阿輩雞弥」と号する倭王が使者を派遣してきた。文帝は倭国の風俗を尋ねさせたところ、「倭王は天を以て兄となし、日を以て弟となす」と述べ、政務のありようについて答えた。これに対して文帝は「これはなはだ義理なし」と断じ、「訓《おし》えて」これを「改め」させた、とある。

アメタリシヒコを「姓」と「字」に分けたのは、隋側の解釈にすぎない。しかし推古大王が女性であるにもかかわらず、倭王がアメタリシヒコという男性呼称を名乗っていることとは、遣使主体が誰なのかという点で議論の的となってきた。厩戸王が推古大王に代わって遣使したという解釈が早くから説かれる一方、タリシヒコは名ではなく「字」と表記されていることから、大王位に附帯する名乗りと解することもできる。隋にいたるまで中国皇帝は男性のみであり、東アジアの外交において国王のジェンダーがいかなる意味をもつのかも検討が必要だろう。また「阿輩雞弥」はその訓《よ》みにオホキミ・アメキミ・アマキミの三説があり、天皇号の成立時期と関わって議論が行われている。

倭国は文帝から政務のあり方などを批判され、その教導を受けたとある。この後、倭国では六〇三年に小墾田宮《おはりだのみや》の造営、冠位十二階の施行、六〇四年には憲法十七条の制定、朝礼の改正など、主に官僚制や、中国礼制に基づく秩序形成にかかわる諸整備が急速に実施された。これは、倭国の使節が隋朝で実際に見聞して情報を持ち帰ったとみれば理解しやすく、かつて説かれたような、開皇二十年遣隋使を『隋書』の虚偽とみたり、列島西辺の豪族の私使とみなすのはあたらない。第一次遣隋使を開皇二十年の遣使とみることは、現在では衆目の一致するところといえよう。そして倭の五王の時代とは異なり、『隋書』倭国伝の記事には倭国が冊封された形跡がみえない。倭国は、新たな対中国外交のあり方を模索していたと考えられよう。

では、第一次遣隋使がなぜ『日本書紀』に記されていないのか。その理由はつまびらかにできないが、『日本書紀』の編纂者が意図的に記述しなかったとするのが有力である。

つまり『日本書紀』の作為にかかわる問題である。この点を念頭におきつつ、第二次遣隋使について考えてみよう。

†第二次遣隋使と国書

隋王朝は、文帝末年に内政重視から東アジア拡大路線へと舵を切る。煬帝はその路線を継承し、『西域図記《せいいきずき》』を著したことで有名な裴矩《はいく》を重用して積極的に異民族の朝貢をうながした。隋への来貢数は六〇七年から六一〇年にかけて大幅に増加しており、倭国の第二次遣隋使も、この潮流のなかで考える必要がある。

六〇七年（推古十五／大業三）の遣使については、『日本書紀』では大礼小野妹子《おののいもこ》を通事鞍《くら》作福利《つくりのふくり》とともに派遣したことを記すのみだが、『隋書』倭国伝は詳しく伝えている。

その王多利思比孤、使を遣わして朝貢す。使者曰《いわ》く、「聞く、海西《かいせい》の菩薩天子《ぼさつてんし》、重ねて仏法を興すと。故に遣わして朝拝せしめ、兼ねて沙門数十人もて、来りて仏法を学ばしむ」と。その国書に曰く、「日出る処の天子、書を日没する処の天子に致す、恙《つつが》無きや、云云」と。帝、これを覧《み》て悦《よろこ》ばず、鴻臚卿《こうろきょう》に謂《かた》りて曰く、「蛮夷《ばんい》の書、無礼なる者あらば、復《ま》た以て聞する勿《なか》れ」と。

倭王はタリシヒコを名乗っており、第一次遣隋使と派遣主体は同じである。使者の言は、文帝・煬帝父子が仏教をあつく信仰したことをふまえ、仏教色が濃い。「海西の菩薩天子」とは菩薩戒《ぼさつかい》をうけた文帝のことを指しており、隋朝の仏法興隆をほめたたえ、留学僧の教育を要請している。南北朝時代以降、仏教色を帯びた朝貢は、冊封をうけていない国の一つの外交形態であった（河上麻由子『古代アジア世界の対外交渉と仏教』山川出版社、二〇一一）。

後段は、おそらく日本史上もっとも著名な国書（国家の正式な書状）の文面といってよいだろう。かつては「日出る処」と「日没する処」という表現に方角だけでなく優劣を見出す説があったが、これは漢訳仏典の『大智度論《だいちどろん》』に基づく表現であり、そのような解釈はできないことが明らかになった（東野治之「日出処・日本・ワークワーク」『遣唐使と正倉院』岩波書店、一九九二。初出一九九一）。つまり国書も仏教色に彩られており、その文化的コンテクストにそって読み解く必要がでてきたのである。

従来から説かれたいま一つの解釈に、倭国の隋にたいする対等外交意識を見出すものがある。これは、国書の「書を……に致す」という「致書《ちしょ》」表現が、対等の個人間で交わされた書状の書式を流用したものとする指摘に基づく（中村裕一『唐代制勅研究』汲古書院、一九九一年）。倭国がこうした書式を採用した国書を作成できたのは、書状の文例集である書儀《しょぎ》が第二次遣隋使派遣までに倭国にもたらされていたことを示唆する。

対等外交意識という点に関連して次に問題となるのは、なぜこの国書が煬帝の不興を買ったのか、という点である。これについては、中華思想と天命思想を前提にしたとき、夷狄にすぎない倭王が隋皇帝と同じ「天子」を称したことが問題視された、とみる理解が通説である（増村宏「日出処天子と日没処天子」『遣唐使の研究』同朋舎出版、一九八八。初出一九六八）。

しかしこの「天子」も、中国的君主号という枠にとらわれない解釈が近年提示されている。五世紀後半の倭国には「天下」思想が形成されており、江田船山《えたふなやま》古墳出土鉄刀銘などにみえる「治天下」の語は君主の統治を示す理念であって、これとの関係で「天子」を理解する説や（河内春人『日本古代君主号の研究』八木書店、二〇一五）、仏教用語として「天子」を使用したとする説もある（前掲河上著書）。仏教用語としての「天子」の場合、「天子」は複数並立しうるものであった。また先に触れた『大智度論』には、日が須弥山《しゅみせん》の周囲をめぐり、四つの天下を照らすという表現があり、倭国はこの仏教的な複数の天下観を意識して「天子」の語を使用したとする指摘もある（河内春人「遣隋使の「致書」国書と仏教」前掲氣賀澤編著に収録）。『日本書紀』推古二十年（六一二）には須弥山石を作ったとする記事があり、東アジアにおける『大智度論』の伝播・受容の問題とあわせて、研究のさらなる進展が期待される。

以上みてきたように、第二次遣隋使の使者の言、そして国書ともに仏教色に彩られていることを確認できる。国書の作成は、厩戸王の仏教の師である高句麗僧慧慈《えじ》のような渡来系僧侶の手によると考えられ、倭国は中国的君主号とは異なる意味で「天子」の語を使用したとする見解に勢いがあるといえよう。しかし、煬帝は国書を「無礼」とみなした。これは彼が中国皇帝という立場で理解したとみるのが穏当であり、国書の送り手と受け手の理解は結局合致しなかったのである。とはいえ高句麗遠征を実行する意図をもっていた煬帝は倭国を切り捨てることはなく、倭国を「宣諭」することを意図して、裴世清ら使節団を派遣することとなる。

†裴世清の来訪と倭国の対応

『隋書』倭国伝によれば、隋使裴世清は皇帝の秘書官庁である秘書省《ひしょしょう》の下級官僚、「文林郎《ぶんりんろう》」(従八品)であった。しかし裴世清は隋・唐の名族である河東《かとう》裴氏(中眷《ちゅうけん》裴氏)の出身であり、当時の文林郎は煬帝との親近性が強い属官であった(池田温「裴世清と高表仁」『東アジアの文化交流史』吉川弘文館、二〇〇二。初出一九七一)。また当時の外交政策に重きをなした裴矩(西眷《せいけん》裴氏出身)は広い意味で同族であったから、裴世清を遣わしたという事実に鑑みると、煬帝が倭国を軽視したとは必ずしもいえない。『日本書紀』では裴世清の肩書きが「鴻臚《こうろ》寺掌客《じしょうきゃく》」となっており、隋の外交部門の一員として派遣されていたことがわかる。

隋使の行動と倭国側の対応については、『日本書紀』と『隋書』倭国伝にそれぞれみえる。しかし両史料で述べられる裴世清と倭国王のすがたは、真っ向から対立している。『日本書紀』では、裴世清は小墾田宮の大門外側の「庭」中に立ち、自ら煬帝の国書を持って読み上げたとあり、倭国王（推古大王）は外交儀礼の場に姿を現しておらず、裴世清は倭国王に直接相対していない。逆に『隋書』倭国伝では裴世清は「倭王」と会見しており、「倭王」は「礼儀」の国である隋に「朝貢」したのは自らが「夷人《いじん》」であり礼儀を学びたかったからであるなどと述べ、裴世清は倭王に対して煬帝の威信を示して「宣諭《せんゆ》」している。つまり『日本書紀』では倭国王と裴世清が主従関係にあるかのように描くが、『隋書』では逆であり、あくまで隋使裴世清が倭国王の上位にあったのである。

この対立をどのように理解するのかという問題や、『日本書紀』に載せる隋の国書、そして『隋書』倭国伝にみえる第三次遣隋使（小野妹子らが裴世清一行を隋に送り届けた遣使）が持参した倭国の国書については、その虚実をめぐって様々な観点から検討されている。『日本書紀』に載せる隋の国書は、「朝貢」など倭国の権威を下げる表現が確認されることから、ある程度の信頼をおけるものと考えられる。しかし隋の副使尚書祀部主事《しょうしよしぶしゅじ》偏光高《へんこうこう》（『元興寺伽藍縁起并流記資財帳《がんごうじがらんえんぎならびにるきしざいちょう》』より確認可能）が記事にみえないことに顕著なように、全ての情報が収録されているわけではない。そして『日本書紀』の遣隋使関係記事に、「隋」という国名が一切あらわれないことも不審である。小野妹子は「大唐」に派遣されたと記され、裴世清一行は「唐客」であった。こうした事実と異なる書き換えは、『日本書紀』の作為を感じさせ――もちろん『隋書』の記事をそのまま信用してよいことにもならないが――、徹底した史料批判と、隋王朝の周辺に位置するアジア諸国の諸史料を総合的に検討するスタンスが、今後ますます求められるのである。

†留学生・留学僧の派遣とその影響

遣隋使は正使のほかに、数多くの留学生・留学僧をともなった。第一次遣隋使には「沙門数十人」が随行し、また第三次遣隋使でも「学生」八人が隋に渡ったことが確認できる。遣隋使に随行したと判断可能な者として、ここでは計十一人を挙げる（派遣年／帰国年）。

【留学生】倭漢直《やまとのあやのあたい》福因《ふくいん》（六〇八年／六二三年）・奈羅《ならの》訳語《おさ》恵明《えみよう》（六〇八年／不明）・高《たか》向《むくの》漢人《あやひと》玄理《げんり》（六〇八年／六四〇年）・新《いまきの》漢人大圀（六〇八年／不明）・医《くすし》恵日《えにち》（不明／六二三年）

【留学僧】新漢人日文《にちもん》（六〇八年／六三二年）・南淵《みなぶちの》漢人請安《しょうあん》（六〇八年／六四〇年）・志賀《しがの》漢人慧《え》隠《おん》（六〇八年／六三九年）・新漢人広済《こうさい》（六〇八年／不明）・恵《え》斉《さい》（不明／六二三年）・恵《え》光《こう》（不明／六二三年）

一見して渡来系氏族出身者が大半を占めることがうかがえるが、史料があまりに乏しく、彼らが何をどのように学んできたのか、何を帰国時に将来したのかはよくわからない。留学僧は、鴻臚寺に附設された外国僧教習所で隋の高僧によって教育をうけたと推測されるが（山崎宏「隋朝の留学僧施設と日本の留学僧」『隋唐仏教史の研究』法蔵館、一九六七）、留学生については不明である。ただ高向漢人玄理・新漢人日文（僧旻《みん》）・南淵漢人請安らが、帰国後、孝徳《こうとく》朝における政治改革のブレーンとなったことはよく知られている。

遣隋使が持ち帰った文物は、礼制に関する服飾品や仏像・仏典などの仏法に関するもの、そして各種の書籍などが推測されるが、史料から具体的に確認することはできない。隋代の仏像は日本国内に複数現存するものの、遣隋使が持ち帰ったとする痕跡はない。いっぽう書籍は、九世紀末に著された日本初の漢籍目録『日本国見在書目録《にほんこくげんざいしょもくろく》』に唐代では既に失われた隋代の書籍がみえ、これらが遣隋使や留学生・留学僧によって倭国へ将来された可能性はあるだろう。

こうしたなかで注目されるのは、滞在中に隋から唐への王朝交替を体験した「大唐の学問者僧恵斉・恵光及び医恵日・福因ら」が六二三年に帰国した際、「唐国に留まる学者、皆学びて業《みち》を成《な》しつ。喚《め》すべし。また其《か》の大唐国は、法式《のり》備り定れる珍《たから》の国なり。常に達《かよ》うべし」と奏聞《そうもん》したことである（『日本書紀』）。これによって、中国学術・知識・書籍の摂取の柱に、仏教や儒学・礼制だけでなく法制度が加わり、より広範な知識の体系を求める方針となった。あわせて継続的に中国王朝へ遣使することも提言されている。この提言を朝廷は採用し、以後の遣唐使と留学生・留学僧の派遣につながっていくのである。

さらに詳しく知るための参考文献

西嶋定生『日本歴史の国際環境』（東京大学出版会、一九八五）……倭国の形成期から前近代全般にわたり、日本を軸にすえて東アジアの国際環境を通観する。古代東アジアの国際環境を理解するうえでの基本文献。

井上光貞「推古朝外交政策の展開」（『井上光貞著作集　第五巻　古代の日本と東アジア』岩波書店、一九八六。初出一九七一）……推古朝の外交政策について、東アジアの国際情勢に広く目配りをしつつ論じる。半世紀以上前の論文だが、多くの論点を含み、いまも有益である。

坂元義種「遣隋使の基礎的考察――とくに遣使回数について」（井上薫教授退官記念会編『日本古代の国家と宗教』下巻、吉川弘文館、一九八〇）……遣隋使の派遣回数をめぐる問題について、丁寧に研究史を追った論考。遣使回数を考えるにあたっては、まずここから読み始めたい。

李成市「高句麗と日隋外交――いわゆる国書問題に関する一試論」（『古代東アジアの民族と国家』岩波書店、一九九八。初出一九九〇）……日隋関係における高句麗の重要性を明快に説いた研究。高句麗の対倭外交についてより深く学ぶ第一歩となる。

氣賀澤保規編『遣隋使がみた風景――東アジアからの新視点』（八木書店、二〇一二）……日本史・中国史・朝鮮史研究者による遣隋使の論考を集載する。遣隋使関係史料集・年表・人物略伝など内容豊富な付録もあり、遣隋使について思索を深めるのに便利である。

第10講

白村江の戦いと倭

酒井芳司

†百済救援戦争と白村江の戦い

白村江の戦いとは、六六一年（斉明《さいめい》天皇七）から六六三年（天智天皇二）に至る百済《くだら》救援戦争において、六六三年八月に韓半島西岸の白村江で唐《とう》・新羅《しらぎ》連合軍が百済・倭《わ》連合軍を破った最終決戦である。この戦争全体は、『日本書紀』持統天皇四年（六九〇）十月乙丑条に「天豊財重日足姫天皇《あめとよたからいかしひたらしひめのすめらみこと》（斉明天皇）七年救㆓百済㆒之役」と記されている。「百済を救ふ役」とあるように、六六〇年七月に唐・新羅連合軍によって滅ぼされた百済を、その遺臣たちと倭《わ》国《こく》（倭王権《やまとおうけん》。後の日本）が連合して復興させようとする戦争であった。白村江の戦いはその最後の決戦となったものである。

戦場の地名である白村江は、「はくそんこう」または「はくすきのえ」と読まれている。前者は一般に日本古代史や考古学の研究者が、地名を音読みしているものであるが、後者は『日本書紀』の写本で漢字の傍らに付けられた古《こ》訓《くん》と呼ばれる振り仮名にもとづいている。新訂増補国史大系本『日本書紀』の天智天皇二年八月甲午条によると、「白村」に北野天満宮本は「ハクスキ」と振り仮名を付け、同月戊戌条の「白村江」に中臣連重本は「ハクスキノ」と振り仮名を付ける。

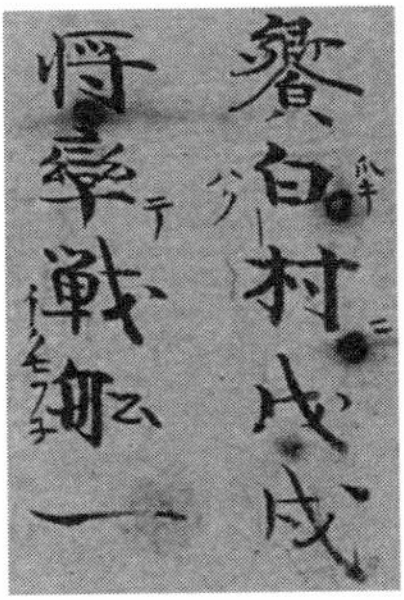
図１　楓山本『日本書紀』（紅葉山文庫旧蔵、国立公文書館所蔵）

また新訂増補国史大系本が底本とする一六六九年（寛文九）版本のもとになった江戸城紅葉山《もみじやま》文庫旧蔵の楓山本《もみじやまぼん》『日本書紀』第九冊は、国立公文書館のデジタルアーカイブズで写真を閲覧できる（https://www.digital.archives.go.jp/img/3967282）。該当箇所は二二コマ目であるが、天智天皇二年八月甲午条の「白村」の左側に「ハク」、右側に「⺤キ」と古訓が付けられている。「⺤」は「受」の部首である「つめかんむり・つめがしら」であり、変体仮名の「受（す）」を省略したものである。したがって、この古訓は「スキ」と読める。

これらの古訓は中世に卜部《うらべ》家などの神道家に伝わっていたもので、古代のどこまで遡るか検討が必要である。ただ百済からの渡来人の東漢氏《やまとのあやうじ》や西漢氏《かわちのあやうじ》の支配下に所属していた集団に、漢人《あやひと》・漢部《あやべ》・漢人部《あやひとべ》と並んで村主《すぐり》がおり（加藤謙吉『秦氏とその民――渡来氏族の実像』白水社、一九九八）、渡来系氏族の集団（村）の長などを意味する。このように、「村」を

「すき」と読むのは古代の韓語に由来すると考えられ、「はくすき」は古代に遡る読み方であると推測される。

白村江の比定地は諸説があって、定まっていない（本講の叙述は、以下多く、森公章『「白村江」以後　国家危機と東アジア外交』講談社、一九九八、同『戦争の日本史1東アジアの動乱と倭国』吉

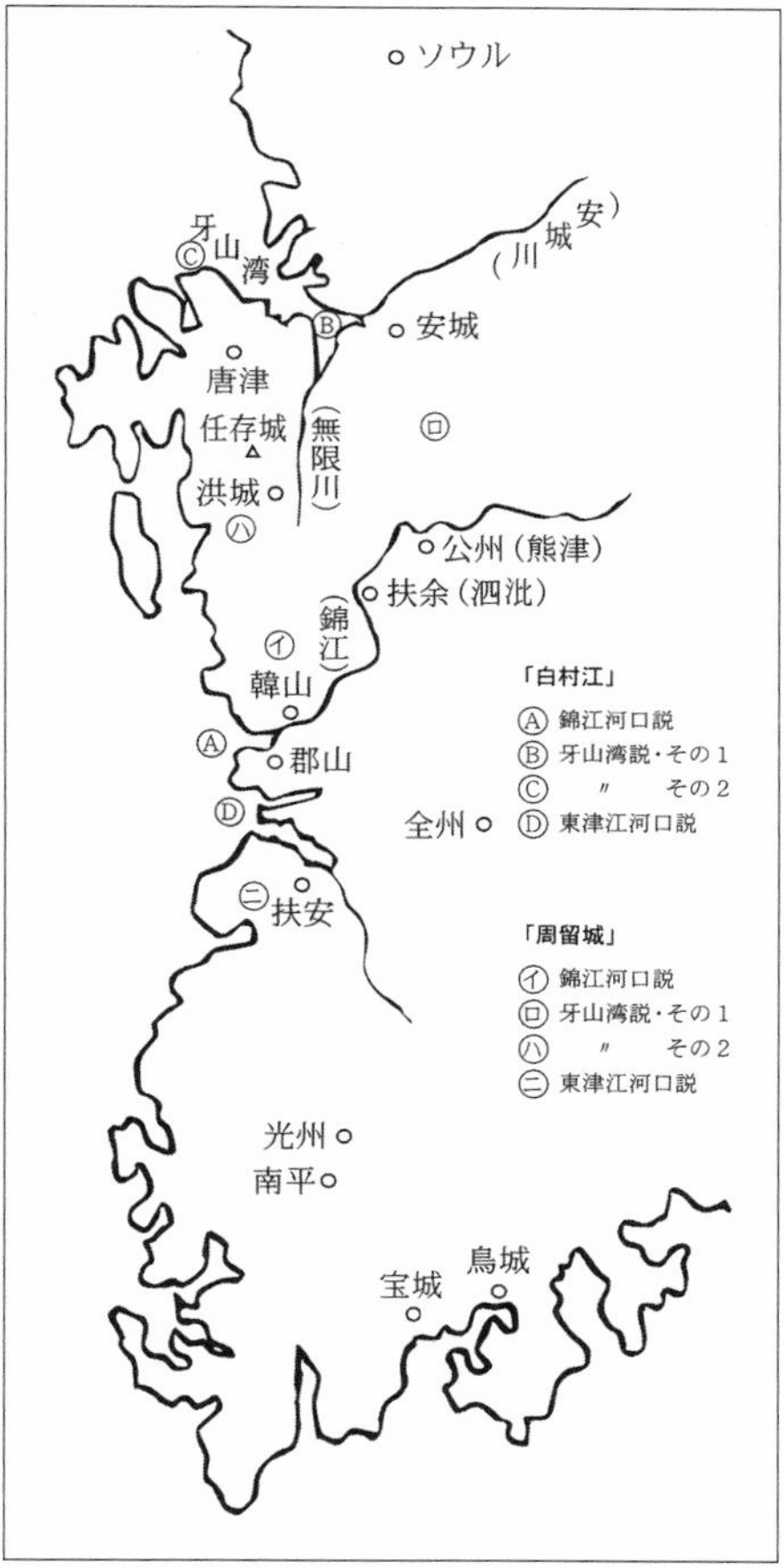

図2　白村江と周留城の比定地（完戸鶇「四つの白村江」九州歴史資料館編『大宰府史跡発掘30周年記念特別展　大宰府復元』1998）

川弘文館、二〇〇六を参照した)。六六〇年七月十八日に百済の義慈《ぎじ》王が降伏し、王都扶余《ふよ》の泗沘城《さひじょう》も陥落して百済が滅亡した後、百済遺民は八月二日には各地の城に蟠踞《ばんきょ》し、唐や新羅に反撃を開始した(『三国史記』新羅本紀、太宗武烈王七年八月条)。その抵抗拠点は、西部《せいぶ》恩《おん》率鬼室福信《そつきしつふくしん》、僧道琛《どうちん》、黒歯常之《こくしじょうし》の任存《にんそん》城、達率余自信《たつそつよじしん》の中部熊津《ゆうしん》城(熊津江「錦江《きんこう》」沿岸の城)、周留《しゅうる》城(錦江河口付近説、扶余邑より江景邑への錦江河畔説、忠清南道舒川郡韓山面の乾芝山城説など錦江沿岸とみる説と、全羅北道扶安郡の位金岩山城説がある)、佐平正武の豆尸原嶽など、いくつかに分かれていた。このうち、周留城の比定地によって、白村江は前者であれば錦江、後者であれば東津江《とうしんこう》あるいは万頃江《ばんけいこう》に比定される。いずれにしても韓半島西岸、王都扶余の南南西に位置する海に面した要衝である。

†三国の抗争と加耶

六世紀代、韓半島諸国は、北方にある高句麗《こうくり》が南への進出をはかり、これに対する南方の百済と新羅はそれぞれの間に位置し、小国が分立する加耶《かや》諸国を争奪することになっていた。この加耶をめぐる争いに、倭国も加わって行ったのである。五一二年(継体天皇六)十二月、百済は倭国に使者を遣わし、「任那《みまな》国上哆唎《おこしたり》・下哆唎《おろしたり》・娑陀《さだ》・牟婁《むろ》四県」の割譲を申し入れて来た。これは百済による、未だ国家形成に至っていなかった馬韓《ばかん》南部への侵攻と関わる記事であり、この地域の栄山江《えいざんこう》流域には、五世紀末から六世紀前葉にかけて、前方後円墳や九州系横穴式石室を採用した円墳・方墳が多く築かれていた。

四七五年に高句麗が百済の王都漢城《かんじよう》（現在のソウル）を包囲し、蓋鹵《がいろ》王を殺害した（『三国史記』高句麗本紀、長寿王六十三年九月条・百済本紀、蓋鹵王二十一年九月条）。『三国史記』百済本紀、文周王即位前紀によれば、蓋鹵王は城を固く守って、子の文周《ぶんしゆう》をして新羅に救援を求めさせ、文周が援兵一万人を得て帰って来たが、すでに高句麗は引き上げ、蓋鹵王も死亡していたので、文周が即位したという。

高句麗による漢城陥落によって百済は一度滅亡するが、文周王は熊津《ゆうしん》に遷都して百済を復興する（『三国史記』百済本紀、文周王元年十月条）。五〇一年には武寧《ぶねい》王が即位し（『三国史記』百済本紀、武寧王即位前紀）、この王の治世は熊津時代の百済に安定をもたらした。この時期に漢城陥落と熊津遷都にともなって動揺する百済の安定化のため、百済は馬韓南部を領有化することをはかったのであり、「任那四県」の割譲は、百済よる馬韓南部への進出を倭国が承認したことを意味するのである。栄山江流域への倭国のとくに九州中北部勢力の進出は、百済によるこの地域の支配を支援するためであったと考えられる（柳沢一男『シリーズ「遺跡を学ぶ」094 筑紫君磐井と「磐井の乱」岩戸山古墳』新泉社、二〇一四）。

さらに百済は五一三年から五一五年頃に加耶南部の己汶《こもん》・帯沙《たさ》の領有をはかり、これに大加耶《だいかや》連盟の中心である加耶（伴跛《はへ》国、高霊《こりよん》、大加耶、加羅《から》）王が反発し、五二二年に「加耶」王は新羅と婚姻同盟を結ぼうとする。この同盟はいったんは成功するが、新羅から迎えた后妃に随行した従者百人が「加羅」国内で新羅の影響力拡大に努めたので、「加羅」王が怒り、五二九年に新羅との同盟が破綻する（『日本書紀』継体天皇二十三年三月是月条）。

倭国は百済が己汶・帯沙の領有を図ることを認める立場をとったが、加羅王は、倭国が多沙津《たさつ》（帯沙）を百済王に賜ったことを怨み、新羅と交友関係を結んだのであり（『日本書紀』継体天皇二十三年三月条）、倭王権が百済を支持する外交姿勢は、加耶をめぐる韓半島情勢に混乱をもたらしていたのである。新羅は大加耶（北部加耶地域）に影響力を扶植しようとし、五三二年に南部加耶地域にも侵攻した。『三国史記』新羅本紀、法興王十九年条によると、金官国《きんかんこく》王の金仇亥《きんきゆうがい》が王妃および三王子とともに国の財物や宝物をもって来降したとあり、新羅の侵攻によって金官国（狗邪韓国《くやかんこく》、南加羅《ありひしのから》、任那《みまな》）が滅亡した。

『日本書紀』は五二七年にあたる継体天皇二十一年六月甲午条に、近江毛野《おうみのけな》が六万の軍勢を率いて、新羅に破られた南加羅と㖨己呑《とくことん》を復興して任那に合わせようとしたと記すが、この記事が、五三二年の金官国滅亡を指している。『日本書紀』の紀年は誤りであるが、この近江毛野の軍勢が渡海することを、新羅と交流があった筑紫君磐井《つくしのきみいわい》が妨げたことによって、磐井の乱が勃発したと伝える。

倭王権は物部麁鹿火《もののべのあらかひ》と大伴金村《おおとものかなむら》（『古事記』継体天皇段による）を派遣して磐井を討ち、乱後に磐井の子の葛子《くずこ》が糟屋屯倉《かすやのみやけ》を献上し、倭王権のもとに外交の一元化がはかられた。倭王権は五三六年五月に、韓半島出兵の新たな兵站基地として那津《なのつ》（現在の博多）に官家《みやけ》を修造し、このいわゆる那津官家《なのつのみやけ》が大宰府の起源となった（酒井芳司「那津官家修造記事の再検討」『日本歴史』七二五、二〇〇八）。

新羅と百済が東西から加耶に侵攻する情勢に対し、近江毛野は両勢力が対峙する安羅《あら》で、百済と新羅、安羅、安羅に居住する倭国の中央・地方豪族からなる倭人の一団（いわゆる「任那日本府」だが、倭国の指揮下にはなく、倭王権からは独立して行動している）など諸勢力の調整を行ったが、失敗に終わる。倭国は安羅の存続、百済と新羅の勢力均衡の維持を図ったが、かえって安羅から排除されることになった。

加耶をめぐって新羅と百済が争い、当初は百済が優勢のうちに戦闘が行われた。百済の聖明王《せいめい》は仏教を倭国に伝えるなど、先進文物を与えることで倭国の軍事支援を引き出しつつ、加耶と連合して新羅を攻撃しようとしたが、五五四年、新羅の反撃に遭い、戦死してしまった（『日本書紀』欽明天皇十五年十二月条、『三国史記』新羅本紀、真興王十五年七月条・百済本紀、聖王三十二年七月条）。百済の後ろ盾を失った加耶に対して、新羅はその制圧に邁進した。聖明王敗死により安羅は新羅の統治下に入ったようで、五六二年、大加耶が新羅に降伏し、加耶諸国は全滅したのである（『日本書紀』欽明天皇二十三年正月条、『三国史記』新羅本紀、真興王二十三年九月条）。

加耶の滅亡後、六世紀後半から七世紀にかけて、倭王権はたびたび軍勢を筑紫に派遣して、新羅に軍事的圧力をかけ、「任那復興」（実際は新羅に「任那使《みまなのつかい》」を仕立てさせて、「任那調《みまなのちょう》」を貢納させること）を図ることになった。いっぽう倭王権の百済重視の外交はその後も続き、大化改新期の孝徳朝に、孝徳天皇や蘇我倉山田石川麻呂《そがのくらやまだのいしかわまろ》が親唐・親新羅の外交政策を取った以外は（仁藤敦史『東アジアからみた「大化改新」』吉川弘文館、二〇二二）、白村江の戦いまでほぼ一貫していた。

†隋唐による中国統一と韓半島諸国・倭国の権力集中

五八九年、北朝の隋《ずい》が南朝の陳《ちん》を滅ぼし、中国を統一した。隋は実質的には初代文帝《ぶんてい》、二代煬帝《ようだい》で六一八年に滅亡するが、隋の後に引き続いて唐が中国を統一した。この隋唐という強大な中央集権国家の出現によって、韓半島諸国と倭国の関係も大きな影響を被ることになった。隋が中国を統一すると、五八九年に百済は隋に使者を遣わし、中国統一を慶賀した。高句麗は五九一年に使者を派遣し、隋に従ったが、五九八年に遼西《りょうせい》地域を侵略し、隋の征討を受けた。隋は六一一～二年、六一三年、六一四年の三回にわたり高句麗を征討するが、この征討と大運河建設などに対する民衆の不満もあって、六一八年に隋は滅亡する。五九四年に新羅は隋に使者を派遣し、その後も頻繁に遣使した。韓半島三国と隋の関係は基本的に唐にも引き継がれた。

唐が中国を統一した当初、韓半島三国は使者を派遣し、高句麗と唐の関係も良好だったが、六三一年以降、高句麗と唐との間に緊張関係が生じ、韓半島三国の抗争の激化とこれに唐が介入するという新たな様相をみせることになる。その白村江の戦いに帰結する韓半島三国の動乱の始まりとなったのは、六四二年であった。この年、高句麗で、泉蓋蘇文《せんがいそぶん》が栄留《えいりゅう》王を殺し、反対派の貴族一八〇人余を粛清し、王弟（弟の子とも）の宝蔵《ほうぞう》王を擁立した（『三国史記』高句麗本紀、栄留王二十五年十月条、『日本書紀』皇極天皇元年二月丁未条）。

さらに百済の義慈《ぎじ》王が新羅に侵攻し、新羅から旧加耶地域を奪回した。百済は高句麗と和親をはかり、新羅を攻撃したが、新羅が唐に救援を求めたため、撤退する（『三国史記』新羅本紀、善徳王十一年七月条、同年八月条・百済本紀、義慈王二年七月条、同年八月条、同三年十一月条）。義慈王は、子の豊璋《ほうしょう》（翹岐《ぎょうき》）を「質《しち》」（外交的に協力を働き掛ける使節）という名目で倭国に追放し、反対派を一掃した。（『日本書紀』皇極天皇元年二月戊子条）。高句麗と百済では、時を同じくして権力集中を図り、三国の抗争の激化に備えている。

†百済滅亡

百済は新羅への攻勢に出て、六四五年、新羅が唐の高句麗征討に出兵した間隙に乗じて、新羅の七城を襲い取り（『三国史記』百済本紀、義慈王五年五月条）、六四八年、百済の将軍の義《ぎ》直《ちょく》が、新羅の西部国境地帯に侵入し、腰車城など十余城を陥落させる。新羅は金庾信《きんゆしん》に迎撃させ、百済を敗退させた。金春秋《きんしゅんじゅう》（後の太宗武烈王《たいそうぶれつおう》）は唐に朝貢し、百済の侵攻を訴え、これに対して唐の太宗《たいそう》は出兵を約束した（『三国史記』新羅本紀、真徳王二年三月条、百済本紀、義慈王八年三月条・四月条）。

六四九年、新羅は中国の衣冠《いかん》を着し（『三国史記』新羅本紀、真徳王三年正月条）、六五〇年、把笏《はしやく》制度を導入して唐の年号を使用した（『三国史記』新羅本紀、真徳王四年四月条、同年是歳条）。六五一年には新羅は、賀正の礼を開始し（『三国史記』新羅本紀、真徳王五年正月朔条）、六五四年に唐の律令《りつれい》を斟酌して、理方府格《りほうふきやく》六十余条を修定した（『三国史記』新羅本紀、太宗武列王元年五月条）。新羅は唐の制度を積極的に導入し、唐の信頼を得て、百済の攻撃に対抗しようとした。六五一年、唐の高宗《こうそう》は百済に新羅との和解を諭し、征討の意向をも示したが（『三国史記』百済本紀、義慈王十一年条）、百済は明確に返答せず、六五三年に倭国と通交し、唐と戦う道を選択した（『三国史記』百済本紀、義慈王十三年八月条）。

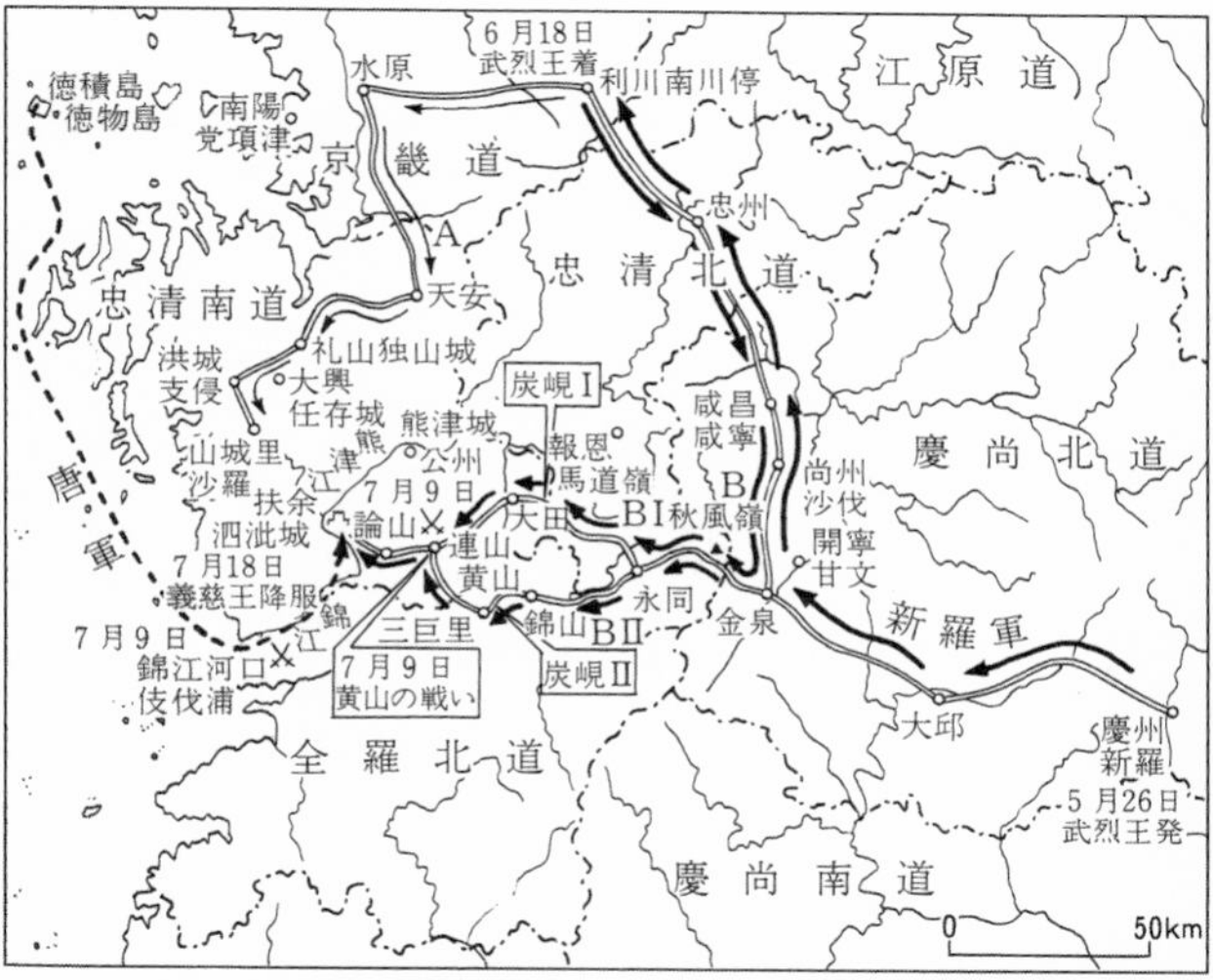

図３　百済滅亡時の唐・新羅の進軍ルート（森公章『戦争の日本史１　東アジアの動乱と倭国』吉川弘文館、2006）

このように高句麗は唐の征討を迎え撃ち、百済は新羅との和解を求める唐を無視して倭国と通交し、新羅に侵攻する。新羅は唐風化政策をとり、唐との結合を強める。六五五年、高句麗は百済・靺鞨《まっかつ》とともに新羅の北部国境を侵略し、三十三城をとったので、新羅王となった金春秋は唐に救援を求めた。これを受けて唐の高宗は高句麗征討を再開した（『三国史記』高句麗本紀、宝蔵王十四年正月・二月条）。

六五九年、百済が新羅の独山・桐《とう》岑《しん》二城を奪った。唐は高句麗征討の一環として、ついに高句麗に味方する百済を討つことにした（『三国史記』新羅本紀、太宗武烈王六年四月条、百済本紀、義慈王十九年四月条）。六六〇年、高宗は蘇定方《そていほう》を神丘道行軍大総管《しんきゆうどうこうぐんだいそうかん》とし、十三万の軍隊を統括させて百済に遠征させ、金春秋は五万の軍隊を率いて合流した。唐は海から、新羅は陸から百済を攻撃した。義慈《ぎじ》王は佐平興首《さへいこうしゅ》の意見に従わず、要衝の白江《はくこう》（伎伐浦《ぎばつほ》）と炭峴《たんけん》を唐・新羅連合軍に通過させ、これを迎撃するが、敗北した。そして王都の泗沘城《さひじょう》を包囲され、七月十三日、王都は陥落し、十八日に義慈王が降伏して百済は滅亡した（『三国史記』百済本紀、義慈王二十年六月条、『日本書紀』斉明天皇六年九月癸卯条）。

六六〇年十月、百済遺臣の鬼室福信《きしつふくしん》が百済再興のために挙兵した。福信の救援依頼を受け、倭国は、質として滞在していた百済王子の余豊璋《よほうしょう》を百済王とし、救援軍派遣を決定する。十二月、斉明《さいめい》天皇が難波に行幸し、戦争の準備が進められた（『日本書紀』斉明天皇六年十月条・十二月庚寅条）。

六六一年正月、斉明天皇が率いる船団が難波を出発し、伊予《いよ》の熟田津《にきたつ》の石湯行宮《いわゆのかりみや》（道後温泉）を経て、三月に娜大津《なのおおつ》（博多）に到着し、磐瀬行宮《いわせのかりみや》（長津宮《ながつのみや》と改名）に居した。五月に斉明天皇は、朝倉橘広庭宮《あさくらのたちばなのひろにわのみや》（朝倉市山田・須川・杷木志波《はきしわ》などが候補地）に移った。しかし滞在わずか二か月余りの七月二十四日、斉明天皇は崩御してしまう。朝倉宮の所在地については、近年、現在の太宰府市周辺にあったとする見解も提起されているが（赤司善彦「筑紫の古代山城と大宰府の成立について―朝倉橘広庭宮の記憶―」『古代文化』六一―四、二〇一〇、同「朝倉橘広庭宮推定地の伝承について」『東風西声　九州国立博物館紀要』五、二〇一〇）、やはり現在の朝倉市周辺に存在したと考えられる（酒井芳司「朝倉橘広庭宮名号考」吉村武彦編『日本古代の国家と王権・社会』塙書房、二〇一四）。

斉明天皇の子の中大兄皇子《なかのおおえのみこ》（葛城王子《かづらきのみこ》。後の天智天皇《てんじてんのう》）は、即位せずに政務を執り（称制《しょうせい》という）、長津宮に移った。八月、前将軍阿曇比邏夫連《あずみのひらぶのむらじ》・河辺百枝臣《かわへのももえのおみ》等、後将軍阿倍引田比邏夫臣《あべのひけたのひらぶのおみ》・物部連熊《もののべのむらじくま》・守君大石《もりのきみおおいわ》等を遣して、百済を救った（第一次派遣軍。余豊璋を送る軍か）。九月、余豊璋が百済に到着し、福信は百済王として迎えた。十月に葛城王子は、斉明天皇の遺体とともに難波に還り、十一月、斉明天皇の宮があった飛鳥の川原《かわら》にて殯《もがり》を行った（以上、『日本書紀』斉明天皇七年正月壬寅条～十一月戊戌条、天智天皇即位前紀）。

†白村江の戦いと百済・倭連合軍の敗北

六六三年三月、新羅を討つため、前将軍上毛野君稚子《かみつけののきみわかこ》・間人連大蓋《はしひとのむらじおおふた》、中将軍巨勢神前臣《こせのかんさきのおみ》訳語《おさ》・三輪君根麻呂《みわのきみねまろ》、後将軍阿倍引田臣比邏夫《あべのひけたのおみひらぶ》・大宅臣鎌柄《おおやけのおみかまつか》（前・中・後の三軍）二万七千人を遣わした（第二次派遣軍）。ところが六月に内部対立により、余豊璋《よほうしょう》が鬼室福信《きしつふくしん》を殺害してしまった。この機をとらえて、八月に新羅は、百済復興運動の拠点である州柔《つぬ》城（周留城）を獲ることを図った。新羅の意図を察知した余豊璋は、倭国の救将盧原君臣《いおはらのきみおみ》が健児万余を率いて海を越えて到るということを聞き（第三次派遣軍か）、白村江《はくすきのえ》にて迎えようとした。

しかし唐と新羅はかえって州柔城を包囲し、白村江に船を連ねて十分な迎撃態勢を整えた。待ち構える唐・新羅連合軍に対して、八月二十七日、到着したばかりの盧原君臣が率いる倭の船団は攻撃をしかけるが、堅く守る唐の水軍に敗退する（新羅に向かった第二次派遣軍は合流できなかったか）。翌二十八日に再び倭の船団は、陣を整える唐軍に、風向きなどの気象を顧みず先を争って無策に突入し、左右から唐の船にはさまれ、倭国軍は大敗を喫することになった。作戦もないままの無謀な突撃であった上に、唐軍は大型戦船百七十艘《そう》で構成されていたのに対して、倭の水軍は舟四百艘（『旧唐書《くとうじょ》』劉仁軌伝）とも、千艘とも（『三国史記』新羅本紀、文武王十一年七月二十六日条）伝え、船数だけは多いが、小舟に過ぎなかった。余豊璋は高句麗へ逃亡し、九月七日に百済の本拠地の州柔城が陥落した。倭国の船団は、百済遺民を乗せて撤退した（『日本書紀』天智天皇二年三月条〜同年九月甲戌条）。

ここに百済救援戦争は失敗に終わり、百済は完全に滅亡した。それは百済重視の外交に固執した倭国の韓半島政策が最終的に破綻し、かえって唐・新羅に直接、侵攻される危機的な状況をもたらしたのである。七世紀以前の外征軍は、国造《くにのみやつこ》が率いる軍隊が重要な部分を占めており、百済救援戦争の派遣軍も、中央豪族が率いる国造軍であった。これは倭国王と地方豪族との人格的な個別の服従関係によって動員された軍隊であり、倭国の軍隊は、唐の組織立った律令制の軍隊とくらべて、中央・地方の豪族軍の集合体であり、統一的な指揮が難しい軍隊だったのである。この軍隊の編成原理の相違と、百済に偏重した外交戦略による国際情勢の見誤りの積み重ねが、四世紀以来の韓半島政策の失敗に帰結したのである。

さらに詳しく知るための参考文献

倉住靖彦『古代の大宰府』(吉川弘文館、一九八五)……国防と外交、西海道と呼ばれた九州地方の内政を掌った古代最大の地方官衙・大宰府について、その起源とされる那津官家の設置から平安時代初期までの歴史を詳細に叙述する。白村江の戦いの経過とその敗北の結果、九州北部に構築された国防体制と大宰府の整備について明らかにする。古代大宰府研究の基本文献。

森公章『「白村江」以後——国家危機と東アジア外交』(講談社選書メチエ、一九九八)……白村江の戦いを含む「百済の役」全体の経過を詳しく述べ、その敗北の結果、律令国家「日本」の国家体制が整備されて行く過程を明らかにする。

森公章『戦争の日本史1——東アジアの動乱と倭国』(吉川弘文館、二〇〇六)……四世紀から七世紀までの倭国の中国・韓半島諸国との戦争と外交の歴史を詳しく叙述する。複雑な加耶をめぐる情勢をわかりやすくまとめ、白村江の戦いの敗北に至る過程からその敗戦の原因を明らかにする。

大宰府史跡発掘五〇周年記念論文集刊行会編『大宰府の研究』（高志書院、二〇一八）……一九六八年に大宰府史跡の本格的な発掘調査が開始されて五〇周年を迎えたことを記念して、歴史学・考古学・美術史・建築史・土木史等の研究成果を集大成した論文集。白村江の敗戦の結果、構築された九州北部の防衛体制や大宰府の整備についての最新の知見もまとめられている。

仁藤敦史『東アジアからみた「大化改新」』（吉川弘文館、二〇二二）……七世紀の倭国の唐や韓半島諸国との外交史の中に大化改新を位置づけて論ずる。孝徳朝の外交方針が親唐・新羅路線であったことなど最新の研究成果を盛り込む。

第11講

渡来人と列島の社会

亀田修一

†渡来人とは

筆者の手元にある高校の日本史の教科書（笹山晴生ほか『詳説日本史B』山川出版社、二〇二一）には太字で「渡来人《とらいじん》」という言葉が使用されており、「渡来人が海をわたって、多様な技術や文化を日本に伝えた」とある。その伝えられた諸技術として「より進んだ鉄器・須恵器《すえき》の生産、機織《はたお》り・金属工芸・土木」などが挙げられている。このほかにも馬の飼育、カマドの受け入れなどがあり、五世紀を「技術革新の世紀」などと呼び、日本列島の古代国家形成期の大きな変換点ととらえることが多い。渡来人たちの代表的な氏としては、東漢氏《やまとのあやうじ》、秦氏《はたうじ》、西文氏《かわちのふみうじ》などがあげられている。この場合の「渡来人」の故郷については中国・朝鮮半島が考えられているが、その大多数の人々は朝鮮半島からである。

筆者は朝鮮半島などから渡って来て日本列島に定着した人々、外交使節などとして渡って来て、そして戻っていった人々も含め、日本列島に渡って来た人々はすべて「渡来人」と考え、「渡来人」という用語を使用している。現実に区別しづらい考古資料を扱う場合においては子孫たちも含めて広義の「渡来人」いう用語を使用したり、ときには厳密に、「渡来人一世」、「渡来人二世」などとしたり、二世以降を渡来人の子孫たちと呼んだりしている。

小稿では、この「渡来人」がいつ、どのように日本列島に渡って来て、どのように定着し、日本列島の王権や地方の豪族たち、一般の人々にどのように受け入れられたのか、そしてどのような役割を果たしたのか、考古学の成果を中心に述べてみたい。

対象とする時代は三世紀半ばから八世紀初め頃までの古墳時代とし、地域的には北部九州から近畿地方の西日本地域を扱う。

†筑紫の渡来人

福岡平野のやや北西部に位置する福岡市西新町《にしじんまち》遺跡は、当時の海岸線が近い砂丘上に営まれた弥生時代から古墳時代前期を中心とする時期の集落遺跡である。三、四世紀の竪穴住居跡が約五〇〇棟検出され、その住居には当時の日本列島では基本的に使用されていなかったカマドが敷設されたカマド住居、そのカマドの煙道が壁に沿って敷設されたオンド

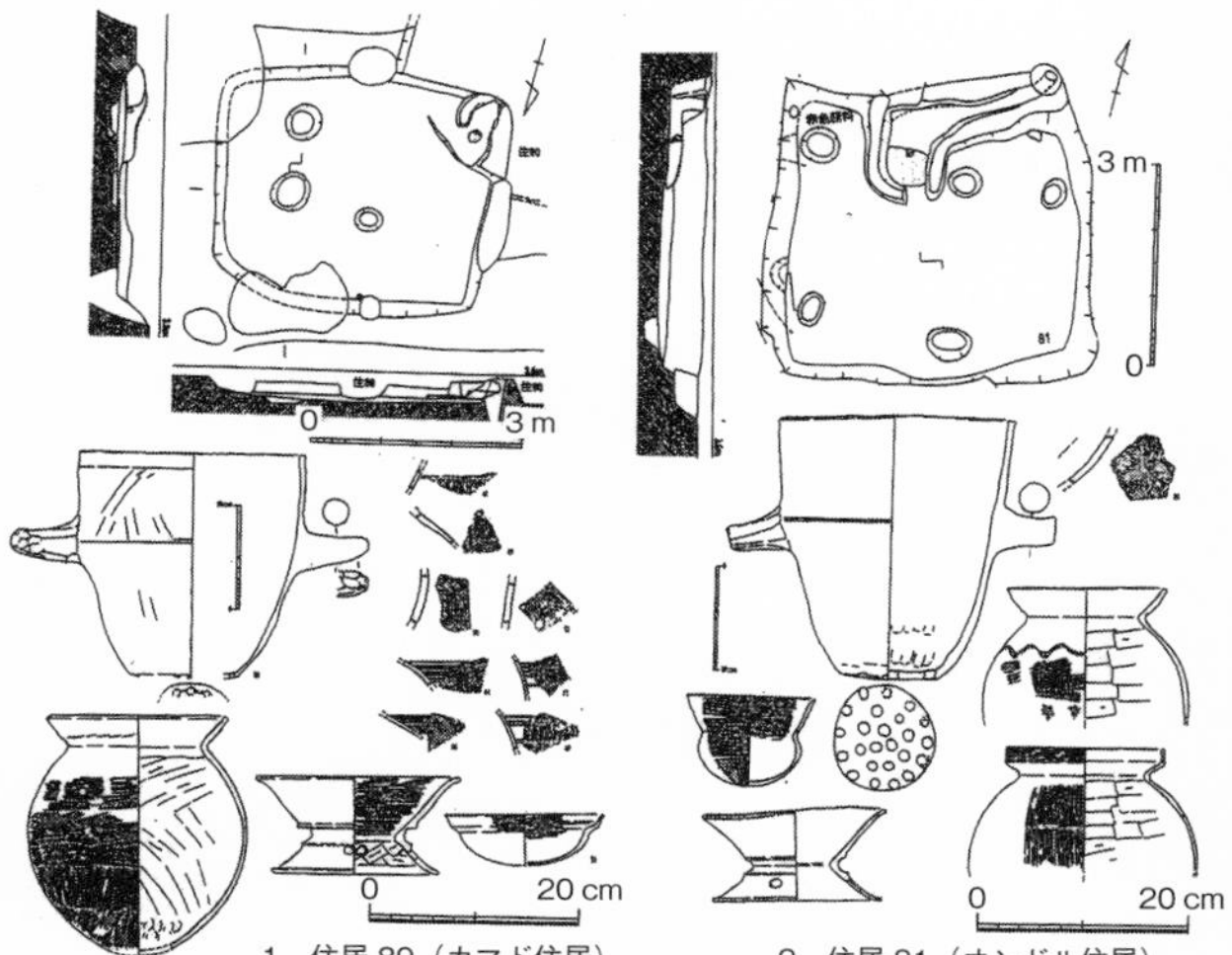

1. 住居 89（カマド住居）　2. 住居 81（オンドル住居）

図 1　福岡県西新町遺跡の住居と出土土器（福岡県教育委員会 2000 一部改変）
住居 89・81 では、ともに馬韓系や加耶西部系の多孔甑とともに、近畿系、山陰系の土器が出土

ル住居が含まれている。また、多数の朝鮮半島南部地域（加耶《かや》や百済《くだら》・馬韓《ばかん》）系の土器が日本列島（近畿・吉備《きび》・山陰・地元）の土器などとともに出土しており、朝鮮半島南部地域からの渡来人たちが日本列島の近畿、吉備、山陰、地元北部九州の人々とともに生活していた交流の拠点であったことがわかる。

この集落の墓地は西に近接する藤崎《ふじさき》遺跡であるが、朝鮮半島系考古資料は極めて少なく、朝鮮半島系の埋葬施設も確認されていない。西新町遺跡で暮らした渡来人たちがこの周辺に葬られたのか、それとも故郷に戻って埋葬されたのかよくわかっていない。

西新町遺跡は四世紀代に終焉を迎え、それ以後の様子はわかっていないが、この付近で五、六世紀代の朝鮮半島系考古資料がまとまって出土する遺跡は、南西約六キロメートルの室見川《むろみがわ》西岸の福岡市吉武《よしたけ》遺跡群である。五〜七世紀の多数の竪穴住居跡、掘立柱建物跡、土坑、溝などの遺構が検出されており、その中に馬韓地域との関わりが推測されている隅部排水溝付き四柱式方形竪穴住居跡が一棟（六世紀）含まれている。

遺物では、加耶系、百済系、馬韓系、新羅《しらぎ》系の軟質土器《なんしつどき》・軟質系土器・陶質土器《とうしつどき》・陶質系土器、算盤玉形紡錘車《そろばんだまがたぼうすいしゃ》などの朝鮮半島系土器・土製品がまとまって出土しており、少なくとも五世紀代には朝鮮半島からの比較的多くの渡来人やその子孫たちが生活していたことは間違いないと思われる。そして、注目すべきものとして、五世紀の溝から木製の鞍、準構造船模造品、舟の中の水を汲みだす淦《あか》取りと推測される木製品などが出土している。五世紀代の木製鞍は珍しく、この周辺に馬がいて、渡来人たちによる馬飼育が行われていた可能性が推測される。さらに、準構造船の模造品はこの遺跡が海から約六キロメートル離れており、直接的な海との関わりは推測しがたいと思われるが、珍しい淦《あか》取りと推測されるものも出土しており、遺跡の東に位置する室見川も考慮すると、川・海を介した朝鮮半島との交流にこの遺跡群で暮らしていた渡来人やその子孫たちが関与していた可能性も推測できそうである。

この集落に隣接する五世紀前半～七世紀初めの吉武古墳群においても加耶系を中心とする陶質土器や鋳造鉄斧《ちゅうぞうてつぷ》、鉄滓《てっさい》などが出土し、この周辺地域での渡来人・その子孫たちによる鉄器生産などの仕事が推測されている。

この遺跡群内の首長墳《しゅちょうふん》としては五世紀前半～中頃の墳長約四〇メートルの帆立貝形古墳《ほたてがいがた》の樋渡《ひわたし》古墳があるが、墳丘が削平され、内部主体などは不明である。

周辺では、吉武遺跡群の南東約二キロメートルに五世紀初め～前半の墳長七五メートルの前方後円墳、拝塚《はいづか》古墳がある。この大きさは福岡平野の首長墳として大きなグループに属し、極めて重要であるが、これも墳丘が削平され、内部主体がわからない。ただ、検出された石材などから初期横穴式石室の可能性が推測されている。副葬品なども不明で朝鮮半島との関わりなどはわからないが、周濠内から日本列島でも古い段階に属する盾持人埴輪《たてもちびとはにわ》が出土している。盾持人埴輪は四世紀末頃に近畿や北部九州で見られるようになるが、その起源については、中国周代の軍政を司る夏官《かかん》に属し、疫病を追い払う「方相氏《ほうそうし》」との関わりが推測されている。

さらに吉武遺跡群の東約三キロメートルに、五世紀中頃の推定墳長約二五メートルの前方後円墳、クエゾノ一号墳を含むクエゾノ古墳群（五号墳では鍛冶関係遺物や鋳造鉄斧出土）、五世紀後半〜六世紀前半の墳長約二七メートルの前方後円墳、梅林《うめばやし》古墳（百済系の鳥足文《ちようそくもん》タタキ土器、鏨《たがね》など出土）などがあり、これらに近接して百済系の大壁建物《おおかべたてもの》（六世紀前半？）が検出された梅林遺跡がある。

このように西新町遺跡、吉武遺跡群、梅林古墳・遺跡など福岡平野西部には三世紀から七世紀初め頃までの海上交通や鉄器作りなどに関わる遺跡・古墳がある。七世紀以降もこのような渡来系の人々の移住・生活・仕事などを含めて深い交流が続いたことはそのほかの遺跡・遺構・遺物を見てもわかる。

†吉備の渡来人

瀬戸内海中央部北岸に位置する吉備地域では縄文時代終わり頃から孔列《こうれつ》土器など朝鮮半島系の資料が見られるようになる。古代吉備中枢部と考えられている岡山市西部の足守川《あしもりがわ》流域では、紀元後一世紀頃の二五枚の貨泉《かせん》が出土した岡山市高塚《たかつか》遺跡、紀元後二世紀の弥生時代の墓としては日本列島最大の長さ約八〇メートルの大きさで、木槨を内部主体とする双方中円形の倉敷市楯築弥生墳丘墓《たてつきやよいふんきゅうぼ》などがまとまり、その南側には日本列島最古段階の紀元後一〜三世紀の敷粗朶工法《しきそだこうほう》を採用した堤防で築かれた川港の上東《じょうとう》遺跡がある。

四世紀代は、朝鮮半島や大陸との関わりはわかりづらくなるが、五世紀に入る頃には備中地域で、吉備最大の墳長三五〇メートルの前方後円墳である岡山市造山《つくりやま》古墳と吉備第二位の墳長二八二メートルの総社市《そうじゃし》作山《つくりやま》古墳の周辺地域に多くの朝鮮半島系考古資料が見られるようになる。これにより具体的な吉備の渡来人の姿が推測できるようになった。

鉄器生産に関わる朝鮮半島系の遺跡として、大韓民国釜山《プサン》市東萊福泉洞《トンネボクチョンドン》二一・二二号墳出土例と類似する鉄鋌《てってい》・鉄鏃《てつぞく》と鉄滓、砥石などを出土する五世紀初め頃の吉備最古段階のカマド住居が検出された岡山市窪木《くぼき》薬師《やくし》遺跡、全国的にも珍しい鍛冶具《かじぐ》一式を納めた加耶系竪穴式石室に当時の日本列島では使用されていなかった鎹《かすがい》を使用した割竹形《わりたけがた》木棺を納めた五世紀前半の総社市随庵《ずいあん》古墳がある。

須恵器生産に関わる遺跡としては、洛東江《ナクトンガン》下流域系の五世紀初め頃の加耶系土器を生産していた総社市奥ヶ《おくが》谷《たに》窯跡がある。そして、当時の海岸線に近接した港と推測される倉敷市菅生《すごう》小学校裏山遺跡では五世紀前半代の加耶・新羅・百済・馬韓系土器が出土している。窪木薬師遺跡の東約一・五キロメートルに位置する高塚遺跡では吉備最古段階の五世紀前半代のカマド住居がまとまって確認され、朝鮮半島系土器や鉄滓が出土し、窪木薬師遺跡で働く鉄器工人たちの生活の場と推測されている。

窪木薬師遺跡の南約八〇〇メートルの総社市法蓮《ほうれん》古墳群では高塚遺跡出土の吉備産初期須恵器と類似するものが出土し、この古墳群が渡来人たちの墓地群であった可能性が推測

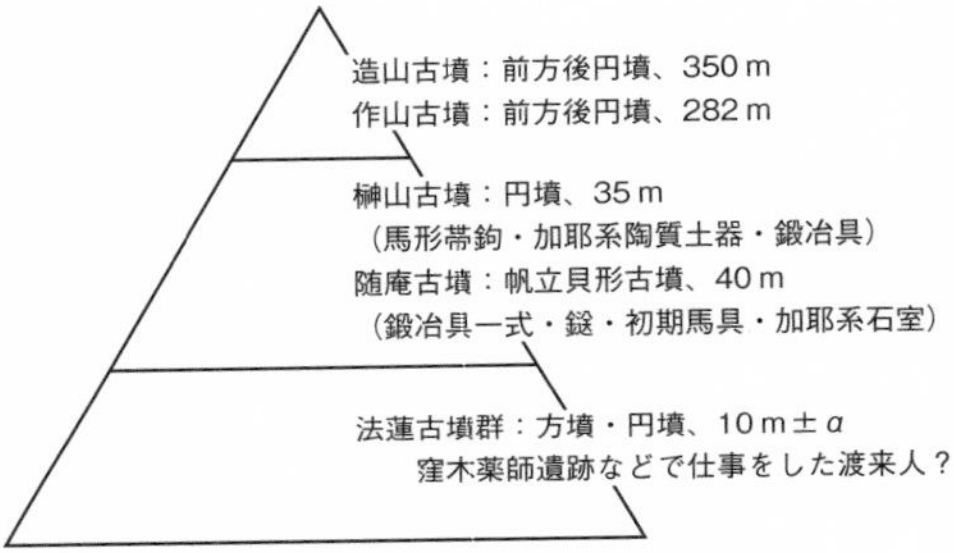

図２　５世紀の吉備の渡来人の位置づけ

される。これらの遺跡群は造山古墳を中心として半径約五キロメートル内に分布し、朝鮮半島系考古資料の多くは洛東江下流域（加耶地域）と関わるものが多い。

　また、造山古墳の南西に隣接する直径三五メートルの中型の円墳、岡山市榊山《さかきやま》古墳では馬形帯鉤《うまがたたいこう》、龍文透金具《りゅうもんすかしかなぐ》、儀礼用の腰にぶら下げる砥石である佩砥《はいと》、鉄床《かなとこ》・鉄槌《かなづち》などの鍛冶関係遺物、洛東江東岸系の陶質土器が出土している。榊山古墳の被葬者がどのような人物であるのかはよくわからないが、少なくとも朝鮮半島に関わりをもつ地位ある人物と考えられる。

　造山・作山古墳周辺の朝鮮半島系考古資料は、西暦四〇〇年頃の高句麗《こうくり》の南下による朝鮮半島南部地域の混乱に吉備の首長たちが関わったことを推測させ、その混乱の中で多くの洛東江下流地域の人々がこの吉備の地に渡来・定着したことを推測させる。

　彼らの仕事は、鉄器作り、須恵器作り、港湾管理などであったことが推測され、そして土木工事、農耕などに従事していたことも当然考えられる。また随庵古墳で吉備における初期の馬具も出土していることから、馬が飼育されていたことも推測される。ただ、本古墳以外の初期馬関係資料は周辺でよくわかっておらず、現時点では東国のような大規模な馬飼育は考えづらいようである。

備中《びっちゅう》地域の造山・作山古墳のあとの吉備最大の古墳は東北東に約一八キロメートル離れた備前《びぜん》地域の吉備第三位の墳長二〇六メートルの五世紀中頃の前方後円墳、赤磐《あかいわ》市両宮《りょうぐう》山《ざん》古墳である。その後、大きな古墳は備中・備前の両地域ともに築かれなくなる。このような前方後円墳の突然の縮小に関しては、五世紀後半の雄略《ゆうりゃく》天皇代の「吉備の反乱伝承」が関わると考えられている。『日本書紀』雄略天皇七（四六三）年八月条に記された「吉備《きびの》下道臣前津屋《しもつみちのおみさきつや》」の謀反・誅殺、同年是歳条に記された「吉備上道臣田狭《きびのかみつみちのおみたさ》」の任地任那《みまな》での反乱とその失敗などである。

備中中枢部においては五世紀後半から六世紀中頃まで百メートルを超える前方後円墳は築かれない。そして六世紀後半に造山古墳と作山古墳の間の、のちの古代山陽道に面する場所に墳長九六メートルの前方後円墳、総社市こうもり塚古墳が築かれる。その墳丘の形は、欽明《きんめい》天皇陵（五七一年崩御）の可能性が指摘されている奈良県五条野丸山《ごじょうのまるやま》古墳の約三分の一の相似形である。

このような動きに関しては、欽明天皇十六（五五五）・十七（五五六）年の白猪屯倉《しらいのみやけ》・児《こ》島屯倉《じまのみやけ》設置が関わるのではないかと考えている。両屯倉設置には当時のヤマト王権中枢部にいた蘇我稲目《そがのいなめ》・馬子《うまこ》が関与したことが『日本書紀』に記されている。そして同三十（五六九）年条に、渡来人である王辰爾《おうしんに》の甥胆津《いつ》が派遣され、白猪屯倉の田部《たべ》の丁籍《よほろのふみた》を検定し、田戸《たへ》を編成した功績によって白猪史《しらいのふひと》の姓を賜り、田令《たつかい》に任じられたことが記されている。

　このように吉備の屯倉に関しては、欽明天皇、大豪族蘇我氏、渡来系の白猪史胆津などが関わることが確認できるが、のちの八世紀の正倉院文書である『備中国大税負死亡人帳《びっちゅうのくにたいぜいふしぼうにんちょう》』（七三九年）によっても屯倉設置による新たな畿内系渡来人の移住が推測できる。賀夜《かや》郡庭瀬《にわせ》郷三宅《みやけ》里の「忍海漢部真麻呂《おしぬみのあやべのままろ》」、賀夜郡阿蘇《あぞ》郷宗部《そうぶ》里の「西漢人部麻呂《かわちのあやひとべのまろ》」などである。「忍海漢部真麻呂」がいた場所は賀夜郡庭瀬郷三宅里で、まさに「三宅」→「屯倉」であり、この人物が屯倉との関わりでこの地にいたと推測できる。さらに「忍海漢部」は本来、大和葛城《やまとかつらぎ》地域と関わると考えられている。

　日本最古の製鉄遺跡である千引《せんびき》カナクロ谷《だに》遺跡（六世紀後半）はまさに賀夜郡阿蘇郷に位置し、「宗部里」は蘇我氏関連と考えられている。屯倉の設置に伴って新たな渡来人たちがヤマト王権から派遣され、吉備地域で新たな鉄生産を開始したと考えられるのである。五世紀初めに鉄器生産を始めた窪木薬師遺跡は賀夜郡服部《はとり》郷に属しており、五世紀後半〜

六世紀初めの一時的衰退を経て、六世紀前半から鉄器生産の規模が拡大する。

以上を総合すると、五五五・五五六年の白猪・児島屯倉設置に伴い、ヤマト王権から新たな渡来人が吉備に派遣され、そこで戸籍の管理や新たな鉄生産、鉄器生産が行われたことが推測される。

五世紀代の吉備は、ヤマト王権との関わりは当然無視できないが、朝鮮半島と直接的に深く関わり、渡来人たちの技術・情報・知識などによってこの地域を大いに発展させた。しかし、五世紀後半の反乱以後は一時的に衰退し、六世紀中頃の白猪・児島屯倉設置により、新たな渡来人を畿内から受け入れ、さらに展開したことが推測された。このような備中地域と朝鮮半島との一連の関わりが律令期の「賀夜郡」へとつながっていったものと考えられる。そしてこの備中中枢部の北側の鬼城山《きのじょうざん》に七世紀後半、古代山城鬼ノ城《きのじょう》が築かれる。築城時には新たに百済から亡命してきた将軍クラスや工兵部隊の責任者クラスの渡来人が縄張《なわばり》作りや指導に来て、地元の渡来系の人々の子孫たち、もともとの吉備の人々とともに城を築いた可能性が推測される。

†畿内・王権の渡来人

①鉄器生産

畿内における鉄器生産遺跡として最も注目されている遺跡の一つは大阪府柏原《かしわら》市大県《おおがた》遺跡群である。古墳時代最大の鍛冶遺跡として注目され、五世紀前半代からの馬韓系軟質系土器などがまとまって出土すること、周溝《しゅうこう》をもつ地上式鍛冶炉の存在などにより五世紀以降の王権（管理は物部《もののべ》氏？）が関与する官営工房と考えられてきた。しかし、近年の調査で五世紀代の鍛冶関係についてはあまりよくわからず、六世紀以降の様相であると考えられるようになった。ただ、数は少ないが五世紀代の鍛冶遺構は存在し、平底多孔甑など馬韓系土器の存在はやはりこの頃から渡来人が鍛冶を行っていたと推測される。

南約二キロメートルに位置する柏原市高井田山《たかいだやま》古墳（五世紀後半）は畿内では初期の百済系横穴式石室墳である。火熨斗《ひのし》や釘鎹《くぎかすがい》使用木棺などから渡来系の人物の埋葬が推測され、大県遺跡群での鉄器生産を管理していたと考えられている。

この地域の鉄器生産には、『古事記』応神《おうじん》天皇段の百済からの「韓鍛《からかぬち》、卓素《たくそ》」渡来記事との関わりも注目されており、文献史料との関わりも含めて総合的に検討すべき遺跡群である。

また、交野《かたの》市森《もり》遺跡における鍛冶関係遺構群も、王権の関与のもと物部氏が渡来人たちを使って鉄器生産を行っていたと考えられている。古墳時代の物部氏関係の遺跡としては、奈良県天理市布留《ふる》遺跡が有名であるが、近年総合的な研究が進められている。五世紀に入るころから加耶系、百済系、馬韓系の土器が見られるようになり、鉄器生産に関わるフイゴ羽口もまとまって出土している。木製刀装具も生産され、武器作りがなされていたと考えられている。

②須恵器生産

王権が関わる須恵器生産の代表的な遺跡は、大阪府堺市などに展開する和泉陶邑窯《いずみすえむら》である。古くから『日本書紀』などの記録を用いて王権との関わりなどは述べられてきたが、渡来人との関わりはあまり検討されてこなかった。しかし周辺の堺市小阪《こさか》遺跡や堺市伏尾《ふせお》遺跡などの陶邑関係集落遺跡や堺市大庭寺《おばでら》遺跡の発掘調査により、渡来人を意識した検討が飛躍的に進んだ。

窯跡出土品の初期須恵器も当然であるが、工人たちの集落における生活に関わる軟質系土器や円筒形土製品などの出土によって渡来工人たちの故郷がおもに加耶西部から馬韓地域であることがわかってきた。

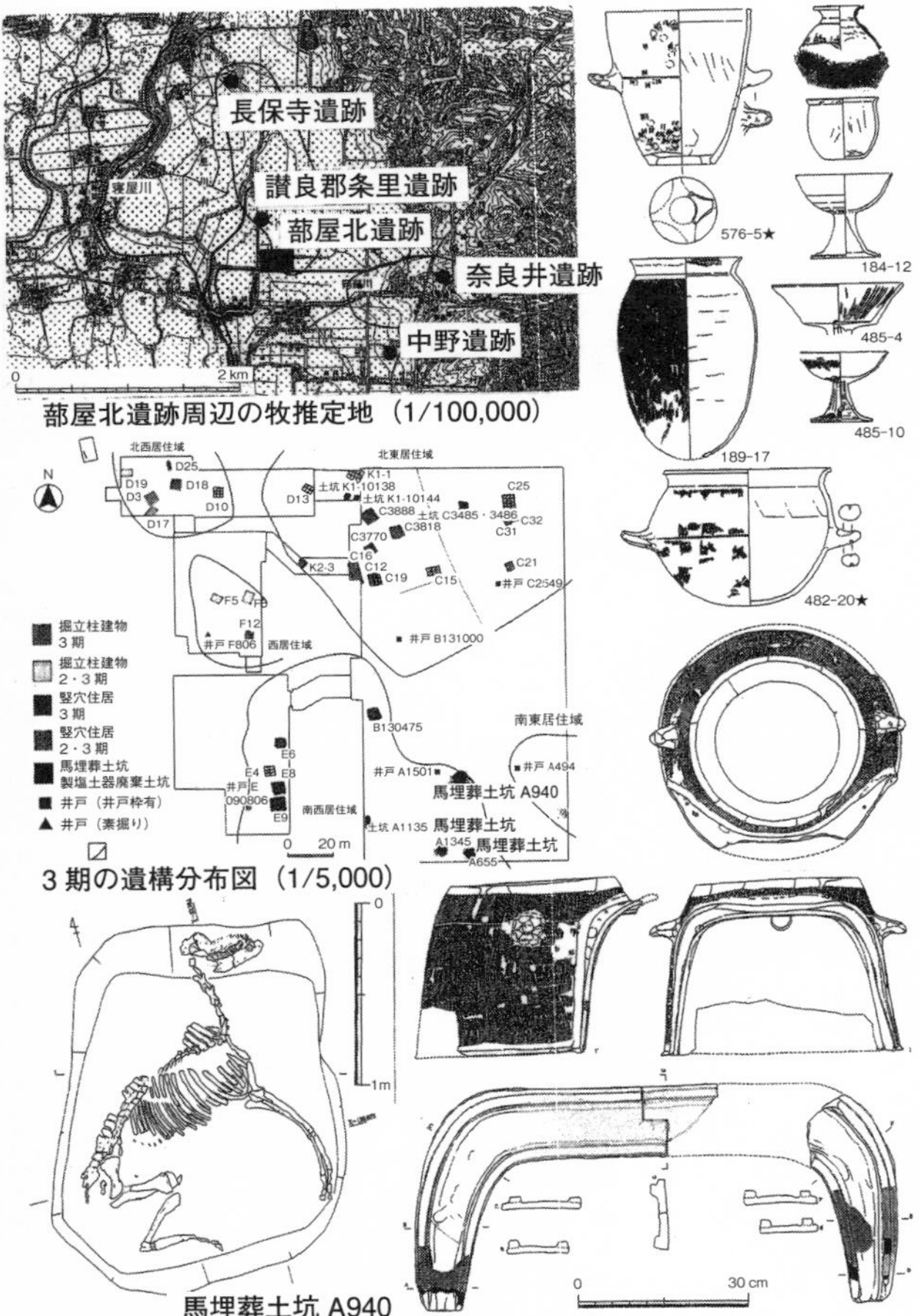

図3　大阪府蔀屋北遺跡3期の遺構・遺物（馬土抗：1/60、遺物：1/20）（藤田 2011、大阪府教育委員会 2010、いずれも一部改変）

一方、王権のもと、陶邑窯の須恵器生産に関わる氏族として「大神氏《おおみわ》」が取り上げられている。各地の須恵器生産地周辺にも大和三輪山《みわやま》の神との関わりを推測させる神社や人物が存在することが確認され、「部民制《べみんせい》の伴造《とものみやつこ》—部民《べみん》という関係を通して、三輪神祭祀が須恵器生産者に広まった」(菱田哲郎「須恵器の生産者」『列島の古代史4』岩波書店、二〇〇五)と考えられている。

③馬飼育

初期の馬飼育も渡来人との関わりが深いと考えられている。大阪府四条畷《しじょうなわて》市蔀屋北《しとみやきた》遺跡では五世紀代の馬土坑《うまどこう》が検出され、馬韓系の軟質系土器、移動式カマド、U字形カマド焚き口土製品、算盤玉《そろばんだま》形紡錘車《ぼうすいしゃ》、土製無文《むもん》当て具などによって、その周辺部の遺跡群も含め、馬飼育・牧経営などに馬韓系の渡来人たちが関わっていたことが明らかになってきた。鍛冶関係遺物も出土しており、馬具の修繕なども行ったと考えられている。『日本書紀』などに記された「河内馬飼《うまかい》」に関わる場であると考えられている。

†畿内・大和葛城の渡来人

奈良県御所《ごせ》市の名柄《ながら》・南郷《なんごう》遺跡群は、ヤマト王権の一角を構成する葛城《かづらき》氏関係の豪族居館、高殿《たかどの》、豪族の祭祀場、渡来人を中心とした工人たちの仕事場、生活の場などが確認された有名な遺跡群である（坂靖・青柳泰介『葛城の王都　南郷遺跡群』新泉社、二〇一一）。盛期は五世紀で、六世紀の縮小期を経て七、八世紀に再びやや栄える。近接する首長墳としては、葛城襲津彦《かづらきそつひこ》墓ではないかという説がある五世紀初めの墳長二三八メートルの前方後円墳、御所市室宮山《むろみややま》古墳と五世紀前半の墳長一五〇メートルの前方後円墳、御所市掖上鑵子塚《わきがみかんすづか》古墳があり、その南側に五〜七世紀の総数八〇〇基以上の、鍛冶具やミニチュア煮炊き具などを副葬した古墳を含む御所市巨勢山《こせやま》古墳群がある。また、南郷遺跡群から南約五キロメートルに五條市五條猫塚《ごじょうねこづか》古墳がある。五世紀前半の一辺二七メートルの方墳で、鍛冶具のセットや蒙古鉢形眉庇付冑《もうこばちがたまびさしつきかぶと》など朝鮮半島と関わりが深いものが副葬されている。この古墳を含む近内古墳群も葛城氏と関係する可能性があり、当時の有力豪族葛城氏の勢力範囲を推測できそうである。

南郷遺跡群における渡来人の仕事は、鉄・銀・金銅・ガラス・鹿角などに関わる製品の生産とともに、馬飼育も推測されている。渡来人関係の遺構としては、大壁建物、オンドル住居などが検出され、遺物は加耶・百済・馬韓系の軟質系土器・陶質系土器、算盤玉形紡錘車、円筒形土製品などが出土している。

このような遺構や遺物からこの遺跡群は、ヤマト王権の一角を構成していた大豪族葛城氏の居館・関連施設などで、葛城氏のもとで多様な仕事に携わっていた朝鮮半島南部地域からの渡来人たちの姿を知ることができる貴重な遺跡群である。

葛城氏に関しては、『日本書紀』に允恭《いんぎよう》天皇・雄略天皇の代に反乱を起こし、衰退したことが記されている。南郷遺跡群も五世紀中頃にはやや衰えており、記録と対応している。そして七世紀には再び古墳・集落・寺院などで活況を呈したことがわかっているが、これらには葛城氏の権益を受け継いだ蘇我氏が関与していると考えられている。この地にいた渡来人およびその子孫たちも蘇我氏が受け継いだものと推測されている。

†渡来人からみた王権と地方

以上、簡単に西日本の代表的な渡来人関連地域である筑紫・吉備・河内《かわち》・大和をみてきた。福岡市西新町遺跡のように三世紀代から比較的多くの渡来人が往き来し、一時定着したムラもあるが、渡来人の本格的な移住は五世紀に入る頃からである。

五世紀の渡来人関係の遺構や遺物は各地で急激に増加する。今回取り上げた地域以外でも畿内や筑紫ほどではないが、増加している。古墳時代の朝鮮半島系土器出土遺跡は、第四六回埋蔵文化財研究集会実行委員会編『渡来文化の受容と展開』(一九九九)などの資料集によると、大まかではあるが、河内六〇、大和八〇、播磨八〇、備前一〇、備中三〇、筑前六〇、豊前《ぶぜん》二〇、筑後一〇である。その後の約二五年間の発掘調査や遺物に対する研究の進展により、その数の増加は当然考慮しなければならないが、河内、大和、播磨、筑前に多く、その次が備中である。備中は造山古墳や作山古墳など第一〇位までに入る巨大古墳を有する地方の中心地ではあるが、筑紫や畿内にはおよばない。

また、北部九州と吉備の五、六世紀の渡来人のあり方において、地元の豪族と朝鮮半島・渡来人たちとの直接的な関係と、その上にヤマト王権が覆い被さる形がある可能性について述べた。大和葛城地域においても同様で、朝鮮半島と地方との直接的な関係、ヤマト王権と地方との関係が時期とともに変化していると考えている。五世紀前半における地方と朝鮮半島との関わりは、一部ヤマト王権が関わるにしても完全な上下関係ではなかったと考えている。しかし五世紀後半以降、吉備ではいわゆる「吉備の反乱」以後、筑紫では一部五世紀後半に、そして六世紀前半の「磐井《いわい》の乱」以降に屯倉の設置などを通して、王権が明確な上下関係でこれらの地域に関与したものと推測している。吉備の白猪屯倉における白猪史胆津や『備中国大税負死亡人帳』に見られる畿内系渡来人たちの存在はまさに王権が移住も含めて渡来人たちを動かしたことの一例であると考えている。

†考古学からみた渡来人の役割

渡来人たちの役割は、考古学でわかりやすいものが鉄器生産や須恵器生産などであるが、小稿では近年研究が進んでいる馬飼も取り上げた。このほかにこのような考古資料が残りやすい例以外にも、海上・河川交通、渡しなども遺跡の状況や出土遺物を詳細に検討すれば、港を確認できると考えている。最も難しいものが文書管理などである。これらは基本的に文献史料との関わりの中で推測せざるをえないが、関川尚功《せきがわひさよし》（「古墳時代の渡来人」『橿原考古学研究所論集』九、吉川弘文館、一九八八）は大和与楽《ようらく》古墳群ナシタニ支群の被葬者を装身具・馬具はもつが、武器が皆無であるという副葬品の組み合わせから「装身具を身に付け馬に乗りうる文官の姿」を想定している。このように直接的な資料はなくとも渡来人の姿を検討することは可能なようである。

今後はこれまで述べてきたような成果をふまえ、さらに考古学の中での総合化、文献史学の成果を取り入れた総合化、そして民俗学や社会学、建築史学、その他関連する分野の成果も取り入れた幅広い視野からの総合化を意識して検討を進めることにより、より渡来人の実態に迫ることができるのではないかと考えている。

さらに詳しく知るための参考文献

考古学から渡来人関係を検討した文献

土生田純之・亀田修一編『季刊考古学　一三七号　特集・古墳時代・渡来人の考古学』（雄山閣、二〇一六）……渡来人が関わる「鉄器生産」「馬匹《ばひつ》・馬具生産」「須恵器生産」「武器・武具生産」「装身具生産」「土木技術」「集落」「竈《かまど》」「石室」「儀礼」が取り挙げられ、「各地の渡来人」として、「東日本」「西日本」「文献から見た渡来人」が収められている。

高田貫太『海の向こうから見た倭国』（講談社現代新書、二〇一七）……日本と朝鮮半島のそれぞれの立場からの交流が描かれている。朝鮮半島との交流に関しては、どうしても日本側からの検討が中心になるが、この本は朝鮮半島からの視点が多く含まれている。

文献史学から渡来人を検討した文献

関晃『帰化人』（至文堂、一九五六）／上田正昭『帰化人』（中央公論社、一九六五）……渡来人研究の基礎的な図書であり、筆者も座右に置き続けている。二〇〇〇年以降のものとしては、田中史生『倭国と渡来人――交錯する「内」と「外」』（吉川弘文館、二〇〇五）などがある。田中氏は、現在活躍中の文献史学における古代の渡来人研究の第一人者である。

文献史学と考古学の両方の立場から渡来人を検討し、入手しやすいもの

吉村武彦ほか編『シリーズ古代史をひらく　渡来系移住民』（岩波書店、二〇二〇）……吉村武彦「ヤマト王権と半島・大陸との往来」、千賀久「渡来系移住民がもたらした産業技術」、亀田修一「列島各地の渡来系文化・渡来人」、田中史生「律令制国家の政治・文化と渡来系移住民」、朴天秀「古代の朝鮮半島

と日本列島」が収められており、最後に「〈渡来系移住民〉と古代社会」というテーマの座談会が掲載されている。この座談会記録はやや難しい本文を読む前に読まれ、好評なようである。筆者の本書の原稿は、この岩波書店本と『季刊考古学　一三七号』（雄山閣）掲載のものを多く参照して書いており、これらには本書掲載以外の地域のことや内容が含まれている。合わせて読んでいただくと、「考古学からみた渡来人」がより理解しやすくなると思っている。

第12講

奈良時代の遣唐使

河野保博

†遣唐使とその派遣目的

日本列島に住む人々は常に海を越えて新たなモノや情報を入手し、文化を形成してきた。先進文化を摂取するために、外交関係の構築のために国家的な使節も派遣された。そのなかで、唐代の中国大陸に派遣・計画された日本列島の使節は七世紀前半から九世紀末までにおよぶ、息の長い国家事業であった（表「遣唐使一覧」参照）。

本講では奈良時代に唐へ派遣された使節についてみていくが、この唐との外交関係を結び、東アジアの国際関係に参画するために倭、次いで日本から唐に派遣された使節を一般に「遣唐使」と呼んでいる。古代日本の外交や文化摂取に大きな役割を果たしたものとして特筆されるが、それは日本に限定されるものではない。新羅や渤海、または突厥《とっけつ》や回紇《かいこつ》（ウイグル）、大食（イスラム帝国）が唐へ派遣した使節もすべて遣唐使であり、普遍的な歴史用語である。多くの国が唐に使者を派遣しており、日本の遣唐使も唐側からすれば「日本使」として、数多く来朝する使節のなかの一つに過ぎないのである。

なぜ遣唐使が派遣されたのかについては、唐を中心とする国際秩序のあり方のなかで考えることが必要となる。多くの国は唐との安定的な関係を構築し、その国際秩序に参画することを目的に使者を派遣した。各国の使者は唐の皇帝に朝貢品を献上することで外交関係を確認し、唐朝の主催する儀式に列席することでその可視化された秩序を認識したのである。各国から派遣された遣唐使が一堂に会することで秩序が体現されるため、時にはその席次をめぐって争われる「争長事件《そうちょう》」が起きることもあった。例えば、七三〇年に突厥と突騎施《とっきし》（テュルギシュ）が宴の際に席を争っている。さらに七五三年には、元日朝賀の席に日本の遣唐使も列席したが、その席次が新羅よりも下であったため、遣唐副使の大伴《おおとも》古麻呂《こまろ》が抗議して、新羅よりも上位の席に変えさせている。儀式の際にどこに座るのか、それはただの席次ではなく、唐の国際秩序のなかでどこに位置づけられるのかを示す大事な指標だったのである。

一方、唐側にとっても各国から派遣された遣唐使が儀式に参列することは重要なことであった。そのなかで特に重視されていたのが元日に官人や周辺諸国の使いが唐皇帝に対して新年の拝賀を行う朝賀の儀式である。朝賀には在京の官人以外にも諸州の朝集使として

	任命／出発	使人	航路	帰国	航路	備考
1	630（舒明2）発	犬上御田鍬ら	北路	632	北路	唐使高表仁来日（翌年帰国）
2	653（白雉4）発	吉士長丹① 高田根麻呂②	北路 南路？	654 —	北路 —	②往路、薩摩竹島付近で遭難
3	654（白雉5）発	高向玄理	北路	655	北路？	高向玄理、唐で没す
4	659（斉明5）発	坂合部石布	南路（百済南畔経由）	661	北路？（耽羅経由）	百済南畔の島に到り、①南海の島に漂着、坂合部石布ら殺害され、一部が括州に到着。②越州に到達し、その後帰国
5	665（天智4）発	守大石ら	北路	667	北路	唐使劉徳高を送る。唐使法聡来日
6	667（天智6）発	伊吉博徳ら	北路	668	北路	唐使法聡を百済に送る
7	669（天智8）発	河内鯨	北路？	不明	北路？	高句麗平定を慶賀する使節か
8	701（大宝元）任 702（大宝2）発	粟田真人	南路	704	南路？	道慈・弁正ら留学。百済救援の際の捕虜帰国（707）
9	716（霊亀2）任 717（養老元）発	多治比県守	南路？	718	南路？	玄昉、吉備真備、阿倍仲麻呂ら留学。道慈帰国
10	732（天平4）任 733（天平5）発	多治比広成	南路	734① 736② 739③	南路①② （南島経由） 渤海路③	玄昉、吉備真備ら帰国。道璿、菩提僊那、袁晋卿ら来日。③崑崙に漂着後、渤海経由で帰国。④難破して沈没
11	746（天平18）任	石上乙麻呂	—	—	—	派遣中止
12	750（天平勝宝2）任 752（天平勝宝4）発	藤原清河	南路	753② ③ 754④	南路 （南島経由）	鑑真ら来日。①安南に漂着、藤原清河・阿倍仲麻呂は唐に戻され、帰国できず
13	759（天平宝字3）発	高元度	渤海路	761	南路	藤原清河を迎えるため渤海を経由して入唐するが、清河は帰国できず。唐使沈惟岳来日
14	761（天平宝字5）任	仲石伴	—	654 —	—	唐使沈惟岳を送るために計画されるが、渡海できず中止
15	762（天平宝字6）任	中臣鷹主	—	—	—	唐使沈惟岳を送るために計画されるが、渡海できず中止
16	775（宝亀6）任 777（宝亀8）発	佐伯今毛人	南路	778	南路	藤原清河を迎えるために派遣。清河没のため娘の喜娘、②同船の唐使孫興進と共に来日。①帰国時に難破し、唐使趙宝英ら遭難
17	778（宝亀9）任 779（宝亀10）発	布施清直	南路？	781	南路？	唐使孫興進を送る
18	801（延暦20）任 802（延暦21）発 804（延暦23）再発	藤原葛野麻呂	南路	805① ② 806④	南路	最澄、空海、橘逸勢ら入唐、①最澄、④空海、橘逸勢、同乗し帰国。③往途に遭難
19	834（承和元）任 836（承和3）発 837（承和4）再発 838（承和5）再々発	藤原常嗣	南路	839❶ 840②	❶北路 ②南路	円仁、円載、常暁ら入唐。❶大使らは新羅船を雇い帰国 ③往途に遭難
20	894（寛平6）任	菅原道真	—	—	—	菅原道真の上表により停止

表　遣唐使一覧

上京してきた都督《ととく》や刺史《しし》などの地方官が列席し、さらに周辺諸国からの使者である「諸蕃使《しょばんし》」も同席したが、その空間には諸州と諸蕃からの貢献物が並べられていた。つまり、皇帝を中心とした唐帝国全体の構造を目にみえる形で示した儀式（古瀬二〇〇三）といえる。そして、この場に諸蕃使、つまり各国の遣唐使が列席することは唐皇帝の権力・権威がどこまでおよんでいるのかを内外に示すものであり、そのためにより多くの、より遠くからの遣唐使が列席することが望まれていたのである。

†唐に派遣された人々

外交のために派遣されていた遣唐使であるが、日本にとっては外交にとどまらず、唐のすぐれた先進文化や技術を学び、多彩な文物を得ることも重要な派遣目的であった。

遣唐使船に乗り込む人々について明確な規定はみられないが、『延喜式《えんぎしき》』（大蔵省式入諸蕃使条）をみると唐に渡る人員に支給される手当の規定が示されており、それを参考にすると遣唐使の構成員は大きく四つに分けられる。すなわち、使節、船員、技能者、留学者である。使節は遣唐使の中核であり、大使以下の四等官と書記官の史生《ししょう》などの随員がいた。また、場合によっては大使の上に執節使《しっせいし》や押使《おうし》というものが置かれることもあった。大使や副使は日本を代表する存在であり、唐や諸外国に相対するにふさわしい人物が求められ、家柄は当然ながら、学識にすぐれ、書をよくし、さらに容姿のうるわしい人物が選ばれた。そして、大使には天皇から節刀が授与され、天皇の代理者として全権が委任された。まさに日本を体現する存在として、国際社会の舞台に登壇したのである。

船員は船舶の管理や運行など遣唐使船の航海を担った存在である。船舶の管理や航行を担った知乗船事《ちじょうせんじ》や船師、船大工の船匠《せんしょう》、操舵を担う挟杪《かじとり》、水夫である水手《かこ》などがあった。

技能者は遣唐使一行の行程をサポートする専門家集団であり、例えば、祭祀を掌る主神《しゅしん》や占いに従事する卜部《うらべ》、医薬を担当する医師《くすし》などである。このなかには通訳である訳語《おさ》《やくご》もおり、唐語だけでなく、船の漂着などに備えて新羅語や奄美語なども用意されていた。

留学者は学問や思想などを習得するために入唐《にっとう》した人々を指し、主に学問を修める俗人と仏法を学ぶ僧侶がいた。彼らは長期の滞在（次回の使節が到来するまでが一つの目安）となる留学生《るがくしょう》・留学僧と、短期の滞在（遣唐使一行の滞在期間中）となる請益生《しょうやくしょう》・請益僧（還学僧《げんがくそう》とも）に分けられ、期間いっぱい学んだ。また、玉生（ガラスや釉薬）・鍛生（鍛造）・鋳生（鋳金）・細工生（木竹工）といったある専門に特化して学ぶ技術研修生というべき人々もおり、遣唐使に同行して現地で専門的な技術習得を目指していたと考えられる。

このように遣唐使一行には多彩な顔ぶれが揃っていたが、船員は遣唐使船の運航を担う存在であり、技能者は遣唐使一行の行程を支える存在である。遣唐使のメインとなる人員

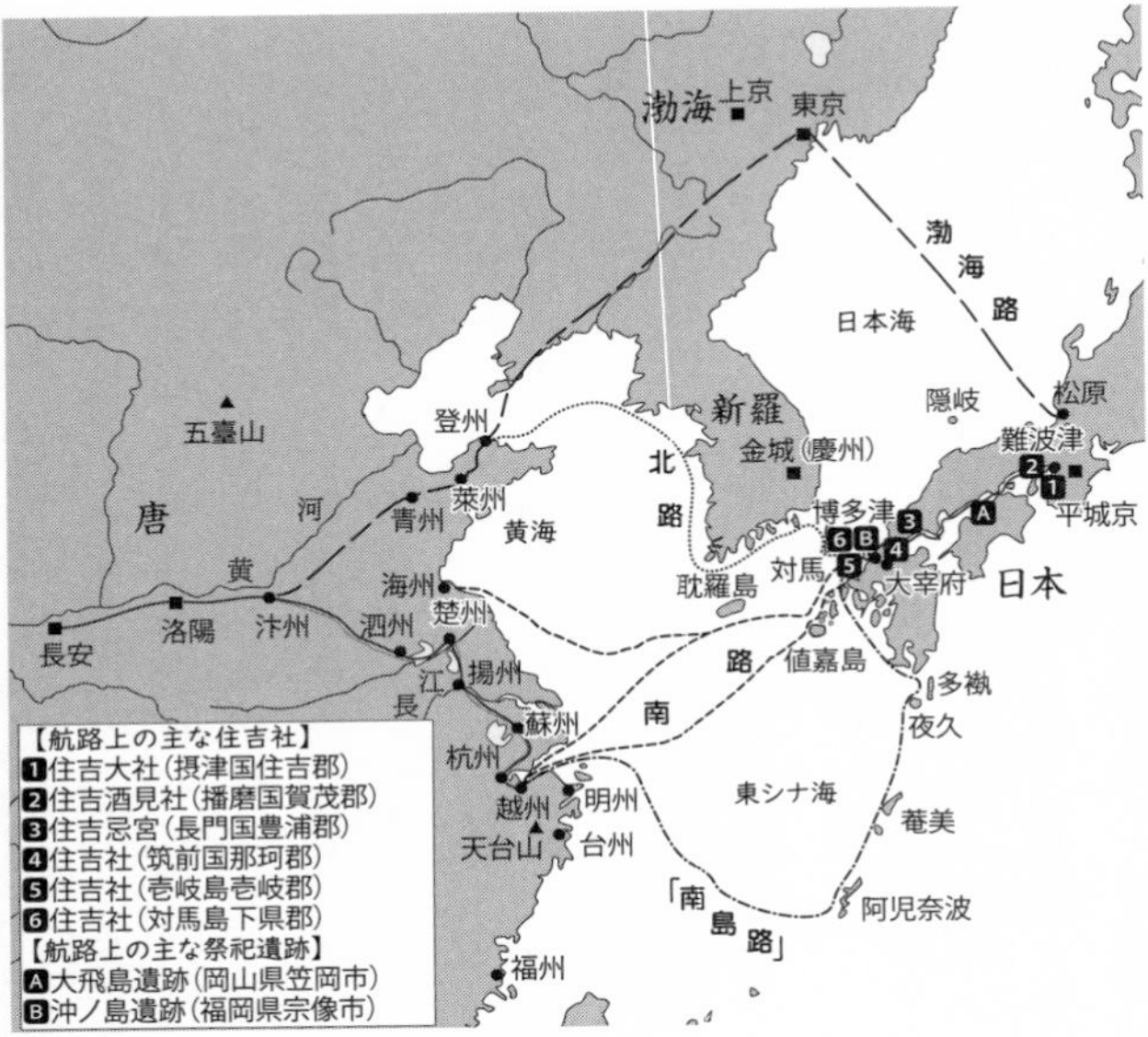

図1　遣唐使船の航路

は外交と学びに携わる人々ということができるだろう。

唐へ向かう行程と祭祀

遣唐使の交通というと、外洋をどのようなルートで航行したのかという航路の問題が中心になりがちだが、任命されて役目を果たして帰国するまでを考えると、その移動は日本国内、大海上、唐国内と分けられる（図1　遣唐使船の航路参照）。その行程において安全に移動し、確実に帰還することを祈って各地で祭祀が執り行われた。遣唐使船は難波津《なにわのつ》で多くの人やモノを載せて出発したが、それに先行して「船居《ふない》」（港）の安全を願う祭祀が行われ、住吉の神に航海の安全が祈願された。住吉大社に祀られる住吉三神は倭王権の外政と外港の守護神であり、王権の外港である難波津の安全も担っていた。難波津を進発した遣唐使船は北部九州を目指すが、その経路上にも住吉の神が祀られ、その航海を守護していた。当時の航海は陸地を目印にしながら陸岸から離れずに航行する地乗り航法が主であり、その拠点となるところに祀られていたと考えられる。

日本列島から中国大陸に向かうには古くから朝鮮半島を経由するルートが使われていた。北部九州を進発した船は玄界灘《げんかいなだ》を越えて朝鮮半島南岸に至り、そこでも沿岸に張り付きながら西進、北上し、山東半島に向かった。これが倭の伝統的な外洋航海ルートであり、遣唐使も当初はこの「北路」を用いていた。このルートが朝鮮半島、そして中国大陸への交通路として古くから使われていたことは、その経路上の沖ノ島で祭祀が行われていたことからも窺われる。玄界灘の中央に位置する沖ノ島は宗像大社《むなかたたいしゃ》の沖津宮《おきつみや》が置かれているが、古代の祭祀遺跡として知られ、そのおびただしい遺物から「海の正倉院」と呼ばれるほどである。この場所は北部九州から外洋に出る人たちにとって、航海の目印であり、風待ちをするところであり、命をつなぐ場所で航海の安全が祈られた。

しかし、八世紀になると遣唐使船の航路は朝鮮半島沿岸を航行する北路から変更され、北部九州から西に向かい、東シナ海を直行して中国大陸沿岸を目指すルートが指向されるようになる。一般的に「南路」と称されるルートである。この航路の変更は国際関係の変化、すなわち朝鮮半島を統一的に支配した新羅と日本との関係が悪化し、その沿岸を経由することが難しくなったことによる。遣唐使船が値嘉島《ちかのしま》（五島《ごとう》列島）から東シナ海を直行するようになると人々は別な祈りを必要とした。大海原では目標物もなく、風待ちをするような場所もないことから、事前に神に祈り、そして、船に神を乗せた。遣唐使の派遣に先立って郊野で天神地祇を祀ることになっていたが、春日山《かすがやま》で行われた祭祀は遣唐使一行の一致団結を図るとともに、順風を祈るものであった。そして、大海上で祭祀を行うために遣唐使船には航海を守護する住吉の神が乗せられ、そのために住吉社の神主が主神として同乗するようになる。住吉大社の古伝を載せる『住吉大社神代記』にはその斎垣の四至について「西は海棹《かいとう》の及ぶ限り」と記しており、その目的地まで守護する存在となっている。また、八世紀になると大飛島遺跡のように瀬戸内海の各所で国家的な祭祀の遺構が検出されるようになる。海路の難所を国家の使節が安全に航行できるよう祭祀が行われていた。

遣唐使の航路については、その他に南島路《なんとうろ》や渤海路《ぼつかいろ》が知られるが、南島路についてはそのあり方をめぐって見解が分かれている。南西諸島を島伝いに移動するものであるが、これは南路を採った船が気象や海流などにより流されてしまった結果として用いられたルートであり、当初から計画されたものではないという説が近年では主流を占めている。

海を渡り、中国大陸に到着すると、そこからは皇帝のいる都を目指さなければならない。北路や渤海路では山東半島から、南路では江南の沿岸地帯から洛陽や長安へ向かったが、その交通路の詳細は研究の途上である。駅路や運河の研究などが進められているが、実態的な交通路は分からないことが多い。そのため、入唐僧の移動の検討などから復元が目指されている。近年、承和《じようわ》年間の遣唐使が到着した「掘港国清寺《くつこうこくせいじ》」の遺構が明らかになるなど、沿岸の港湾関連遺跡の調査も相次いでおり、陸路と海路との結節点やそこからの交通路についてもこれから研究が進んでいくと期待される。

†「日本」の国際社会への参画

次に奈良時代の遣唐使を順に追ってみていきたい。七〇一年（大宝元）、粟田真人《あわたのまひと》を執節使とする遣唐使が任命され、翌年派遣された。実に六六九年に発遣された遣唐使から三十余年振りのことであった。なぜこのタイミングで遣唐使が派遣されたのかについては、大宝律令の編纂を経て律令制国家の完成を唐に誇示する目的があったとする説もあるが、それよりも国号「日本」の承認と外交の再開という点が大きいだろう。

国号「日本」の成立については諸説あるが、外交の場で公式に用いたのはこの時が初めてであり、「日本国、使を遣はして万物を貢《こう》す」（『旧唐書《くとうじょ》』則天武后《そくてんぶこう》本紀・長安二年〈七〇二〉条）と記されている。七三六年に成立した『史記正義《しきせいぎ》』には、「倭国、武皇后改めて日本国と曰ふ」とあり、武皇后（則天武后）が倭国を日本国と改めたと記されている。この時の遣唐使は大宝律令で明確に規定された「日本」という国号を唐に伝え、それまでの倭から日本への変更を要求するものであったと考えられる。そして中国側もそれを受け入れ、唐皇帝が承認することで、国際的に日本という国号が認知された。そして、それは「杜嗣先墓誌」（七一三）や「井真成墓誌」（七三四）に国号としての「日本」が刻まれていることからも知られるところである。

今次の遣唐使派遣によって、日本は唐の国際秩序に参画し、国際社会に復帰したのである。それにより、白村江の戦い以来の戦争状態にも終止符が打たれ、戦後処理がなされたようで、遣唐使本体とは別に七〇七年には百済救援のために派兵され捕虜となっていた三人の兵士も四十余年を経て帰国している。また、この時に派遣された弁正《べんせい》は玄宗に気に入られ、阿倍仲麻呂《あべのなかまろ》に先行する日唐の掛け橋としてパイプ役を務めることとなった。この時の遣唐使は新たな外交関係の樹立が目的であったといえよう。

†「四つの船」による積極的な文化摂取

大宝の遣唐使派遣によって唐との外交を樹立した日本は積極的に唐の文化の移植を目指し、多くの留学者を送り込み、さまざまな分野の学問、思想、技術、技能を学ばせ、最新の仏教を習得させていった。

七一七年に派遣された遣唐使には阿倍仲麻呂・吉備真備《きびのまきび》・玄昉《げんぼう》・大和長岡《やまとのながおか》ら多くの留学者が帯同しており、学ぶための人材を送り込んでいる。そして、短期間で最大限に唐の文化を吸収するため、多くの書籍を入手した。遣唐使本体は翌年帰国するが、この時「得る所の錫賚《しらい》、尽《ことごと》く文籍を市《か》ひ、海に泛《うか》びて還る」（『旧唐書』倭国日本伝）、つまり、唐への朝貢の見返りとして下賜される回賜品を書籍購入に充て、多くの書籍を買い漁り、帰国したことが記されている。日本は「絶域」という地理的な隔たりから毎年の朝貢は求められず、「二十年一貢」という間隔で入唐する程度であった。そのため限られた機会にできるだけ多くの知識・情報を摂取するよう努めていたのである。その甲斐あってか、平安時代に編纂された『日本国見在書目録《にほんこくげんざいしょもくろく》』には多数の漢籍が列記されるが、唐朝の書籍目録である『旧唐書』経籍志の五割強の種類を網羅していた（東野二〇〇七）。この時に帰国した大和長岡は開元三年令を持ち帰り養老令の編纂に用いられた。また、同じく帰国した道慈《どうじ》は多く

図2　李訓墓誌（部分、閻焰『日本国朝臣備書丹褚思光撰文鴻臚寺丞李訓墓誌考』文物出版、2019）

の仏典を将来するだけでなく、日本の仏教界を相対化し、その後の戒師《かいし》招請につなげた（飯田剛彦「遣唐使と天平文化」『古代史講義』ちくま新書、二〇一八）。

次いで、七三三年に派遣された遣唐使は先の遣唐使で派遣された留学者を回収し、外国人を連れ帰った。特に吉備真備と玄昉は多くのものを持ち帰ったことで知られている。吉備真備は唐滞在中に多岐にわたって学び、修めた学問は「三史五経、名刑《めいけい》算術、陰陽暦道、天文漏剋《ろうこく》、漢音書道、秘術雑占《ざつせん》、一十三道」（『扶桑略記』六）と博学ぶりが記される。そのため「我が朝の学生にして名を唐国に播《ほどこ》す者は、ただ大臣（吉備真備）と朝衡《ちょうこう》（阿倍仲麻呂の唐名）との二人のみ」（『続日本紀』宝亀六年十月二日条）と記されるまでに至った。近年、中国で紹介された李訓墓誌に「日本国朝臣備」なる人物が登場し、在唐中の真備の活動を示すものとして注目を浴びている（図2参照）。

真備は最新の唐礼や暦書、楽書だけでなく、武器や楽器、測量器具などを持ち帰り、日本に最新の学識や国際基準を伝えた。礼や楽は儒教的な政治になくてはならないものであり、十九年に及ぶ修学によって得られた学識や軍略は何にも代えがたく、中国の士大夫に尊重された「六芸」（礼・楽・射・御〈馬術〉・書・数）の多くを体得した真備は氏族的な秩序とは別に出世し、強い反発がありながらも右大臣にまで上り詰め、七七一年に引退するまで存在感を示していた。なお、真備は七五二年の遣唐使派遣に際しても副使として入唐し語学力や人脈をもって、当時必要とされていた伝戒律師《でんかいりつし》の招請や長らくパイプ役を務めた阿倍仲麻呂の帰国交渉にあたり、あわせて最新の礼式などをもたらしている。

玄昉も唐でその才覚を発揮し、三品に准じて紫の袈裟を賜与される栄誉に預かっている。帰国に際して経論五千巻と種々の仏像をもたらし、特に最新の経典リストである『開元《かいげん》釈教録《しゃくきょうろく》』をもとに日本では写経事業が進められた。また、玄昉は唐の密教に関心を持っていたようで関係する経典を多数持ち帰ってきている（吉田一彦「玄昉」『人物で学ぶ日本古代史2』吉川弘文館、二〇二二）。真備と玄昉の学びと将来した書籍や経典はその後の日本の社会や文化の展開に大きな影響を及ぼしたといえよう。

†人を介した外交と学び

日唐の外交関係を維持するものとして遣唐使が派遣されたが、その間隔は約二十年と長いものであった。そのため、唐で日本の存在を示し、つなぐ役目が必要であった。それが弁正や阿倍仲麻呂のようなパイプ役であり、彼らは政権中枢近くにあり、日唐の関係がスムーズにいくように、そして何かあれば便宜を働きかけられるように人間関係を構築していた。僧侶においても留学僧を中心に現地でのコーディネートを担う存在があった。

そして、学びにおいては書籍だけでは学び得ないものについては直接人を送り込み、そして、少数ながら外国人を日本に招くことが行われた。天平の遣唐使の帰国に際して、唐人以外にも婆羅門（インド）僧菩提僊那《ぼだいせんな》、林邑《りんゆう》（ベトナム）僧仏哲《ぶってつ》、波斯《はし》（ペルシア）人李密翳《りみつえい》の名があり、天平勝宝の遣唐使帰国に際しても鑑真《がんじん》一行には胡国（ウズベキスタン）人安如宝《あんにょぼう》や崑崙《こんろん》（インドシナ）人軍法力《ぐんぽうりき》などがおり、多彩な出自から当時の唐を取りまく国際関係がみてとれる。ただし、その華やかな国際関係が直接的に日本列島に持ち込まれたわけでもなく、多くの外国人が渡来したわけでもない。また、唐の規定では漢人の海外渡航は許されておらず、玄奘三蔵《げんじょうさんぞう》のように許可なく唐の領域外に出ることは国禁を犯すことであった。そのため、航海そのものも命懸けであったが、来日するためには相応のリスクを覚悟しなければならなかった。そのような困難を乗り越え、来日した外国人には何が求められていたのか、その要素ごとにみていきたい。

まず、第一には仏教の戒律である。戒律は師僧が直接に伝授しなければならないものであり、出家する際には「三師七証《さんししちしょう》」という三人の師匠と七人の立ち会いの僧侶が必要であった。伝戒律師の必要性を感じた日本の仏教界は普照《ふしょう》・栄叡《ようえい》を派遣し、道璿《どうせん》を招請、そして鑑真と出会った。当時著名であった鑑真の招請には困難がともない、五度の失敗を経ることになったが、六度目に来日を果たし、日本においても正しい受戒を可能にした。

次に楽である。楽は礼秩序を体現するものとして、種々の儀礼に欠かせないものであった。皇甫東朝《こうほとうちょう》や李元環《りげんかん》らは法華寺で唐楽を奏し、皇甫東朝は雅楽員外助に任じられて楽の指導にあたっていたことが知られる。仏哲も林邑楽を伝え、大安寺《だいあんじ》で教習している。同時期に帰国した吉備真備は『楽書要録《がくしょようろく》』をはじめ、楽に関する文物を将来しており、礼の整備にあわせて音楽文化の体系的な導入が意図的になされていたと考えられる。

また、音《おん》の教授も重要であった。中国語や書籍の学習には正しい中国音が必要であり、天平年間に渡来した袁晋卿《えんしんけい》は若くして『文選《もんぜん》』や『爾雅《じが》』の音に通じた人物として、音《おと》博士《はかせ》に任命されており、正しい「漢音」を伝える人物が求められていた。同時期に渡来した金礼信《きんれいしん》も漢字の音を伝えた人物として知られており、いずれも現地の音を正しく伝えられるネイティブスピーカーの教師として期待されていた。

さらに先進技術を学ぶため、技術者の招聘も企図されていたようである。李密翳の位置づけについては諸説あるが、工人であった可能性があり、当時の貴族層が求めるペルシア様式の工芸技術を伝える者として招請されたとも想定される。

いずれも直接的な伝授を必要とするものであり、「戒・楽・音・技」といった書物や独学では学べない、生身の伝授が招請の外国人に期待されており、唐の文化を本格的に導入するスターターとして彼らが必要であった。

†継続される外交と文化摂取

日本は地理的な条件から新羅や渤海とは異なり唐との頻繁な人的往来はできなかった。遣唐使船には多くの留学生が乗せられ、また少数ではあるが外国人を招請することで先進文化の摂取に努めたが、それには限界があり、学びの多くは大量の漢籍であった。書籍を通じた異文化摂取が学びの基本となるが、その制約が日本独自の受容を生み出し、日本での新たな展開をもたらす。

天平勝宝の遣唐使の大使である藤原清河《ふじわらのきよかわ》は帰国の際に船が難破して、安南《あんなん》（現在のベトナム方面）に漂着し、唐に戻されてしまう。彼の帰国は国内で強く望まれており、その準備を始める。しかし、この時、唐は七五五年に発生した安史の乱により混乱に陥っており、渤海を経由してその情報を知った日本は防衛体制を構築するとともに、藤原仲麻呂《ふじわらのなかまろ》は新羅征討計画を立てている。これは実現しなかったが、日本も国際情勢の変化に機敏に反応している様子がうかがえる。七五九年、迎入唐大使使《げいにっとうたいしし》として清河を迎える使者が渤海を経由して派遣されたが、安史の乱による混乱を理由にこの時は帰国に至らなかった。七七一年、七七二年と立て続けに遣唐使が計画されるが、人員や船などの問題で派遣されなかった。七六九年、七七四年と清河の書状が新羅使を経由して日本側に届いており、二国間関係だけではない多元的な国際関係をみることができる。

七七七年に至って清河を迎える遣唐使が派遣されたが、すでに清河は没しており、その娘が来日した。その際に唐の使者が答礼のために同道しており、唐側も日本との外交関係の継続を望む姿勢がみてとれる。しかし、この時の日本は唐から迎えた使者を蕃夷《ばんい》とするか隣国とするかで苦慮しており、日本は国内に向けては唐を蕃夷として位置づけ、唐に向けては自らを朝貢国と位置づけたダブルスタンダードな外交方針をとっていたことが知られるのである。この時の送使孫興進《そんこうしん》を唐に送る使節が七七九年に派遣されて、奈良時代の遣唐使は終わりを告げる。

国際社会における位置づけと、国内における意識に相違はあったが、外交と先進文化の摂取は継続的になされ、唐を中心とする国際秩序に参加し続けた。約二十年後、奇しくも奈良時代はじめの遣唐使任命の百年後に平安時代初の遣唐使が任命され、引き続き唐との外交関係が確認され、また新たな文化の摂取が行われていくのである。

さらに詳しく知るための参考文献

古瀬奈津子『遣唐使の見た中国』（歴史文化ライブラリー、吉川弘文館、二〇〇三）……唐に到着した遣唐使がどのような体験をし、なにを見聞したのか。その実際の動きが儀式を中心に詳しく紹介されており、唐の儀礼や行事が日本に伝来する過程をわかりやすく描く。

東野治之『遣唐使』（岩波新書、二〇〇七）……遣唐使についてさまざまな視点で紹介しており、日本文化の形成に果たした役割を知ることができる。氏の『遣唐使船 東アジアのなかで』（朝日選書、一九九九年）は宝亀の遣唐使を中心にその実態を紹介しており、あわせて読まれたい。

石見清裕『唐代の国際関係』（世界史リブレット、山川出版社、二〇〇九）……日本が使者を派遣した唐とはどのような国家なのか、また、周辺の諸地域とどのような関係を結んでいたのか、その国際関係と展開をわかりやすく解説する。

森公章『遣唐使の光芒―東アジアの歴史の使者―』（角川選書、二〇一〇）……これまでの研究成果をふんだんに取り込み、遣唐使事業を総覧することで、古代の日中関係をわかりやすく示す。より深く知りたい方には氏の論文集『遣唐使と古代日本の対外政策』（吉川弘文館、二〇〇八年）、『遣唐使と古代対外関係の行方』（同、二〇二二年）がある。

鈴木靖民監修／高久健二・田中史生・浜田久美子編『古代日本対外交流史事典』（八木書店、二〇二一）……古代の日本列島と中国大陸、朝鮮半島の関係について、テーマごとに文献史学、考古学、文学の専門家が分かりやすく最新の成果を解説する。紀元前二世紀から十二世紀までの世界や入唐入宋僧の動きを一覧できる二十七種の地図が附属し、各時代の特徴や変遷を通覧できる。

第13講
鑑真の渡日

田中史生

鑑真を伝える史資料

いくつもの苦難を乗り越え来日し、戒律を伝えて日本仏教の発展に寄与した唐僧。日本史の教科書のなかの鑑真《がんじん》は、奈良時代の鎮護国家や遣唐使とかかわる文脈の中で、大抵このように簡略に説明されている。ただ、その横には必ずといってよいほど、唐招提寺《とうしょうだいじ》の国宝・鑑真和上《わじょう》坐像の写真が掲げられている。

唐招提寺は、鑑真が拝領した平城京内の故新田部《にいたべ》親王邸の跡地に、七五九年（天平宝字三）に創建された。前年に七一歳の老齢となり大僧都《だいそうず》の大任を解かれた鑑真は、この寺を晩年の活動拠点とする。経蔵や宝蔵、平城宮朝集殿《ちょうしゅうでん》を移築した講堂などは、後世の手による部分もあるが、鑑真の時代からの建物である。真人元開《まひとげんかい》こと淡海三船《おうみのみふね》が七七九年（宝亀十）に著した『唐大和上東征伝《とうだいわじょうとうせいでん》』（以下『東征伝』と略す）によれば、七六三年春、弟子の

図１　鑑真和上坐像（唐招提寺蔵）

忍基《にんき》が唐招提寺講堂の梁が折れる夢を見て、鑑真が亡くなる前兆だと悟り、他の弟子たちを率いて鑑真を模した像を製作したという。異論もあるが、これが鑑真和上坐像にあたるとする説が有力である。直後の同年五月六日、鑑真は七六歳で亡くなった。坐像は今も深く静かな姿勢で、その布教にかけた強い意志を伝えている。

鑑真示寂《じじゃく》の報は、七七七年（宝亀八）の遣唐使によって唐にも伝えられた。鑑真ゆかりの揚州諸寺は三日間の喪に服し、龍興寺《りゅうこうじ》では盛大な斎会も開かれた（『東征伝』）。その後、八三八年（承和五）の遣唐使で渡唐した円仁《えんにん》は、在唐日記『入唐求法巡礼行記《にっとうぐほうじゅんれいこうき》』のなかで、この龍興寺に「過海《かかい》和尚素影」と題された鑑真の肖像や、渡日の苦労を記した「過海和尚碑銘」があると記している。これらは現存しないが、日本の情報に基づき制作されたものに違いない。

ところで三船の『東征伝』は、鑑真の弟子で、ともに来日した唐僧思託《したく》の著した『大唐《だいとう》伝戒師《でんかいし》僧名記《そうめいき》』の中の「大和上鑑真伝」、いわゆる「広伝」がもととなっている。しかし「広伝」はすでに失われ、いくつかの書物に引用されて、一部が伝わるに過ぎない。また思託は七八八年（延暦七）に『延暦僧録《えんれきそうろく》』という僧伝を撰述し、そこに鑑真や鑑真ゆかりの僧侶の伝も収載した。けれどもこれも現存せず、一部が『日本高僧伝要文抄《ようもんしょう》』『東大寺要録』『扶桑略記《ふそうりやつき》』などの書物に引用されて伝わっている。この他、六国史《りつこくし》のひとつ、『続《しょく》日本紀《にほんぎ》』（以下『続紀』と略す）にも、鑑真の来日を伝える天平勝宝六年（七五四）正月壬子条以降、その動向に関する断片的な記録や、亡くなった際の略伝が載る。

結局現在は『東征伝』が、鑑真渡日の詳細を最もよくまとめた、鑑真研究の基軸史料である。しかし『東征伝』には、鑑真来日の意義を強調するための潤色や誇張もある。このため、『東征伝』を相対化し、また『東征伝』にみえない情報を得るためにも、「広伝」逸文、『延暦僧録』逸文、『続紀』、その他の史料が欠かせない。以下では、これらの諸史料から鑑真の渡日を概観し、またその交流史上の意義についても考えてみたいと思う。

†伝戒の師を求めて

『東征伝』によれば、鑑真の日本招聘に大きな役割を果たしたのは、遣唐使で唐に渡った留学僧の栄叡《ようえい》と普照《ふしょう》である。彼らは七三三年（天平五）、遣唐使に従い唐に留学した。戒律を伝える師を得ることがその主な目的である。戒を正しく受けるには、戒を授ける戒和《かいわ》上《じょう》やその作法にかかわる羯磨《こんま》師《し》・教授師《きょうじゅし》の三人の僧侶（三師《さんし》）と、戒に立ち会い証人となる七人の僧侶（七証《しちしょう》）が必要だが、日本にはこうした僧がそろっていなかったのである。「広伝」によれば、栄叡と普照に唐留学のきっかけをつくったのは隆尊《りゅうそん》という僧であった。彼が太政官を統括する舎人親王《とねりしんのう》に「伝戒の師」招聘の必要性を訴えたことで、興福寺《こうふくじ》僧の栄叡・普照の入唐留学が実現したという。当時は隆尊も興福寺の僧だったらしく、興福寺は戒師招聘を主導し授戒の権限を保持することで、日本仏教界における優位性を保とうとしていたとの説もある（加藤優「興福寺と伝戒師招請」『律令国家の構造』吉川弘文館、一九八九）。

また仏教受容から随分時間が経ってのこうした動きには、行基《ぎょうき》集団のような民間仏教集団の広がりへの警戒があったと考えられている。

『東征伝』によれば、入唐した栄叡と普照は、まず、洛陽の大福先寺《だいふくせんじ》の道璿《どうせん》に来日を要請し、遣唐使の帰国船に乗せた。また『延暦僧録』によれば、二人はその大福先寺で、相部《そうぶ》律宗《りっしゅう》につらなる僧定賓《じょうひん》から唐式の戒を受けている。相部宗は、戒律の代表的経典である『四分律《しぶんりつ》』の注釈書『四分律疏《そ》』を著した法礪《ほうれい》（五六九〜六三五）が開いた。そして鑑真も、法礪の『四分律疏』をよく学び広めた一人である。大福先寺道璿の招聘には同寺の定賓の推薦があったであろうし、この寺で栄叡・普照は鑑真の噂をはやくも耳にしていたかもしれない。日本行きを決意した道璿は、同じく日本に招聘されたインド僧の菩提僊那《ぼだいせんな》や林邑《りんゆう》僧の仏徹《ぶってつ》（哲）とともに遣唐副使の船に乗り、途中暴風に遭いながら、七三六年（天平八年）に来日した（『続紀』『南天竺婆羅門僧正碑并序《みなみてんじくばらもんそうじょうひならびにじょ》』）。そして七五一年（天平勝宝三）には律師となり、翌年の東大寺の大仏開眼会では呪願師《じゆがんし》をつとめている。『東征伝』の作者淡海三船も道璿のもとで学んだ一人で、『東征伝』の著者名元開は、道璿に従った三船の法名である（『延暦僧録』）。

一方『東征伝』によると、唐に残った栄叡・普照は、まだ不足する戒師を探し、次の遣唐使船でともに日本へ向かうつもりであった。しかし留学生活が十年に近づく頃、その船を待たずに帰国したいと考えるようになった。そこで長安の僧道抗《どうこう》（道航）・澄観《ちようかん》、洛陽の僧徳清《とくせい》、高麗僧（渤海僧か）の如海《じよかい》に来日を要請する。さらに、時の宰相李林甫《りりんぽ》の兄李林宗《りりんそう》の書き付けを請い受けて、揚州倉曹の李湊《りそう》に帰国船の造船を依頼し、他の日本留学僧二人も誘い、ともに揚州へ向かった。そこで、さらなる「伝戒の師」を求め、大明寺《だいめいじ》の鑑真のもとを訪ねたのである。道抗は鑑真の弟子で林宗の「家僧」でもあったから、彼のつてで宰相林甫の力添えも得られたようで、林甫は、天台山国清寺《こくせいじ》行きを装い密かに渡日する方策を助言したという（『延暦僧録』）。

†渡日の決意

栄叡一行が揚州に到着したのは、七四二年十月。唐の天宝元年、日本では天平一四年に

図2　揚州大明寺（2007年、筆者撮影）

あたる。このとき大明寺では、鑑真が衆を集めて律学を講じていた。

鑑真は、もと姓を淳于《じゅんう》といい、六八八年に揚州の江陽県で生まれた。父は、揚州大雲寺の智満《ちまん》のもとで受戒し禅を学ぶほどの仏教信者で、鑑真が一四歳の時、その父に連れられて大雲寺《だいうんじ》を訪れた際、仏像を見て感動し、父の師智満につき出家したという。七〇五年、一八歳となった鑑真は道岸《どうがん》に従い菩薩戒を受ける。道岸は、南山《なんざん》律宗を開いた道宣《どうせん》の門下文綱《ぶんこう》に学び、後、越州龍興寺に住するが、江淮《こうわい》地域で律宗を広め、唐帝の授戒の師となるなど中央でも活躍した高僧である（『宋高僧伝』）。二年後、鑑真は長安に入り、翌七〇八年、実際寺の戒壇において荊州《けいしゅう》（湖北省）南泉寺《なんせんじ》僧の弘景《こうけい》（恒景）禅師を戒和上として具足戒《ぐそくかい》を受け、正式に俗世から離れ僧団に加わることとなった。二一歳の時である。弘景も道岸同様、文綱について学び、朝廷において受戒の師をつとめたこともある高僧である（『宋高僧伝』）。また鑑真が具足戒を受ける際、道岸も教授師として加わっている（「広伝」）。

具足戒を受けた鑑真は、長安・洛陽両京を巡遊し、幾人かの師僧から『四分律疏』の講義を計九回も受けている（『三国仏法伝通縁起』）。その後、淮南《わいなん》に戻り本格的に教えを広める活動に入る。特に『四分律』や『四分律疏』、道宣の『四分律行事抄《ぎょうじしょう》』の講義を多く開き、寺舎を造立して、各方面から集まる衆僧に衣食を供養した。栄叡と普照が大明寺を訪れた時、鑑真は五五歳。この地域で「受戒大師」と仰がれる存在となっていた。

『東征伝』によれば、鑑真の前にあらわれた二人は、足もとにひれふすと、本国でかつて聖徳太子が仏教伝来の二百年後に聖教（「広伝」では律義）が盛んになると語ったことを紹介しつつ、今がその時とばかりに、日本に指導者が必要だと強く訴えた。これに対し鑑真は、天台宗を開基した慧思《えし》が倭国王子に生まれ変わり仏教を盛んにしたと聞き及んでいることや、日本国の長屋王《ながやおう》が、仏教によって唐との結縁を願う言葉「山川異域 風月同天 寄諸仏子、共結来縁」を刺繡した袈裟を千領つくり、唐僧らに贈ったことを語り、集まる衆僧に、仏法興隆に縁のある日本からの要請に応える者はいないかとたずねた。

なお長屋王の贈った千領の袈裟は、七一七年の養老の遣唐使が運んだものとの説もある。長屋王の邸宅では、出土した木簡などから、工人などを用いて必要品の生産や納入を行っていたことが分かっているから、大量の袈裟も長屋王邸で縫製されたものかもしれない。

以上の両者のやりとりからみると、栄叡・普照は鑑真に訪日を求めたのではなく、戒師の紹介をお願いしたのであろう。しかし鑑真の問いかけに、一同は静まり返る。しばらくして弟子の祥彦《しょうげん》が進み出ると、遠い日本に生きてたどり着くのは難しく、自分たちはまだ中国で修行を続けたいと発言した。すると鑑真は「是《これ》は法事のためなり、何ぞ身命を惜しまん」と、誰も行かぬなら私が行くと言い出し、これを聞いた祥彦が、ならば自分もお供すると言い、結局、思託を含む二一人が従うこととなった。栄叡らには思わぬ嬉しい展開となったが、この『東征伝』の著名な場面がそのとおりであったかどうかは分からない。ただ、仏教に命をかける鑑真の言葉や、どこであろうと鑑真のもとを離れず修行を続けたいと願う弟子の姿からは、鑑真の人柄がよく伝わってくる。

†賑やかな東アジア海域

こうして、鑑真の渡日計画は、天台山行きを装い密かにすすめられた。ところがその準備も進んだ翌年、早くから栄叡らと行動をともにしていた道抗と如海の仲たがいが深刻化する。道抗から「少学」とののしられた如海は、怒って役所にかけこむと、道抗らが海賊と通謀していると密告して、道抗ばかりか栄叡・普照までが投獄されてしまったのである。幸い、天台山行きを建前に造船を依頼した李林宗の手紙が李湊のもとにあったことなどから嫌疑ははれた。しかし実際に海賊が多発していたことから、海路での天台山行きは禁止され、船も官に没収されて、渡航計画は頓挫する。

その後も鑑真は、何度か渡日を試みては失敗し、六度目となる七五三年、日本の遣唐使の帰船でようやく来日を果たした。『東征伝』は、この間の苦難の旅路を詳しく伝えることで、読み手に不屈の過海和尚の姿を強く印象づける。けれどもこれを交流史の視点で読むならば、他史料ではあまり知られない、東アジア海域の賑やかな様子も浮かび上がってくる。

『東征伝』は、七四三年の海賊多発について、特に台州《だいしゅう》・温州《おんしゅう》・明州《めいしゅう》などの江南地域では海路が塞がれ公私の往来も断たれるほどであったと伝える。これは史書のいう呉令光《ごれいこう》らの海賊活動を指す。翌年、彼らは南方の広州海域、北方の長江河口部や山東半島海域から挟撃され鎮圧された（『旧唐書』など）。海賊は、江南の南北にも広がりをみせていたのだろう。

鑑真らは七四三年末の第二次渡航計画で、この海賊を討った一人、嶺南道採訪使の劉巨鱗《りゅうきょりん》から軍船一隻を購入し、雇った船員一八名、僧一七名、その他技術者などを含む総勢八五人と、多くの経典や香薬、仏像・仏具、食料を乗せた。この『東征伝』の記事から、江南の海賊を鎮圧した劉巨鱗の軍船の規模を知ることができる。ただこの船は、長江河口を出るとすぐに座礁し、渡航は失敗した。

海難は、第五次渡航計画でも起こる。七四八年、栄叡・普照・祥彦・思託ら同行の一四

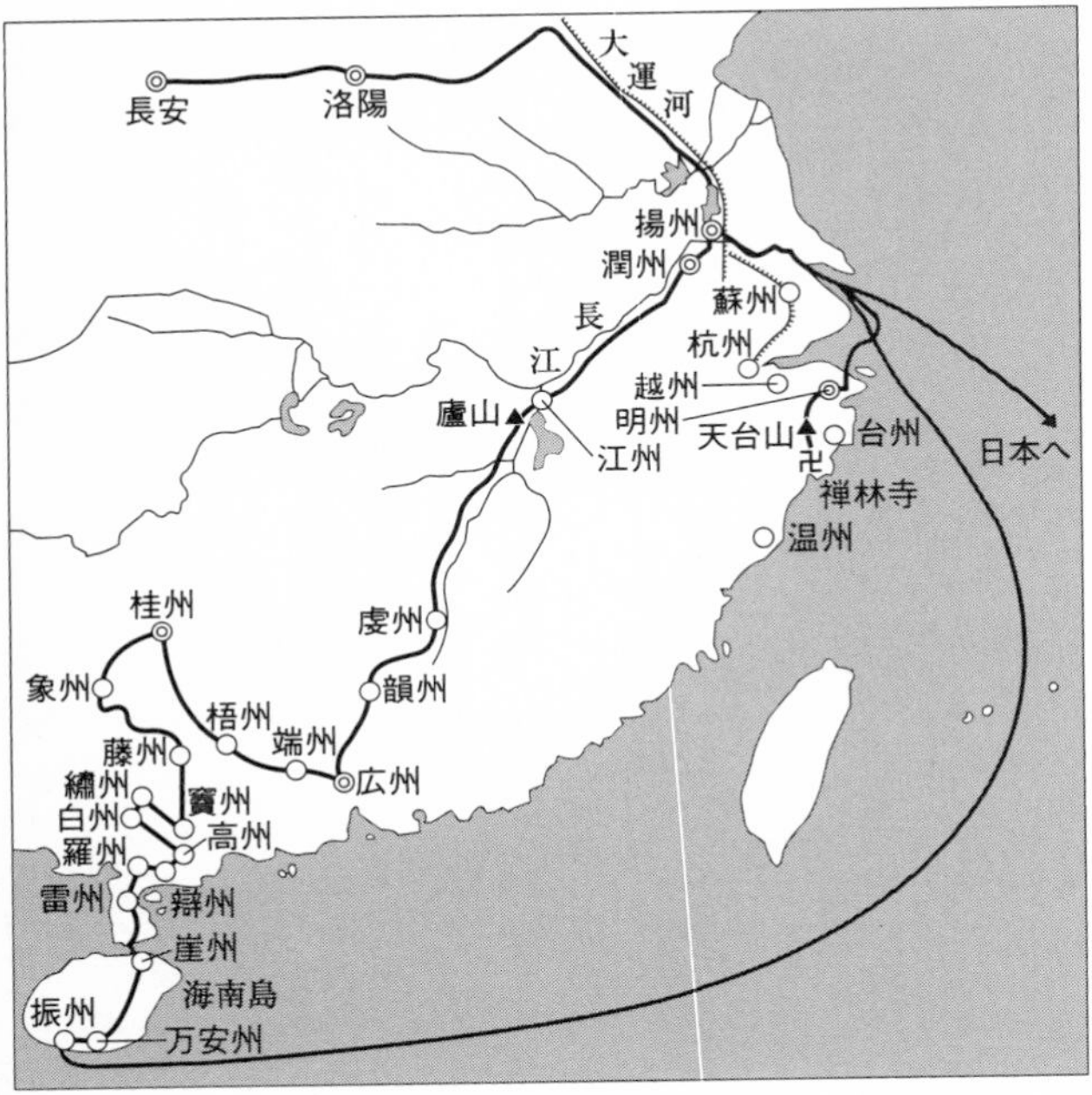

図３　鑑真の足跡（東野 2009、図７に一部加筆・改変）

人や水手など総勢三五人を乗せた船は、長江から舟山《しゅうざん》列島海域にいたった後、激しい嵐に遭った。その際、人々はひたすら観音の名を唱えたという。これは、航海安全と結びついた唐代の観音信仰を伝えるものだが、日本で同様の信仰が確認できるのは九世紀に入ってからとされる。けれども淡海三船も、この信仰の意味を理解して海難の場面を描いているのだから、奈良時代の後半には、日本にも航海安全を願う観音信仰は伝わっていたはずである。

　その後、船は南に流されて海南島南部の振州《しんしゅう》に漂着する。これを迎え入れたのが、振州の次官職（別駕《べつが》）、馮崇債《ふうすうさい》である。馮氏一族は、嶺南《れいなん》地域の実力者だが、七六九年に賊帥の馮崇道《すうどう》らの乱が広州刺史に鎮圧されたように（『旧唐書』）、海賊とのつながりもある。崇債は、兵八〇〇とともに鑑真一行を海南島内の万安州まで送り届けるが、これを歓待したのは同じく馮氏一族で大首領の馮若芳《じゃくほう》であった。彼は毎年、波斯《はし》（ペルシア）商船を二・三艘ほど襲い、貨物を奪って乗船者は奴隷としていた。客と面会する時は常にアラビア産の乳頭香で灯をともし、邸宅の裏には熱帯産の蘇《す》芳木《おうのき》を山積みにしていたという。また、周辺には奴隷の村が点在していたというから、奴隷交易も行っていたとみられる。

　海南島を出た鑑真は、いくつかの州を経て広州に着くが、その港で、香薬・珍宝を満載したインド、ペルシア、崑崙《こんろん》（東南アジア）からの無数の商船が停泊しているのを目撃する。馮若芳は、南海交易の中心地広州を往還するこうした商船を、その手前の海南島を拠点に襲撃していたのだろう。実際、九世紀半ばのイスラーム系海商の記録によれば（家島彦一『中国とインドの諸情報1――第一の書』平凡社、二〇〇七）、商船は広州へ向かう途中、わざわざ海南島南方の西沙諸島を七日ほどかけて慎重に通過している。敢えて海南島沖の難所岩礁地帯を航行することで、この海域の海賊から身を隠していたとみられる。

商船を狙う海賊も、一面では交易者である。東アジアの広域的な海上交易活動は、唐朝を傾けた安史の乱（七五五～七六三）を経て、九世紀に活発化するというイメージが強いが、『東征伝』は、安史の乱以前からその動きがあったことを教えてくれる（田中史生「国際交易者の実像」『古代日本と興亡の東アジア』竹林舎、二〇一八）。

†鑑真の来日

第五次渡航計画の失敗は、鑑真一団に大きなダメージとなった。海南島から揚州までの帰路、栄叡、祥彦が相次いで病没し、六三歳となった鑑真も視力を失った。普照は途中で明州阿育王寺《あいくおうじ》に去るが、鑑真は別れ際、悲しみながら「遂に日本国に至らず、本願を遂げず」と語ったという。この失敗によって一行は自力での渡日をあきらめたのかもしれない。

ところが七五二年（天平勝宝四）、藤原清河《ふじわらのきよかわ》を大使、大伴古麻呂《おおとものこまろ》と吉備真備《きびのまきび》を副使とする遣唐使が唐にやって来た。栄叡・普照が入唐した遣唐使以来、ほぼ二〇年ぶりである。鑑真のことを知った遣唐使は、唐都長安で、鑑真らを日本に招きたいと願い出たが、玄宗《げんそう》皇帝からむしろ道士を連れて行くよう勧められた。しかし天皇は道教を崇めないことから、遣唐使のうちの四人を留めて道教を学ばせると回答し、鑑真らの公式の招請要求は取り下げた。そのかわり長安からの帰路、揚州の鑑真のもとを訪ね、自らの意志で遣唐使船に乗り込むよう求めたのである。鑑真もこれを承諾し、法進《ほうしん》・思託ら僧一四名、尼三名を含む二十四人の弟子が鑑真に従った。ところが、鑑真密航に対する唐の警戒が強まると、大使らは出航直前に鑑真らを下船させてしまう。しかしこれに不満を持った副使大伴古麻呂が、独断で自身の船に鑑真らを乗せた。船は阿児奈波嶋（沖縄島か）を経由し、七五三年一二月二〇日、ついに薩摩国阿多郡秋妻屋浦《あたぐんあきめやうら》（鹿児島県坊津町秋目浦《ぼうのつちょうあきめうら》）に到着した。その六日後、鑑真一行は大宰府に入る。

年が明けた二月一日、鑑真らは難波津《なにわのつ》に到り、四日、入京すると翌日には東大寺に入った。先に来日していた道璿と菩提僊那が早速慰問に訪れ、右大臣の藤原豊成《ふじわらのとよなり》、中納言の藤原仲麻呂《なかまろ》ら、当時の高位・高官者もこぞって鑑真を礼拝した。また一行には、今後の授戒伝律を鑑真に一任するとする、聖武太上天皇《しょうむだじょうてんのう》の勅も伝えられた。

その勅が、鑑真を「此国に来投す」とし、七五八年（天平宝字二）八月の孝謙《こうけん》天皇の詔も「我が聖朝に帰す」とするように（『続紀』）、鑑真らの渡来は、法的には天皇の徳を慕った「帰化」である。けれども、聖武の勅に「今、諸《もろもろ》の大徳、遠くより来たりて戒を伝ふること、冥《まこと》に朕が心に契《かな》へり」とあるように、朝廷は、唐から多くの戒師が来日したことで、ようやく授戒の儀に必要な僧が揃ったことに歓喜していた。同年四月、東大寺大仏殿前に臨時の戒壇が築かれ、聖武太上天皇、光明皇太后、孝謙天皇が鑑真から菩薩戒《ぼさつかい》を受け、沙《しゃ》弥証修《みしょうしゅう》ら四四〇人余りもこれに続き受戒する。その後、大仏殿の西に常設の戒壇が設けられ、これが東大寺の戒壇院となった。

ところが、鑑真への授戒伝律一任には、国内に反発もあったようだ。『延暦僧録』によると、興福寺維摩堂《ゆいまどう》で僧らに正式な授戒についての説明が行われた際、志忠《しちゅう》・霊福《りょうふく》・賢《けん》璟《きょう》が『占察経《せんざつきょう》』を引用しながら、自らが誓うことで戒を受ける方法も許されているはずだと異を唱えた。これに対し普照は、僧尼に必要な具足戒にはそれが許されないと論破し、僧らを納得させたという。しかし志忠ら三人は、鑑真一行が難波津から河内国に入った際はこれを歓待した僧である(『東征伝』)。彼らも興福寺僧とみられるが、前述のように興福寺に戒師招聘で授戒を主導する意図があったならば、それを東大寺に奪われることを警戒したのかもしれない(加藤優前掲論文)。

ただ、そもそも鑑真自身に、日本仏教界の手の内で活動する考えはなかったであろう。鑑真にとって日本は東の仏教後進国であって、これを高めることを自らの使命としていたことは、来日早々、日本の経典を借り出しチェックしていることからも明かである(鑑真奉請経巻状)。また鑑真の将来品には、授戒や律宗に関連する経典や仏像・仏具はもちろんのこと、インドの文字に関する書や玄奘三蔵《げんじょうさんぞう》の『大唐西域記《だいとうさいいきき》』などもある。ソグド人や東南アジア出身の弟子も従えて来日した鑑真は、仏教の世界的広がりを示そうとしていたのだろう。さらに、高名な書家の王羲之《おうぎし》とその子王献之《おうけんし》の貴重な直筆の書ももたらした。失敗した第二次渡航では石碑制作の工人を連れていたから、中国仏教を支える高水準の漢字文化を日本に伝える意図がうかがえる。この他、第二次渡航計画では玉作工人、画師、彫刻師、彫金師、鋳物師、写師など、仏像・仏具の製作に必要な工人も連れて行く予定であった。鑑真は、自身の渡来で、日本仏教を一気に高度化しようと考えていたのである。

ただし、日本が「伝戒の師」としての鑑真に求めたのは、国家による僧侶の資格審査の厳格化であったから、鑑真の目指した中国のような戒律による自治的僧団の形成は、ついに果たされなかった（東野治之『鑑真』岩波新書、二〇〇九）。九世紀の半ば、日本の要請で禅を伝えるために来日した唐僧義空《ぎくう》は、日本僧の戒律の乱れをみて、鑑真は何をしていたのかと不満を述べている（田中史生「唐僧義空の来日」『アジア遊学』一四二、二〇一一）。それでも、鑑真一団の渡来が日本仏教美術に影響を与え、鑑真のもたらした天台宗関連の経典類が最澄《さいちょう》の日本天台宗の成立につながるなど、日本仏教に多大な刺激を与えたことは間違い

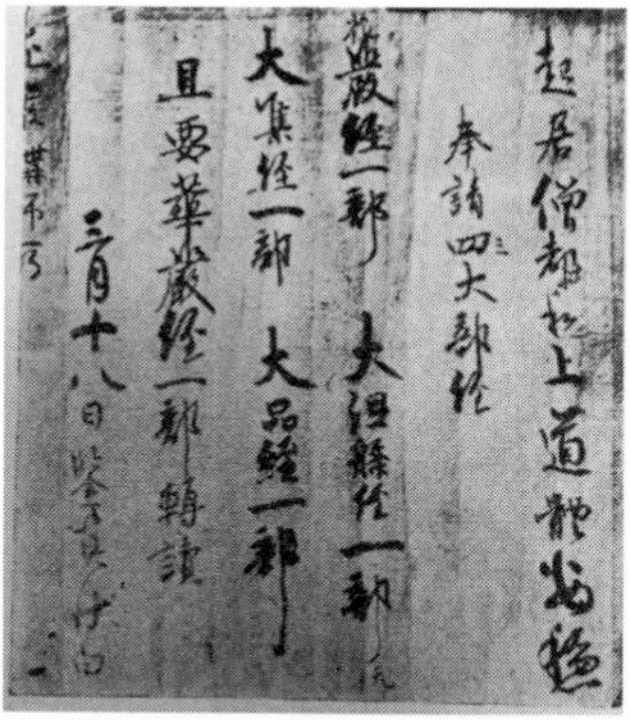

図4　鑑真奉請経巻状（正倉院文書）

ない。鑑真の渡日は、日本の古代文化の重要な要素である渡来文化が、伝える主体、受容する主体の関係性のなかに意味づけられていたことも、具体的に教えてくれるのである。

さらに詳しく知るための参考文献

安藤更生『鑒眞大和上傳之研究』(平凡社、一九六〇)……鑑真の出自や来日までの経緯を『唐大和上東征伝』とその関連史料から丹念に復元・整理し、唐仏教界における鑑真の位置づけについても考察した、鑑真研究の基本文献。

安藤更生『鑑真』〈人物叢書〉(吉川弘文館、一九六七)……右の『鑒眞大和上傳之研究』の成果やその後の研究成果をわかりやすく織り込み、鑑真の日本での活動についても新たに整理する。鑑真を知るための入門書ともいえる。

蔵中進『唐大和上東征伝の研究』(桜楓社、一九七六)……鑑真研究の基軸史料である『唐大和上東征伝』を、文学作品としてとらえ、その文献的性格を多面的に検討した研究書。

東野治之『鑑真』(岩波新書、二〇〇九)……右の諸研究後の新しい研究も積極的に取り込み、難解な戒律の問題や、鑑真の思想の背景を分かりやすく解説する。鑑真渡日の文化史的意義を知ることができる。

第14講

渤海と日本

浜田久美子

†渤海の建国

六六八年に唐と新羅の連合軍が高句麗を滅ぼすと、高句麗遺民は各地に分散した。唐の営州《えいしゅう》（遼寧省朝陽《ちょうよう》市）に徙《うつ》された遺民の中には、のちに渤海を建国する大祚栄《だいそえい》の姿もあった。則天武后《そくてんぶこう》の万歳通天年間（六九六―七）に営州で起きた契丹《きったん》の李尽忠《りじんちゅう》の乱を機に、大祚栄や靺鞨《まっかつ》人の乞乞仲象《きつきつちゅうしょう》・乞四比羽《きつしひう》らは東に逃れ、東牟山《とうぼうさん》（吉林省敦化《とんか》付近）を本拠地とした。ここは渤海建国の地であり「旧国」と呼ばれる。その後、渤海の都は、第三代渤海王大欽《だいきん》茂《も》（在位七三七―七九三）のときに、中京（吉林省和竜市）や上京（黒竜江省寧安市）、東京（吉林省琿春市）に遷る。

渤海の建国は、六九八年に大祚栄が「振国王《しんこくおう》」を名乗ったことに拠る。『旧唐書《くとうじょ》』巻一九九下・渤海靺鞨伝では「振国王」、『新唐書《しんとうじょ》』巻二一九・渤海伝では「震国王」と記され

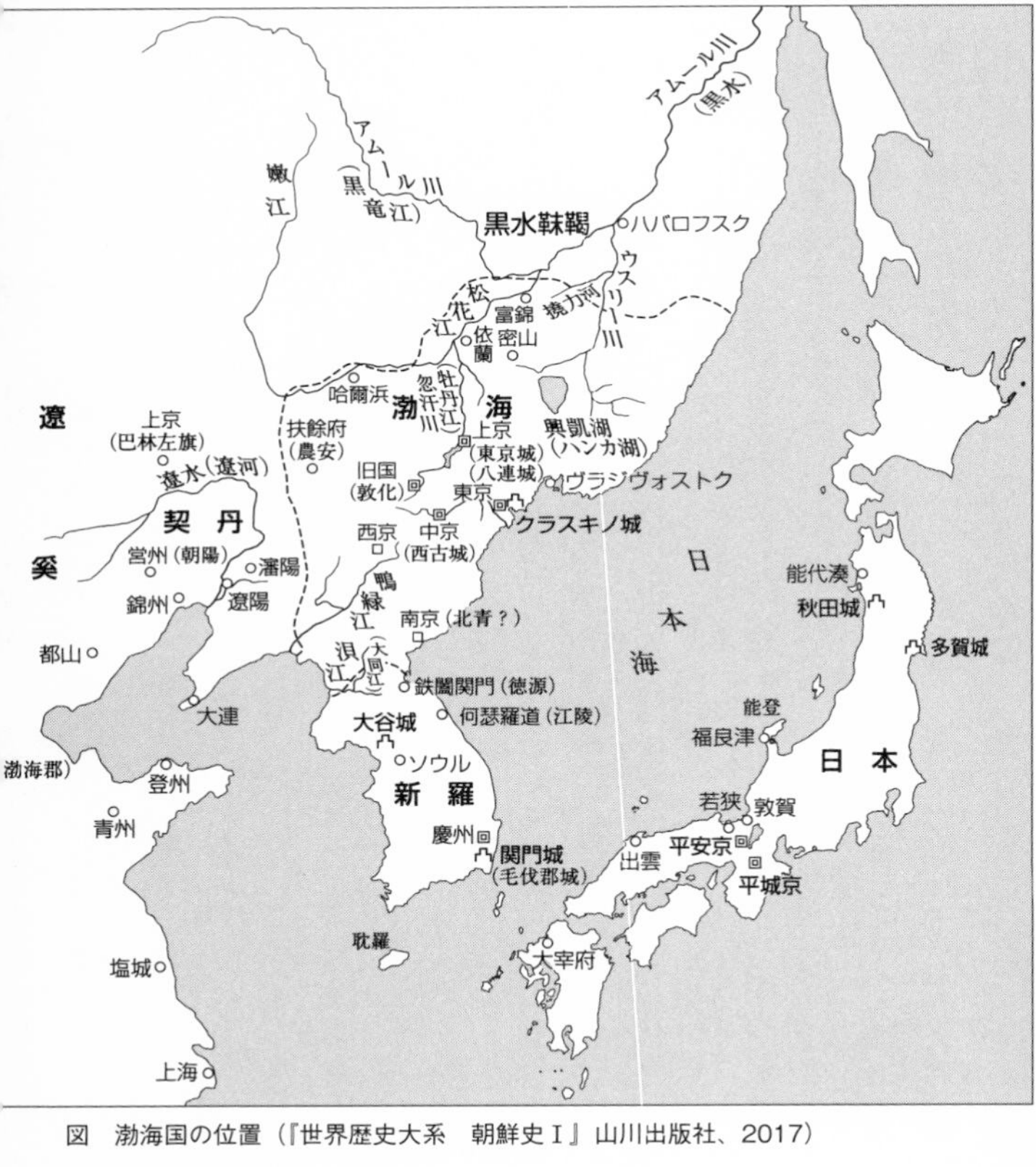

図　渤海国の位置(『世界歴史大系　朝鮮史Ⅰ』山川出版社、2017)

るが、乞乞仲象が則天武后から「震国公」に冊封《さくほう》されているので、「震国」は則天武后の周王朝を中心とする方位観念に基づく表現で、大祚栄の自称ではないだろう（酒寄二〇一七）。また、「振」という国号の意味も明らかではなく、高句麗や靺鞨の言語の音写として中国側（もしくは渤海自身）が「振」字を当てた可能性もある（古畑二〇一八）。

七一三年（唐の先天二）、大祚栄は唐の玄宗《げんそう》皇帝から「渤海郡王」に冊封された。「渤海」は中国由来の地名で、すでに前漢の時代に渤海郡が存在した。大祚栄は唐から「渤海靺鞨」と呼ばれ、異民族の靺鞨諸部族のひとつと認識されていたが、唐国内の臣下にも「渤海郡王」の称号が使用されているため、唐は渤海を内属国として扱い、外臣の新羅に与える「新羅王」より一段低い称号を与えたとされる（金子修一「唐朝より見た渤海の名分的位置」『古代東アジア世界史論考』八木書店、二〇一九）。なお、「渤海国王」の称号は、七六二年（唐の宝応元）に大欽茂に与えられたのが最初である。

†日本への遣使

七一八年の大祚栄の死後、即位した大武芸《だいぶげい》（在位七一九—七三七）は領域の拡大を目指し、北方の黒水靺鞨《こくすいまつかつ》や南の新羅との境界を脅かした。これを受けて、新羅は七二一年に北境に長城を築き、黒水靺鞨は唐に接近し、唐は黒水靺鞨を保護するため、七二六年に黒水州を設置して羈縻《きび》政策（間接統治）を開始した。日本に初めて渤海からの使者（渤海使）が来着したのがその翌年であるため、渤海使の来日は、唐・新羅・黒水靺鞨と緊張関係にある渤海が日本に同盟を求めたものとみられる。

この第一回渤海使は、当初、日本の支配が及ばない蝦夷《えみし》の地に着き、大使高仁義《こうじんぎ》を含む十六人が殺害され、残る首領《しゅりょう》高斉徳《こうせいとく》ら八人が出羽《でわ》国に到着し、その年の十二月に平城京に迎えられた。翌七二八年（神亀五）正月には、渤海王大武芸からの国書や貂皮《ちょうひ》三百張が献上され、高斉徳らは宴会に参加した。一行は四月まで京に滞在し、渤海王に宛てた聖武天皇の国書や信物の絹織物などが賜られ、送渤海使引田虫麻呂《ひけたのむしまろ》に伴われて帰国した。虫麻呂の帰国は二年後の七三〇年（天平二）であるが、渤海でどのように過ごしたのかは記録が残らない。

大武芸からの国書（第一回渤海国書）には、「高麗の旧居を復して、扶余《ふよ》の遺俗を有《たも》てり」とあり（『続日本紀』神亀五年正月甲寅条）、渤海が高句麗の故地で建国したという高句麗継承国意識が読み取れる。この国書は「武芸啓」で始まる「啓《けい》」という書式で、以後もこの書式の国書がもたらされる。唐や日本の「啓」は皇太子などに上申するための書式であり、皇帝（天皇）に奉《たてまつ》る「表《ひょう》」とは区別される。また、啓は官人（役人）間の文書や官人身分にない人の私文書にも使用された。渤海国書が「表」でないため、渤海は日本に朝貢してい

	来着年月	渤海王	渤海使	来着地	天皇	出典
1	神亀 4（727）9	大武芸	高仁義・高斉徳ら 24 人	出羽○	聖武	続日本紀
2	天平 11（739）7	大欽茂	胥要徳・已珎蒙ら	出羽○	聖武	続日本紀
3	天平 18（746）	大欽茂	渤海人と鉄利人約 1100 人	出羽×	聖武	続日本紀
4	天平勝宝 4（752）9	大欽茂	慕施蒙ら 75 人	越後佐渡島○	孝謙	続日本紀
5	天平宝字 2（758）9	大欽茂	楊承慶・楊泰師ら 23 人	越前○	淳仁	続日本紀
6	天平宝字 3（759）10	大欽茂	高南申・高興福ら	対馬○	淳仁	続日本紀
7	天平宝字 6（762）10	大欽茂	王新福・李能本ら 23 人	越前加賀郡○	淳仁	続日本紀
8	宝亀 2（771）6	大欽茂	壱万福・慕昌禄ら 325 人	出羽野代湊○	光仁	続日本紀
9	宝亀 4（773）6	大欽茂	烏須弗ら 40 人	能登×	光仁	続日本紀
10	宝亀 7（776）12	大欽茂	史都蒙・高禄思ら 187 人	越前加賀郡○	光仁	続日本紀
11	宝亀 9（778）9	大欽茂	張仙寿ら	越前三国湊○	光仁	続日本紀
12	宝亀 10（779）9	大欽茂	渤海人と鉄利人 359 人	出羽×	光仁	続日本紀
13	延暦 5（786）9	大欽茂	李元泰ら 65 人	出羽△	桓武	続日本紀
14	延暦 14（795）11	大嵩璘	呂定琳ら 68 人	出羽○	桓武	類史
15	延暦 17（798）12	大嵩璘	大昌泰ら	隠岐○	桓武	後紀・類史
16	大同 4（809）10	大元瑜	高南容ら	不明○	嵯峨	紀略
17	弘仁元（810）9	大元瑜	高南容ら	不明○	嵯峨	後紀
18	弘仁 5（814）9	大言義	王孝廉・高景秀ら	出雲○	嵯峨	後紀・類史
19	弘仁 9（818）（※）	大仁秀	慕感徳ら	不明△	嵯峨	類史
20	弘仁 10（819）11	大仁秀	李承英ら	不明○	嵯峨	類史
21	弘仁 12（821）11	大仁秀	王文矩ら	不明○	嵯峨	類史
22	弘仁 14（823）11	大仁秀	高貞泰・璋璿ら 101 人	加賀×	淳和	類史
23	天長 2（825）12	大仁秀	高承祖・高如岳ら 103 人	隠岐○	淳和	類史
24	天長 4（827）12	大仁秀	王文矩ら 100 人	但馬×	淳和	類史
25	承和 8（841）12	大彝震	賀福延・王宝璋ら 105 人	長門○	仁明	続後紀
26	嘉祥元（848）12	大彝震	王文矩・烏孝慎ら 100 人	能登○	仁明	続後紀
27	天安 3（859）正	大虔晃	烏孝慎・周元伯ら 104 人	能登×	清和	三代実録
28	貞観 3（861）正	大虔晃	李居正ら 105 人	隠岐×	清和	三代実録
29	貞観 13（871）12	大玄錫	楊成規・李興晟ら 105 人	加賀○	清和	三代実録
30	貞観 18（876）12	大玄錫	楊中遠ら 105 人	出雲×	陽成	三代実録
31	元慶 6（882）11	大玄錫	裴頲・高周封ら 105 人	加賀○	陽成	三代実録
32	寛平 4（892）正	大玄錫	王亀謀ら 105 人	出雲×	宇多	紀略
33	寛平 6（894）12	大玄錫	裴頲ら 105 人	伯耆○	宇多	紀略
34	延喜 8（908）正	大諲譔	裴璆ら	伯耆○	醍醐	紀略・略記
35	延喜 19（919）11	大諲譔	裴璆ら 105 人	若狭○	醍醐	略記・貞公
36	延長 7（929）12	東丹国	裴璆ら 93 人	丹後×	醍醐	紀略・略記

表 1　渤海使一覧（来着地の○は入京、△は入京したかは不明、×は放還）
出典：類史＝類聚国史巻 193･194　後紀＝日本後紀　紀略＝日本紀略　続後紀＝続日本後紀　略記＝扶桑略記　貞公＝貞信公記抄
※石井正敏氏の説（「渤海遣日本使一覧表」『日本渤海関係史の研究』吉川弘文館、2001 年）をもとに、慕感徳を弘仁 9 年の渤海使とみなした。

たわけではない。堀敏一《ほりとしかず》氏は、日本に対等な立場を取る渤海が、個人間の起居（様子）を問う書信文を相手国への丁重な態度を示す国書に転用したとみて「渤海の知恵」と評価する（堀敏一『東アジアのなかの古代日本』研文出版、一九九八、二四七頁）。なお、『続日本紀』では、八世紀半ばの藤原仲麻呂政権から八世紀後半の宝亀初年にかけて渤海国書を「表」と記すが、国書本文が史料に残らず、実際に「表」の書式であったのかは定かでない。

一方で、日本の天皇から渤海王への国書は、「天皇敬問渤海郡（国）王」で始まる「慰《い》労詔書《ろうしょうしょ》」という書式である（『延喜式』中務省・慰労詔書条）。唐皇帝が周辺諸国の王に対して使用した「慰労制書」にならい、古代の日本は自らを中華と位置付け、朝貢国（蕃国《ばんこく》）とみなす新羅王や渤海王にこの書式を用いた。ただし、新羅との間に文書外交は定着せず、新羅王宛の国書は三例が知られるのみである。また、九世紀中頃までには、役所間でも文書が交換されるようになり、渤海の中台省《ちゅうだいしょう》からは牒《ちょう》（中台省牒）が送られ、日本の太政官からも牒（太政官牒）が返された。宮内庁書陵部には、咸和《かんわ》十一年（八四一）の渤海年号をもつ中台省牒の写しが残る（『壬生家文書』古往来消息雑雑に収録）。

渤海は七三二年に唐の登州《とうしゅう》を攻撃するが、この唐渤戦争に日本が加担した形跡はない。しかし、新羅側の史料となる『三国史記《さんごくしき》』には、七三一年に新羅の東辺を襲った日本の兵船三百艘を新羅が打ち破ったという記事があり、新羅が日本を警戒する様子がみられる。

渤海の登州攻撃を受けて、唐は翌七三三年新羅に渤海の南境を攻撃させるが、新羅軍は大雪に阻まれ多数の死者を出した。渤海と唐との関係が改善するのは、七三五年から六年にかけてである。また、日本と渤海との接近は、新羅と日本の関係を悪化させた。七三五年（天平七）に入京した新羅使が国号を「王城国」と称して帰国させられて以後、新羅使はほとんどが入京せず、大宰府から帰国する。

第二回渤海使は七三九年（天平十一）に来日し、七三七年の大武芸の死とその子欽茂の即位を知らせた。この渤海使には遣唐使平群広成《へぐりのひろなり》も同行した。広成は七三三年（天平五）に入唐し、帰国に失敗して崑崙国《こんろんこく》（ベトナム）に漂着し、再び唐に戻ると留学生阿倍仲麻呂の勧めで渤海経由で帰途に就いた。途中で渤海大使の胥要徳《しょようとく》ら四十人は遭難して死亡し、副使の己弥蒙《きちんもう》らと出羽国に来着した。以後、日唐間の人やモノの往来に渤海の中継がみられるようになる。

この頃から、日本は渤海に朝貢の姿勢を求めるようになる。七五二年（天平勝宝四）の渤海使慕施蒙《ぼしもう》らに託された孝謙《こうけん》天皇の国書（『続日本紀』天平勝宝五年六月丁丑条）には、渤海国書に臣称（天皇の臣下を意味する表現）が無いが、かつて日本と高句麗は兄弟・君臣関係にあったので、前回の渤海使の帰国時に上表《じょうひょう》を促す勅書を送ったと記されている。渤海は大国高句麗の継承国を自認していたが、日本は、過去に日本に朝貢していた（と日本が一方的にみなす）高句麗の継承国として渤海を日本の臣下に位置付けようとした。渤海を高句麗の継承国とみなす点では日本も渤海も同じであるが、その意味は異なる（石井二〇〇一）。

†藤原仲麻呂の渤海外交

八一〇年（弘仁元）までは、日本から帰国する渤海使に送使（送渤海使）が派遣された。一方、渤海使の来日を待たずに専使（遣渤海使）を派遣したのは三回であり、うち二回が天平宝字年間の藤原仲麻呂政権期にあたる。

七五六年（天平勝宝八）に聖武太上天皇が崩御すると、大納言で紫微令《しびれい》（光明皇太后の家政機関である紫微中台《しびちゅうだい》の長官）の藤原仲麻呂は、翌七五七年（天平勝宝九）に皇太子道祖《ふなど》王を廃し、私邸田村第《たむらてい》に迎えていた大炊《おおい》王（仲麻呂の息子真従《まより》の寡婦粟田諸姉《あわたのもろね》と結婚）を皇太子に擁立し、紫微内相《しびないしょう》に任じられ、養老律令を施行し、反対勢力の橘奈良麻呂《たちばなのならまろ》の変を鎮圧した。仲麻呂政権の実質的な成立である（木本好信『藤原仲麻呂』ミネルヴァ書房、二〇一一、一〇五頁）。翌七五八年（天平宝字二）に大炊王が即位して淳仁《じゅんにん》天皇となると、仲麻呂は大保（右大臣）に任じられた。

この年、遣渤海使小野田《おののた》守《もり》らが派遣され、年内に渤海使楊承慶《ようしょうけい》らを伴い帰国し、唐で起きた安史《あんし》の乱の情報が伝えられた。楊承慶の帰国には、在唐の遣唐大使藤原清河《ふじわらのきよかわ》を迎える

	任命年月	使者	送使／専使	出典
1	神亀 5（728）2	引田虫麻呂	送使	続紀
2	天平 12（740）正	大伴犬養	送使（※）	続紀
3	天平宝字 2（758）	小野田守・高橋老麻呂	専使	続紀
4	天平宝字 4（760）	陽侯玲璆	送使	続紀
5	天平宝字 5（761）10	高麗大山・伊吉益麻呂	専使	続紀
6	天平宝字 6（762）11	多治比小耳・平群虫麻呂	送使	続紀
7	宝亀 3（772）	武生鳥守	送使	続紀
8	宝亀 8（777）5	高麗殿嗣	送使	続紀
9	宝亀 9（778）12	大網広道	送使	続紀
10	延暦 15（796）5	御長広岳・桑原秋成	送使	類史
11	延暦 17（798）5	内蔵賀茂麻呂・御使今嗣	専使	類史
12	延暦 18（799）4	滋野船白	送使	後紀
13	弘仁元（810）12	林東人・上毛野継益	送使	後紀

表2　遣渤海使・送渤海使一覧
送使＝渤海使を送る使者　専使＝渤海使の来日を待たずに日本から派遣した使者
※石井正敏「日本・渤海交渉と渤海高句麗継承国意識」（『日本渤海関係史の研究』吉川弘文館、2001）では専使とみなしている。

ために高元度《こうげんど》らを同行させた。小野田守の派遣は、悪化する新羅との関係を背景に、渤海に接近するためと考えられているが、高元度らの派遣につながる点で、藤原清河の帰国を担う役割も無視できない（浜田二〇二二）。しかし、唐での戦乱が収まらず、高元度ら十一人のみが入唐し、判官内蔵全成《くらのまたなり》ら九十九人は渤海使高南申《こうなんしん》を伴い帰国した。九世紀に入唐した円仁《えんにん》の記録より、高元度らが登州開元寺《かいげんじ》に立ち寄ったことが知られる（『入《にっ》唐求《とうぐ》法巡礼行記《ほうじゅんれいこうき》』巻二・開成五年三月七日条）。しかし、皇帝（粛宗《しゅくそう》）の許可が下りず、高元度らは清河を連れて帰れないまま、七六一年（天平宝字五）に越州《えつしゅう》（浙江省）より帰国した。なお、高元度らは、目的の違いから遣（送）渤海使として扱わず表2に載せなかった。

この年、遣渤海使に高《こ》麗大山《まのおおやま》が任命された。大山の派遣は、天平宝字三年から進行中の新羅征討計画に関連して理解されるが、清河を帰国させる目的もあるだろう。しかし、翌年に渤海使王新福《おうしんぷく》を伴い帰国した遣渤海使一行のなかに高麗大山はいなかった。彼は帰途「佐利翼津」（ヨミ・場所不明）で病死したという。藤原清河も帰国することはなかった。

高麗大山が藤原仲麻呂の期待を背負っていたことは、「高麗」という氏名《うじな》からもわかる。大山は一族の高《こ》麗福信《まのふくしん》らと同様、もとは高句麗五部の消奴部《しょうなぶ》出身の肖奈公《しょうなのきみ》であり、七四七年（天平十九）に肖奈王を賜姓され、さらに七五〇年（天平勝宝二）に高麗朝臣を賜られた。日本に取り込まれた高句麗王族としての肖奈王から、臣下である高麗朝臣への改賜姓は、台頭してきた仲麻呂が渤海との外交政策を円滑に進め、渤海との関係をもとに国際社会での外交を有利にしたい意図があったと考えられる（浜田二〇二二）。

『続日本紀』では、仲麻呂政権期から七七八年（宝亀九）までの間、渤海を「高麗」と表現する箇所がある。七五九年（天平宝字三）の淳仁天皇の国書冒頭の「天皇敬問高麗国王」の「高麗国王」号が渤海側の自称に拠るのか、日本が意図的に用いた表現なのかは説が分かれるが、仲麻呂政権は渤海の高句麗継承国意識を利用する形で、積極的に渤海を「高麗」国号で呼んだのではないか。

†平安初期の日渤交流

半世紀を超えて王位にあった大欽茂が七九三年に薨じた後、渤海の王位は短期間に大元義《げんぎ》、大華璵《かよ》と継承され、七九四年に大嵩璘《すうりん》が即位した。翌年嵩璘は日本に呂定琳《りょていりん》らを派遣し、ここに嵩璘と桓武《かんむ》天皇との外交が幕を開ける。呂定琳の送使御長広岳《みながのひろおか》がもたらした渤海国書には、日本に派遣する使者の人数と派遣間隔（年期）を決めたい旨が記されていた。そこで、七九八年（延暦十七）に遣渤海使内蔵賀茂麻呂《くらのかもまろ》らが、使者の数は制限しないが、来朝は六年（半紀）に一度とする内容の国書を持参したが、短縮を求める渤海の要望もあり、その後の国書の往来を通じて、年期は設けないことになった。

嵯峨《さが》天皇の代には渤海使が頻繁に入京し、元日朝賀《がんじつちょうが》や七日の白馬節会《あおうまのせちえ》、十六日の踏歌《とうか》節会、二十日の内宴《ないえん》など、宮中の正月行事に参加した。八一四年（弘仁五）に出雲に来着した渤海使王孝廉《おうこうれん》らは、日本の官人たちと京内外で漢詩を詠み合い、その一部は『文華秀麗集《ぶんかしゅうれいしゅう》』に収録されている。以後、渤海使との漢詩文交流には、島田忠臣《しまだのただおみ》や都良香《みやこのよしか》、菅原道真《すがわらみちざね》など当代随一の文人の名がみえるようになる。

†東アジア海域での交易拡大

八二三年（弘仁十四）、嵯峨天皇が譲位し淳和《じゅんな》天皇が即位すると、翌天長元年には渤海使の来朝年限が十二年（一紀）と定められた（『類聚三代格』巻十八）。右大臣藤原緒嗣《おつぐ》は、八二五年（天長二）に来日した渤海使高承祖《こうしょうそ》らを「商旅」と称し、逓送や供給の負担から入京に反対した。結局、入唐僧霊仙《りょうせん》の献物を持参した高承祖らは入京したが、以後、渤海使の正月入京や正月行事への参加はなくなり、十二年という年期の遵守が渤海使入京の判断基準となった。すでに八一一年（弘仁二）を最後に送渤海使も派遣されなくなり、八世紀に国際情勢と連動して展開していた日渤外交は、儀式化・定例化した内容に変質する。

東アジア海域における交易活動の拡大を背景に、八一四年（弘仁五）を初見として、新羅商人が日本に来航するようになる。八一九年（弘仁十）新羅船で来航した唐・越州商人の周光翰《しゅうこうかん》・言升則《げんしょうそく》が山東で起きた李師道《りしどう》の乱を伝え、翌年渤海使李承英《りしょうえい》に同船して帰国する。同じく八一九年、新羅人王請《おうせい》は唐人張覚済《ちょうかくさい》と出羽国に漂着した（『入唐求法巡礼行記』巻一・開成四年正月八日）。これらは唐・新羅商人の渤海領域への進出とみられる（大日方克己『古代山陰と東アジア』同成社、二〇二二、第二章）。

渤海の交易活動は唐の江南地域にも展開する。円珍《えんちん》が八五三年（仁寿三）の入唐で使用した新羅人の船には、「渤海国商主」李延孝《りえんこう》も同船しており、琉球漂着を経て福州（福建省）に到着した。また、八七六年（貞観十八）に渤海使楊中遠《ようちゅうおん》が持参した玳瑁《たいまい》（ウミガメの甲羅）の酒杯は南海産とみられ、通事春日宅成《つうじかすがのやかなり》に「多くの珍宝をみてきたが、このような奇怪なものはなかった」と言わしめた。渤海使の来日時には京の市や内蔵寮《くら》で交易が行われており、おそらくは毛皮や香薬などが求められたのであろう。九世紀の日渤外交において、儀式の遂行や漢詩文交流とともに交易も重視された。

†渤海の滅亡と日本

一時期は「海東盛国」と称された渤海であるが（『新唐書』渤海伝）、九世紀末から十世紀の東アジアの動乱のなかで終焉を迎える。朝鮮半島は新羅・後百済《ごくだら》・後高句麗《ごこうくり》（のちに高麗《こうらい》）の後三国時代となり、唐は九〇七年に朱全忠《しゅぜんちゅう》に滅ぼされ、同年契丹では耶律阿保機《やりつあぼき》が可汗《かがん》の地位に就く。この頃高麗は勢力を拡大し、渤海の王族や高官の高麗への投降が始まった。また、契丹の渤海侵攻も開始され、ついに九二六年、渤海の王都上京は包囲され、第十五代渤海王の大諲譔《いんせん》は契丹に降伏し、渤海王国は滅亡した。

諲譔の時代に来日した渤海使は、九〇八年（延喜八）、九一九年（延喜十九）とも裴璆《はいきゅう》を大使とする一行であった。裴璆の父裴頲《はいてい》は、八八二年（元慶六）と八九四年（寛平六）の二度来日し、菅原道真と交流し詩文の才を高く評価された。裴璆は延喜八年に道真の子菅原淳《あつ》茂《しげ》と、延喜十九年に大江朝綱《おおえのあさつな》と漢詩を詠み合い親睦を深めているが、日本の史料に渤海の衰退を伝える記事は残らない。裴璆は九二五年に後唐に派遣されるが（『冊府元亀《さつぷげんき》』巻九七二・九七六）、すでに王国の命運は尽きようとしていた。

渤海滅亡後の九二九年（延長七）、丹後国《たんごのくに》に裴璆らが来着した。調査の結果、渤海国は滅亡し、裴璆は東丹国《とうたんこく》（契丹の皇太子耶律突欲《やりつとつよく》を王とする契丹の属国）の使者であると判明した。裴璆は、渤海を滅ぼした契丹王を非難し、日本に「陪臣」（契丹の臣下である東丹国の使）として来日したことへの怠状《たいじょう》（詫び状）を提出させられ、入京せずに帰国した（『本朝文粋』巻十二）。このとき、藤原雅量《まさかず》が裴璆と交わした漢詩（『扶桑集』巻七・重賦東丹裴大使公々館言志之詩）の「見説妻児皆散去（見えて説《い》う、妻児皆散去するを）、何郷猶曳買臣衣（何《いずれ》の郷《くに》にか猶《な》お買臣《ばいしん》の衣を曳《ひ》くや）」という一節からは、渤海滅亡で家族が離散した裴璆が、自国を滅ぼした国の使者として来日した複雑な思いを読み取ることができる。

唐、渤海、新羅の滅亡後、古代の日本はその後に興ったどの国とも国交を結ばず、平安貴族にとって、渤海使との漢詩文交流が外交の記憶となった。九四二年（天慶五）には、内裏で「蕃客の戯《たわぶ》れ」と呼ばれる詩興があり、渤海大使役を兼明《かねあきら》親王が、他の諸職にもそれぞれ人を定めて「遠客来朝の礼」や餞別の宴が行われた（『日本紀略』、『古今著聞集』巻三）。

九五七年（天暦十一）には菅原道真の孫にあたる菅原文時《ふみとき》が、先祖たちが蕃客と筆を闘わせた京の鴻臚館を廃止しないよう訴えている（『本朝文粋』巻二・封事三箇条）。

†渤海史研究と日本

渤海国が残した記録がほとんど残っていないため、渤海史は、中国史料と日本史料からわかる外交関係の研究が中心となり、渤海王国そのものについては不明な点が多い。

渤海について最も豊富な記述は日本の史料にある。『続日本紀』以降の五国史には、渤海からの外交文書や渤海使来日に関する記事が残り、日本から渤海に留学して音声《おんじょう》（音楽）を学んだ高内弓《こうないきゅう》（日本名は「内雄」）の存在や、八五九年（貞観元）の渤海使烏孝慎《うこうしん》による唐の宣明暦《せんみようれき》の将来なども知られる。宣明暦は八六一年（貞観三）に採用が認められた後、江戸時代の一六八四年（貞享元）に貞享暦《じようきようれき》に代わるまで約八二〇年間使用された。

また、戦前、日本の満州侵略を正当化するため渤海国が注目され、「満州国」建国を機に東亜考古学会《とうあこうこがっかい》による渤海関係の遺跡調査が盛んとなった。豊富な渤海記事の存在と近代史への反省から、日本人は渤海についてもっと知らなければならない。

戦後の渤海史研究は、文献史料を精緻に読み込み、戦前の解釈を転換させてきた石井正《いしいまさ》敏《とし》氏や、学際的な研究で、近代史としての渤海史にも注目した酒寄雅志《さかよりまさし》氏らにリードされながら、考古学、中国史、朝鮮史、日本古代史、国文学などさまざまな視点でのアプローチがなされてきた。渤海の領土は、中国東北部と朝鮮半島北部、ロシア沿岸地域にまたがり、国際的な学術交流が渤海史研究を支えている。混迷する国際情勢のなかで、今後も交流が続くことを祈る。

さらに詳しく知るための参考文献

濱田耕策『渤海国興亡史』(吉川弘文館・歴史文化ライブラリー、二〇〇〇)……渤海建国から滅亡まで、日本との関係記事も含めてわかりやすく叙述する。

石井正敏『日本渤海関係史の研究』(吉川弘文館、二〇〇一)……戦後の日本渤海関係史を牽引し、現在の渤海史研究の礎を築いた著者の研究の集大成。

酒寄雅志［他］「第三章　後期新羅と渤海」(李成市・宮嶋博史・糟谷憲一編『世界歴史大系朝鮮史1――先史～朝鮮王朝』山川出版社、二〇一七)……渤海史の概説が簡潔に整理されている。酒寄雅志『渤海と古代の日本』(校倉書房、二〇〇一)も併読されたい。

古畑徹『渤海国とは何か』(吉川弘文館・歴史文化ライブラリー、二〇一八)……東洋史研究の立場で渤海を論じた一冊。近現代の中国・韓国の渤海史研究に触れた視点も特徴。

浜田久美子『日本古代の外交と礼制』(吉川弘文館、二〇二二)……四部構成のうち、第二部～第四部で日本と渤海との関係を扱う。

第15講

鴻臚館と交易

菅波正人

†鴻臚館とは

史料の上で「鴻臚館《こうろかん》」の名は、平安時代初め、海外からの使節や日本から派遣する使節の利用などのために設けられた客館として登場する。その名は唐代の外交使節の接待官舎であった「鴻臚寺《こうろじ》」に由来する。

鴻臚館は平安京、難波津《なにわのつ》、筑紫《つくし》に置かれており、そのうち、考古学的調査が進み、施設の様相が解明されてきたのが、筑紫の鴻臚館（以下、鴻臚館とする）である。

『日本書紀』六八八年（持統天皇二）二月の記事に初出する筑紫館《つくしのむろつみ》が鴻臚館の前身とされ、西海道《さいかいどう》において「蕃客《ばんきやく》・帰化《きか》・饗讌《きようえん》」を担う大宰府管理下の外交施設として、使節の迎賓などを行った。さらに、対外関係の変化に伴い、交易や博多湾の防備など多岐にわたる役割を担うことになった。鴻臚館は新羅《しらぎ》や唐などの外交使節や商人、遣新羅使や遣唐使など

図１　鴻臚館周辺古代〜中世前半の旧地形想定図

が行き来した、東アジアと日本の結節点であった。

　鴻臚館は福岡平野の中央、大宰府の外港である博多湾を望む丘陵の先端に設置された。この丘陵は古代の早良《さわら》郡《ぐん》と那珂《なか》郡《ぐん》の境界をなす。鴻臚館の時代は、丘陵西側は「草ヶ江《くさがえ》」の入江で、その対岸は「荒津山《あらつやま》」に向って砂洲が伸びていた。荒津山の裾部の海は水深があり、大型船の停泊が可能で、艀《はしけ》による鴻臚館への行き来が想定される。

　一方、東側は那珂川下流に広がる入江で、入江の南東隅にあたる場所には、航海守り神である住吉三神を祀った式内社の住吉神社が鎮座する。また、その北側の砂丘上に立地する博多遺跡群は、鴻臚館に関連した官衙《かんが》の存在が指摘されている。大宰府と博多、鴻臚館の間は、水城の東門と西門からそれぞれ伸びる官道で結ばれる。両側を入江で挟まれた丘陵に造営された鴻臚館は、郡衙《ぐんが》や駅《うま》家《や》なども一定の距離があり、出入りする者を監視しやすい立地で、隔離性、防備性を備えた施設であったと言える。

鴻臚館には、外交使節を安置供給する客館のほか、交易品などを保管する倉庫、荷物の

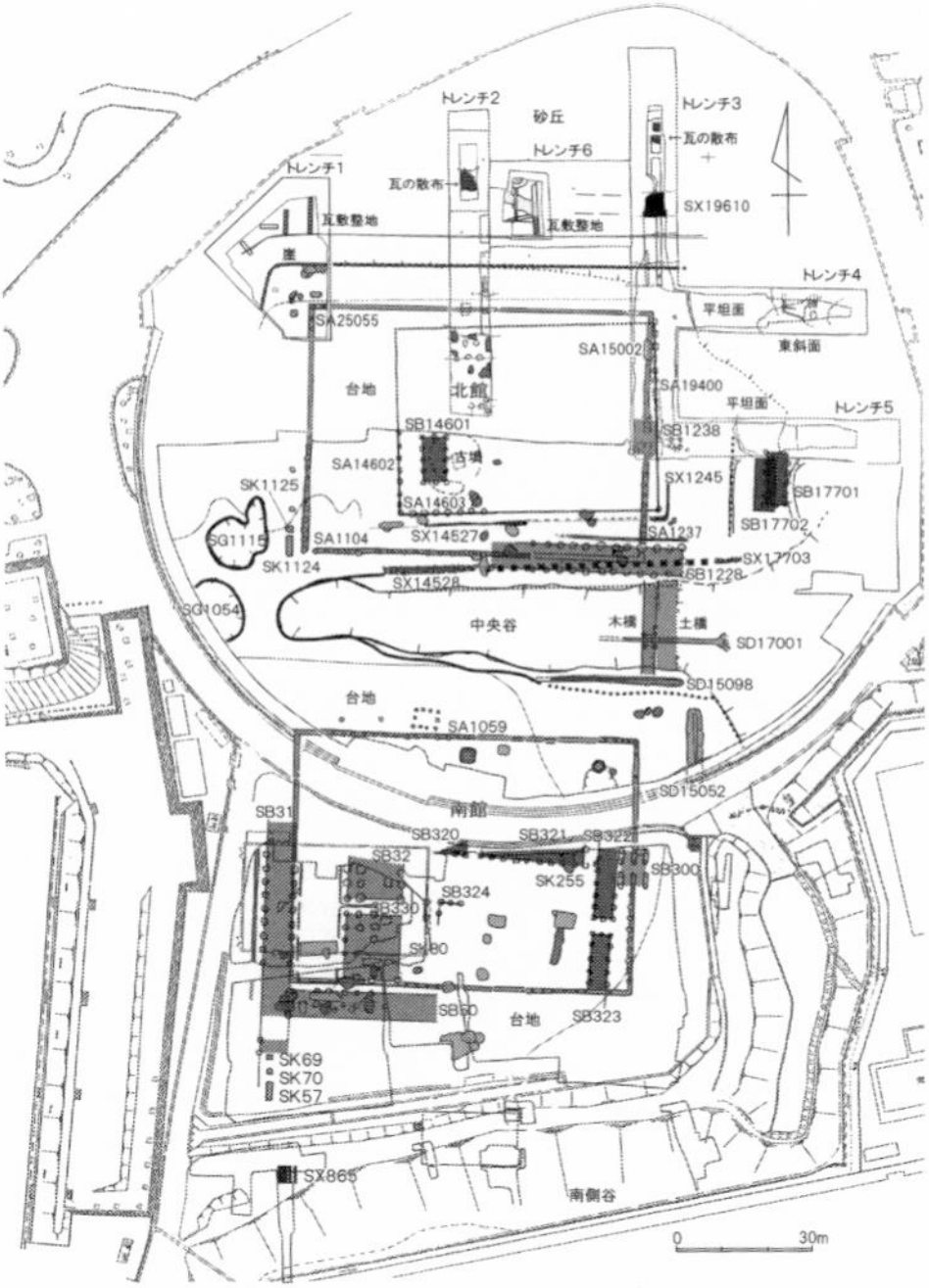

図２　鴻臚館跡遺構配置図

荷揚げ施設、防備のための警固《けいご》所《しょ》、厩《うまや》などの付属施設があったと考えられる。このうち、発掘調査で判明しているのは客館部分で、建物配置の変遷から五期に区分されている。第I〜II期（七世紀後半〜八世紀末）は、施設は筑紫館と呼ばれ、外交使節の迎賓などが行われた時期である。第III

～V期（九世紀初～十一世紀中ごろ）は、施設の名称と役割が次第に変質し、新羅や中国の海商との交易が行われた時期である。

†筑紫館の成立

第I期（七世紀後半～八世紀前半）は、丘陵に入り込む谷で南北に隔てられた施設（以後、それぞれを南館、北館と呼ぶ）が最初に造営された時期である。南館・北館とも掘立柱建物からなるが、主軸方位や構成が異なっている。南館建物群は長舎建物《ちょうしやたてもの》がロの字形に巡り、内部に中心建物が配置される。北館は建物を塀で囲むもので、内部に数棟程度の建物が想定される。塀が囲む範囲は東西約五六m×南北約四三mを測る。

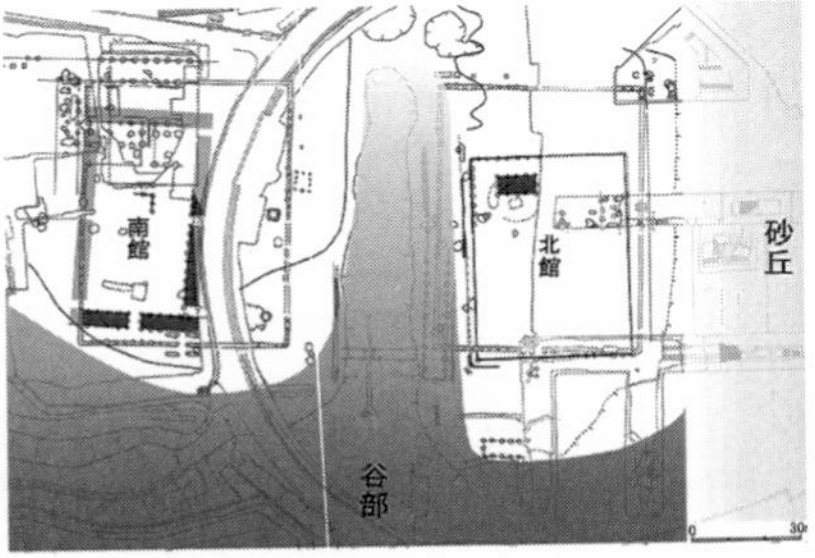

図3　第I期建物配置復元図

南館の建物構成に注目すると、初期の郡庁の建物配置に類似する。郡庁は政務の実務的な場である一方で、儀式や饗宴《きょうえん》の場としての機能も想定されている。また、斉明《さいめい》朝の饗宴施設とされる奈良県石神《いしがみ》遺跡の東区画建物群にも類似する（小田裕樹「饗宴施設の構造と長舎」『長舎と官衙の建物配置　報告編』第一七回　古代官衙・集落研究会報告書、クバプロ、二〇一四）。これらを参考にすると、第Ⅰ期の南館には儀式や饗宴施設の機能が想定される。一方、塀で建物を取り囲む北館は、部外者との接触が避けられた外交使節が滞在する館（宿舎）にふさわしいものと考えられる。つまり、南館は儀式や饗宴施設で、海側の北館は宿舎となり、外交使節の管理、饗宴、宿泊の機能を備えた施設の姿が浮かんでくる。

筑紫館以前では、外交使節の饗宴や儀礼を行う施設（大郡《おおごおり》、小郡《おごおり》）と宿舎（館《むろつみ》）は別であったとされる（長洋一「大宰府鴻臚館前史への試論」『海路』第二号、「海路」編集委員会編、海鳥社、二〇〇五）。『日本書紀』六八八年（持統天皇二）二月、新羅使金霜林《きんそうりん》らは館である筑紫館で饗宴されるが、おそらく律令体制を確立していく中で、外交使節にかかわる制度や施設の整備が行われ、筑紫大郡《つくしおおごおり》（『日本書紀』六七三年（天武天皇二）初出）とは一線を引いて、新たに造営されたものであったと考えられる。

†対外関係と変化と筑紫館

第Ⅱ期（八世紀前半〜末）は、およそ南北二町、東西一町の範囲を大規模に造成して敷地を広げ、中央の谷の北側斜面には高さ約四・二mの石垣が築かれる。南館・北館は規格性の高い建物配置となり、東西長約七四m、南北長約五六mの長方形区画の布掘りの塀が巡り、東側に八脚門《はっきゃくもん》が付く。門は梁行五・三m×桁行七・五mを測る。塀の内側は削平のため、建物の柱穴や礎石は不明確であるが、鴻臚館式軒瓦が多数出土しており、瓦葺建物であったと考えられる。

建物以外の遺構では、館を巡る塀の外側でトイレ状遺構が検出された。遺構から出土した排泄物の分析からブタやイノシシなどの寄生虫卵が出土しており、肉食を常食とする外来者（新羅使）が使用した可能性が考えられている。

第Ⅱ期の施設は同一主軸、同一規模の相似形をなすものであるが、造営の時期に若干の差があり、南館が先行して、八世紀前半～中頃に第Ⅰ期の長舎建物から建て替わる形で、布掘り塀と門、それに伴う施設が造営される。その施設は、第Ⅰ期の北館と同様、塀で囲まれたもので、宿舎と考えられる。

大宝律令の施行に伴って、大宰府の官制は整備され、律令国家の対外的機能、軍事的機能の一端を担い、かつ、西海道《さいかいどう》を統括する機関となる。これに対応する朝堂院《ちょうどういん》様式の大宰府政庁第Ⅱ期の建物は、海外の使者を迎賓する儀礼の府としての姿に相応しいものであった。政庁第Ⅱ期の造営の時期は、和銅《わどう》年間（七〇八～七一五）から霊亀《れいき》年間（七一五～七一七）を経て養老《ようろう》年間（七一七～七二四）頃までとされる。また、『続日本紀《しょくにほんぎ》』七三二年（天平四）の記事に、「造客館司《ぞうきゃくかんし》」を初めて設置したとあり、第Ⅱ期の筑紫館南館や大宰府客館の造営もこうした動きの中で、新羅や渤海《ぼっかい》との外交関係の強化をめざした造営事業として一体的に捉える必要があろう。

その後四半期ほど遅れて、中央谷の石垣の埋め立てと北側の敷地の拡張が行われ、南館の方位、規模を踏襲して北館が造営されたと考えられる。この段階で南北が同一主軸、同一規模の相似形の施設となる。『続日本紀』七七三年（宝亀《ほうき》四）、渤海使に対して旧例に従い大宰府を経由すべしという大政官の通告があり、北館の造営はそのことに関係する可能性が指摘されている（坂上康俊「筑紫館の風景」『史料・史跡と古代社会』吉川弘文館、二〇一八）。

第Ⅱ期の筑紫館の役割は、日本から派遣する使節の風待ちの場所でもあったが、実態は新羅に対しての施設と言えよう。この時期の新羅使の来日は十数回におよぶが、新羅使は来朝しても筑紫館での饗宴の記事はなく、饗宴は大宰府で行われている。大宰府客館もそれに関係するのであろう。筑紫館の主な役割は新羅使の安置供給に変わったと推測する。

この時期の日本と新羅の関係は、朝貢を求める日本とそれを改めたい新羅の姿勢により、次第に亀裂を生じていく。七三四年（天平《てんぴょう》六）の新羅使は入京するものの、国号を「王城国」に改めたと告げたことで追い返され、七三六年（天平八）の遣新羅使は儀礼を受けずに追い返されている。

一方、七五二年（天平勝宝《てんぴょうしょうほう》四）、東大寺大仏開眼会の際、新羅王子金泰廉《きんたいれん》の使節七百余人が来日し、平城京の官人を相手に大規模な交易も行われた。その品々は新羅の特産品で金属器のみならず、香料や顔料、染料など、唐や東南アジアなどの国際交易品がほぼ網羅されていた（『買新羅物解《ばいしらぎもののげ》』）。筑紫館では新羅土器や唐三彩《とうさんさい》などの出土は少なく、使節が将来した交易品は経由地である筑紫館には留まらず、京に運ばれたのであろう。

その後、新羅との関係は、藤原仲麻呂による新羅討伐の計画（『続日本紀』）が立てられるまで悪化する。この計画は頓挫して、両国の関係は一旦小康状態となるが、七七九年（宝亀十）を最後に新羅使の来日が途絶えることになる。外交施設としての筑紫館の役割は低下していくことになる。

†海商の来航と鴻臚館

第Ⅲ期（九世紀初～後半）は、施設の名称が鴻臚館に変わり、乱積《らんづ》みの基壇を持つ礎石建物が設けられた時期で、第Ⅱ期の建物方位や中軸線を踏襲した回廊状の建物とその内部に長大な南北建物が配置される。中央の堀は埋め立てにより狭められる。八五八年（天安二）、唐から帰国した円珍《えんちん》に対して、鴻臚館に滞在していた唐海商から送られた送別詩『唐人送《とうじんそう》別詩幷尺牘《べつしならびにせきとく》』の題に「鴻臚北館門楼」という記載があり、この時期の北館は重層の門であったと想定されている。

施設は大きく様変わりし、威容を誇るものになるが、第Ⅲ期開始期の弘仁《こうにん》年間（八一〇

〜八二四）は、施設の名称を唐風に呼び変える時期であり、唐風化の風潮が改修の契機となったのかもしれない。しかし、新羅との外交使節の行き来が途絶え、唐への使節の派遣も停滞したこともあり、外交施設の役割は一層低下する。一方で、施設の役割に大きな変化をもたらせたのが、九世紀前半、黄海に交易ネットワークを構築した新羅の海商の来航である。

新羅の海商は交易を求めて大宰府の官人と結びつきを強くするが、新羅の清海鎮大使《せいかいちんたいし》の張宝高《ちょうほうこう》が暗殺されたことが契機となり、八四二年（承和《じょうわ》九）、新羅の海商の入境が禁じられ、九世紀後半以降、唐の海商が交易の担い手となる（田中史生『国際交易と古代社会』吉川弘文館、二〇一二）。

海商との交易に関しては、外交使節によってもたらされていた威信財である「唐物《からもの》」を入手するために、それまでの律令制の規定を援用した管理制度下で行われた。

海商が来航すると大宰府から朝廷に報告され、朝廷の判断を待って鴻臚館に安置供給する。大宰府は船内貨物を調べ、朝廷が必要な物（「適用之物」）の購入と京進《きょうしん》を行い、それ以外のものは大宰府の管理の下、民間交易が行われるというものであった。九世紀後半以降は海商との交易は朝廷から派遣された唐物使が担当することになり、国家の優先的な交易（官司先買《せんばい》）が行われた。海商との取引は当初は大宰府の貢綿で行われ、十世紀以降は砂金で行われたとされる（渡邊誠「鴻臚館の盛衰」『日本の対外関係三　通交と通商圏の拡大』吉川弘文館、二〇一〇）。時期は特定できないが、鴻臚館跡出土している砂金は、交易の対価であった可能性がある。

海商との交易が始まると、鴻臚館で一定量の貿易陶磁器が見られるようになる（田中克子「鴻臚館時代の貿易陶磁器と交易」『よみがえれ！鴻臚館——行き交う人々と唐物』福岡市博物館、二〇一七）。量は第Ⅳ期以降と比べるとそれほど多くないが、越州窯《えつしゆうよう》系青磁や邢窯《けいよう》系白磁の碗や皿を主体として、他の器種では、青磁の灯盞《とうさん》（灯明皿）、四耳壺《しじこ》、水柱、白磁の托《たく》、壺類がある。越州窯系青磁については、精製品と粗製品の二種類に大別され、前者が浙江《せつこう》産、後者が福建《ふつけん》産とされる。出土品の大半は前者である。その他、数は少ないが、長沙窯《ちようさよう》製品の褐彩黄釉水注《かつさいおうゆうすいちゆう》、碗などある。

鴻臚館の役割は外交施設から海商との取引の場と変わっていくが、『日本三大実録』八六九年（貞観《じようがん》十一）五月二二日に、新羅海賊に豊前国《ぶぜんのくに》年貢の絹綿が略奪されたことに対応して、同年十二月には鴻臚館へ統領《とうりよう》一人・選士《せんし》四十人、甲冑《かつちゆう》四十具、翌年正月には甲冑百十具を移している。また、『延喜式《えんぎしき》』には大宰府の兵馬二十疋のうち、十疋、牧馬十疋を分置するとあり、防備の拠点としての強化も進められたことがわかる。

第Ⅳ期以降は、中国海商の来着の記事が多くみられ、この場所がいわゆる「唐物交易」の場として、活況を呈していたことが推測される。第Ⅳ期の海商の記録では、九三五年（承平《じょうへい》五）の蔣承勲《しょうしょうくん》（呉越《ごえつ》国）、九四五年（天慶《てんぎょう》八）の蔣袞《しょうこん》（呉越国）などが知られる。

施設の様相は遺構の遺存状況が悪く、不明確であるが、その時期の瓦類は主に北館で多量に出土しており、瓦葺建物の整備が行われた可能性が高い。また、梵鐘《ぼんしょう》鋳造遺構があることから、鐘楼の存在も想定される。

この他、南館では貿易陶磁器を大量に廃棄した土坑《どこう》が多数検出されている。北館では貿易陶磁器の廃棄土坑はなく、代わりに飲食や宴会などに使用したと推測される土師器《はじき》坏《つき》や碗を大量に廃棄した土坑が検出されている。この様相は、南館は交易品の管理、北館は海商の宿舎、飲食や宴会といった施設の役割を示唆するものであろう。贈与や宴を介して関係を維持した大宰府官人と海商の姿が想像される。

第Ⅳ期（九世紀後半〜十世紀前半）の交易品である貿易陶磁器は、福建産も含んだ越州窯系青磁が大量に持ち込まれる。白磁は邢窯系に代わり、定窯《ていよう》系が主体となる。

廃棄土坑から出土した貿易陶磁器類は越州窯系青磁が主体であるが、組成に顕著な差が認められる。福建産とされる粗製の青磁碗が過半数を占めるものや、複数の産地の様々な器種を集めたようなものがある。これは海商と生産地との関係、あるいは日本向けの商品の供給のあり方が反映されたのかもしれない。大量廃棄が起こっている状況を見ると、海商が持ち込んだ交易品が必ずしも国内の需要にあうとは限らなかったのかもしれない。越

図4　第Ⅳ期廃棄土坑出土貿易陶磁器（上　粗製青磁碗、下　複数器種。福岡市埋蔵文化財センター所蔵）

州窯系青磁の出土は、大宰府周辺や平安京など畿内を中心に分布するが、北は秋田城、南は喜界島《きかいじま》など各地に見られるようになるが、その出土量は少なく、稀少品であったことがわかる。

このほか、褐彩陶器の水注や鉢、褐釉陶器の灯盞や香炉、無釉陶器の茶碾輪《ちゃてんりん》、朝鮮半島産無釉陶器などが見られる。貿易陶磁器以外の交易品を考古学的に確認するのは困難であるが、このような容器や道具類の存在から、香料や薬品類などもあわせて持ち込まれたことが推測できる。

このように貿易陶磁器が激増する背景には、陶磁器の産地である呉越国《ごえつこく》（浙江）や閩国《びんこく》（福建）が海外貿易を盛んに行い、窯業にも力を入れていたということが指摘されている（山崎覚士「九世紀における東アジア海域と海商―徐公直と徐公祐」『大阪市立大学大学院文学研究科紀要』第五八巻、大阪市立大学、二〇〇七）。

第Ⅴ期（十世紀後半～十一世紀前半）になると、華南の景徳鎮窯《けいとくちんよう》白磁が出現し、越州窯系青磁は減少傾向となる。青磁は前代にはなかった、毛彫りや片彫りの劃花文《かつかもん》を施した碗（大宰府分類Ⅲ類）や水注などが出土するようになる。

この時期の交易の相手先であった北宋は積極的に海外交易を奨励し、主要な交易港である広州《こうしゅう》・杭州《こうしゅう》・明州《めいしゅう》、泉州《せんしゅう》などに市舶司《しはくし》を常置し、交易の管理を行った。この方針を受けて、海商は各地に活動の場を広げていく。海商の記録では、九九〇年（正暦《しょうりゃく》元）の周文《しゅうぶん》徳《とく》・楊仁紹《ようじんしょう》、九九八年（長徳《ちょうとく》四）の曾令文《それいぶん》、一〇一二年（長和《ちょうわ》元）の周文裔《しゅうぶんえい》、一〇一六年（長和五）の周良史《しゅうりょうし》、一〇三八年（長暦《ちょうりゃく》二）の莫晏誠《ばくあんせい》などの来航があり、そのうち、周文裔や周良史などは六〜八年と長期に滞在して朝廷や有力寺社との関係を深めながら貿易を行なっていたことが知られる。長期の滞在となったのは、来航の年数を規定する年紀制《ねんきせい》の規制の中で最大限利益を上げるため、規定年数まで居住した後、わずかな年数だけ帰国し再び来航するという形態をとった結果と考えられている（前掲渡邊誠、二〇一〇）。鴻臚館にはそうした常駐化する海商の存在が想定されており、商船の船主を示す「綱」や中国人名の「呉」「李」「鄭」などの墨書陶磁器の出土はその傍証であり、後の博多における「住蕃貿《じゅうばんぼう》易《えき》」に繋がるものと評価される。

十一世紀中頃以降、『扶桑略記《ふそうりやつき》』一〇四七年（永承《えいしょう》二）の「大宋国商客宿房《だいそうこくしょうきゃくしゅくぼう》」放火犯人の捕縛の記事と整合するかのように、鴻臚館に関わる遺構や遺物は皆無となり、焼失した鴻臚館は再建されなかったと考えられる。ただし、鴻臚館が焼失した後の十一世紀中頃の史料に、海商が滞在した施設と考えられるもの（「客館」「鄭十四客房」『雲州消息』、「唐人王満之宿坊」『香要抄《こうようしょう》』）があることが指摘されている（山内晋次「『香要抄』の宋海商史料をめぐって」『東アジアを結ぶモノ・場』勉誠出版、二〇一〇）。

†鴻臚館交易の終焉

鴻臚館に来航した海商は朝廷との公的交易を行った後は、大宰府の管理の下、民間交易を行うが、その場所の一つと考えられるのが、博多遺跡群である。

博多の名称は、『続日本紀』の七五九年（天平宝字三《てんぴょうほうじ》）三月二四日条の「博多大津《はかたおおつ》」と登場し、古代より重要な港であったと考えられている。

博多遺跡群の発掘調査では、八世紀以降、区画の溝や竪穴住居跡、井戸などの遺構、官人層の存在を示す帯金具や墨書土器、硯《すずり》などの遺物が確認されている。また、鴻臚館跡には数量的には劣るものの、越州窯系青磁・邢窯《けいよう》系白磁・長沙窯《ちょうさ》の製品、イスラム陶器など初期貿易陶磁器も出土している。遺構や遺物の様相から鴻臚館に関わる公的施設や官人層の居住域があったと推定されている。

十世紀後半から十一世紀前半になると、鴻臚館跡でも多く見られる越州窯系青磁碗Ⅲ類が、遺跡群の南西側の那珂川《なかがわ》河口域で集中して出土するようになる。このような状況は、鴻臚館での公的交易後に行われた民間交易に関連するものと推測される。

同様の遺跡としては、博多遺跡群の東側の多々良川《たたらがわ》下流域の位置する箱崎《はこざき》遺跡が挙げられる。遺跡は十世紀前半の筥崎宮《はこざきぐう》の創建が契機となり、井戸や貯蔵土坑などの遺構が見られるようになる。また、筥崎宮の南西の砂丘の鞍部《あんぶ》では越州窯系青磁が集中して出土しており、この付近に港湾があったと推定されている（榎本義嗣「箱崎」『中世都市博多を掘る』大庭康時・佐伯弘次他編、海鳥社、二〇〇八）。筥崎宮との関係では、『今昔物語集《こんじやくものがたりしゆう》』には、大宮司の秦定重は対外交易により、巨利を得たという説話があり、一族は大宰府の府官も兼ねていたことから、筥崎宮を拠点として日宋貿易に関わっていたと推測されている。

以上のように、鴻臚館周辺には博多や箱崎のような民間交易の拠点と想定される場所が存在し、鴻臚館を中心として博多湾岸に展開した交易のネットワークが推測される。最近の研究では、中世における博多湾は沿岸の港湾が貿易都市博多を中心に相互に補完しあう「港町複合体」として、大規模な交易を展開したと指摘されている（伊藤幸司「中世の箱崎と東アジア」『アジアのなかの博多湾と箱崎』九州大学出版会編、勉誠出版、二〇一八）。鴻臚館時代の交易のネットワークの継承として捉えることもできよう。

†交易拠点の移行――鴻臚館から博多へ

鴻臚館焼失後の十一世紀後半以降、新たな交易の中心となったのは博多であるが、その核となる港湾については、先に述べた区域と重複すると考えられる。これまでに十一世紀後半～十二世紀前半の港の護岸と考えられる石積み遺構や破損した白磁などの大量廃棄が確認されており、交易品を荷揚げした港湾施設や宋海商が居住した「唐房《とうぼう》」が想定されている（大庭康時「中世博多の港湾遺構」『第4回シンポジウム　中世・港の景観　資料集』中世学研究会、二〇二二）。

大宰府による交易の管理は十二世紀前半頃まで続いたとされる。民間交易の場であった博多が、鴻臚館に代わる新たな管理の拠点となったことは、自然な流れとして理解できよう。公的な宿泊・交易施設であった鴻臚館に代わり、宋海商による居住・交易空間である唐房《とうぼう》の創出は、言うなれば、交易の管理が限界に近付いた中での規制緩和とも言えよう。交易の管理が終焉を迎えると博多は、寺社や権門といった新たな枠組みで、国境を越えた交易の場として中心的な役割を果たしていく。

さらに詳しく知るための参考文献

＊鴻臚館跡の調査成果については、福岡市から刊行されている発掘調査報告書に記されている。調査の総括編については、福岡市教育委員会編「史跡鴻臚館跡二五　総括編」『福岡市埋蔵文化財調査報告書』第一三八三集（福岡市教育委員会、二〇一九）。報告書のPDFデータは奈良文化財研究所の全国遺跡報告総覧からダウンロード可能。

菅波正人「鴻臚館跡」『新修福岡市史　資料編考古二　遺跡からみた福岡の歴史　東部編』（福岡市史編集委員会編、福岡市、二〇二〇）……鴻臚館跡の調査成果が簡潔にまとめられている。

福岡市博物館編『発見一〇〇年記念特別展　よみがえれ！鴻臚館――行き交う人々と唐物』（「鴻臚館跡発掘三〇周年記念特別展」実行委員会、二〇一七）…鴻臚館跡発掘三〇周年記念特別展の図録。鴻臚館跡の遺構や出土遺物、関連資料をビジュアルに紹介。

重松敏彦「大宰府鴻臚館（筑紫館）」『海路』第十号（「海路」編集委員会編、海鳥社、二〇一二）…文献史料から鴻臚館について、大宰府の対外的機能との関係、防衛拠点化について論述。客館関連年表も掲載。

田中史生『国際交易の古代列島』（角川選書、二〇一六）……海商の誕生と活発化、貴族が唐物を求める背景など、国際交易史から論述。

おわりに

佐藤　信

本書は、先に刊行されたちくま新書の『古代史講義――邪馬台国から平安時代まで』（二〇一八年）、『古代史講義【戦乱篇】』（二〇一九年）、『古代史講義【宮都篇】』（二〇二〇年）、『古代史講義【氏族篇】』（二〇二一年）に続く姉妹編である。これまでの四書は、古代史の代表的テーマ、政治史を彩った戦乱、歴史の舞台となった宮都そして古代貴豪族が所属した氏族にそれぞれ焦点をあてながら、最新の研究成果を読みやすく提示し、列島の古代史を通観できるようめざした内容であった。幸いなことに、多くの読者からご好評をいただいてきた。

本書では、日本列島の古代史の展開に大きな影響を及ぼした国際環境に焦点を当てた。もともと『漢書』『後漢書』の時代から九州の小国が中国文化圏との交流を進め、邪馬台国も魏の皇帝から冊封を受けていた。五世紀のヤマト王権の倭の五王も、中国南朝の宋の皇帝から冊封を受けて列島内や半島での地位を高め、先進の文明・技術を受容していた。

列島の地方豪族も、九州や日本海側の地方豪族は、それぞれ大陸・半島との交流を進めようと図っていた。

中国で南北朝を統一して隋・唐の帝国が生まれると、国際的緊張のもとヤマト王権は、朝鮮半島諸国と競うように遣隋使・遣唐使を派遣し、律令制の受容による中央集権的な律令国家の形成をめざすこととなる。その過程では、東アジアの国際戦争であった白村江の敗戦などの事件もあり、国際的環境が律令国家形成への動きを進めたといえる。

日本列島に古代の仏教や寺院の導入が与えた影響や、正倉院宝物の聖武天皇遺愛の品々をみれば、当時の律令国家や天皇・貴族がいかに国際性志向をもっていたかが知られる。

こうした海外交流・国際関係については、近年の古代史研究では大きな関心の的となっており、多様かつ多数の研究成果が積み上げられて、大きく展開しつつある。そうした最新の研究状況をふまえて、古代の海外交流の歴史過程と実像を簡明に紹介して、古代史像を総合的に見通そうとめざしたのが、本書である。

幸い、適任な各執筆者のご協力のもとに、ここに最近の研究をふまえて、列島古代の海外交流について幅広い視野から通観することができた。どこからでも読み進めていただき、古代の海外交流が果たした歴史的意義とその実像を、総合的な歴史像とともに把握していただければ、うれしい。なお、執筆者の間で、用語や歴史像をあえて統一することはしなかった。各論考の間にもし若干の見解の違いがあるとしたら、そうした今日の研究段階をむしろ楽しんでいただければ、と思う。

各論考では、最新の研究や史料を積極的に取り扱うとともに、参考文献も掲げている。本書を入り口として、さらに詳しく海外交流の豊かな世界に踏み込んでいただけるだろう。そして、史料に則して歴史を学び考える楽しさにふれていただければ、なお幸甚である。

編・執筆者紹介

佐藤　信（さとう・まこと）【編者／はじめに・第3講・おわりに】
一九五二年生まれ。東京大学名誉教授。横浜市歴史博物館館長、くまもと文学・歴史館館長。東京大学大学院人文科学研究科博士課程中退。博士（文学）。著書『日本古代の宮都と木簡』『列島の古代』（以上、吉川弘文館）、『出土史料の古代史』（東京大学出版会）、『大学の日本史①古代』（編著、山川出版社）、『古代史講義』『世界遺産の日本史』（以上編者、ちくま新書）など。

＊

仁藤敦史（にとう・あつし）【第1講】
一九六〇年生まれ。国立歴史民俗博物館・総合研究大学院大学（併任）教授。早稲田大学大学院文学研究科博士後期課程史学専攻満期退学。博士（文学）。専門は日本古代史（古代王権論・都城制成立過程の研究）。著書『卑弥呼と台与』（山川出版社）、『藤原仲麻呂』（中公新書）など。

森　公章（もり・きみゆき）【第2講】
一九五八年生まれ。東洋大学文学部教授。東京大学大学院人文科学研究科博士課程単位修得退学。博士（文学）。専門は日本古代史。著書『遣唐使と古代対外関係の行方』（吉川弘文館）、『天神様の正体　菅原道真の生涯』（吉川弘文館）、『武者から武士へ』（吉川弘文館）、『平安時代の国司の赴任』（臨川書店）など。

田中俊明（たなか・としあき）【第4講】
一九五二年生まれ。滋賀県立大学名誉教授。京都大学大学院文学研究科博士課程認定修了。専門は朝鮮古代史・古代日朝関係史。著書『大加耶連盟の興亡と「任那」』（吉川弘文館）、『古代の日本と加耶』（山川出版社日本史リブレット）、『高句麗の歴史と遺跡』（共編著、中央公論社）など。

三上喜孝（みかみ・よしたか）【第5講】

一九六九年生まれ。国立歴史民俗博物館教授。東京大学大学院人文社会系研究科博士課程単位取得退学。博士（文学）。専門は日本古代史。著書『日本古代の貨幣と社会』『日本古代の文字と地方社会』『落書きに歴史をよむ』（以上、吉川弘文館）、『天皇はなぜ紙幣に描かれないのか』（小学館）など。

中野高行（なかの・たかゆき）【第6講】

一九六〇年生まれ。大東文化大学講師。慶應義塾大学大学院人文科学研究科博士課程中退。博士（歴史学）。専門は日本古代外交制度史。著書『日本古代の外交制度史』（岩田書院）、『古代国家成立と国際的契機』（同成社）など。

柿沼亮介（かきぬま・りょうすけ）【第7講】

一九八五年生まれ。早稲田大学高等学院教諭・早稲田大学非常勤講師。東京大学大学院人文社会系研究科博士後期課程単位取得退学。専門は日本古代史・東アジア交流史。論文「古代西海道の「辺境島嶼」と「越境」する人々」（『民衆史研究』一〇五）、「藤原仲麻呂政権と武蔵国新羅郡の建郡」（須田勉・高橋一夫編『渡来・帰化・建郡と古代日本――新羅人と高麗人』高志書院）、「「日本」の境界としての南西諸島の歴史的展開」（『早稲田教育評論』三七―一）など。

中林隆之（なかばやし・たかゆき）【第8講】

一九六三年生まれ。専修大学文学部教授。大阪市立大学大学院文学研究科後期博士課程単位取得退学。博士（文学）。専門は日本古代史。著書『日本古代国家の仏教編成』（塙書房）、『東大寺の新研究2 歴史の中の東大寺』（共著、法藏館）、『日本古代の王権と社会』（共著、塙書房）など。

吉永匡史（よしなが・まさふみ）【第9講】

一九八〇年生まれ。金沢大学人間社会研究域人文学系准教授。東京大学大学院人文社会系研究科博士課程単位取得満期退学。博士（文学）。専門は日本古代史、中国唐代史。著書『律令国家の軍事構造』（同成社）、『中国学術の東アジア伝播と古代日本』（共編著、勉誠出版）など。

酒井芳司（さかい・よしじ）【第10講】
一九七二年生まれ。九州歴史資料館学芸調査室参事補佐・学芸員。明治大学大学院博士後期課程文学研究科史学専攻中退。修士（史学）。専門は日本古代史。著書『日本古代の交通・交流・情報Ⅰ 制度と実態』（共著、吉川弘文館）、『大宰府史跡発掘50年記念特別展 大宰府への道——古代都市と交通』（編著、九州歴史資料館）、『筑紫と南島 シリーズ地域の古代日本』（共著、角川選書）など。

亀田修一（かめだ・しゅういち）【第11講】
一九五三年生まれ。岡山理科大学名誉教授。九州大学大学院文学研究科修士課程修了。博士（文学）。専門は考古学。著書『日韓古代瓦の研究』（吉川弘文館）、『吉備の古代寺院』（共著、吉備人出版）、『考古資料大観3 弥生・古墳時代 土器Ⅲ』（編著、小学館）、『古墳時代研究の現状と課題（上・下）』（共編著、同成社）、『講座考古学と関連科学』（共編著、雄山閣）など。

河野保博（かわの・やすひろ）【第12講】
一九八一年生まれ。京都芸術大学大学院特任准教授。國學院大學大学院文学研究科博士後期課程単位取得満期退学。専門は日本古代史、東アジア交通・交流史。著書『入唐僧の求法巡礼と唐代交通』（共著、大樟樹出版社）、『圓仁〈入唐求法巡禮行記〉研究』（共著、浙江人民出版社）、「古代の人の移動と制度」（『歴史学研究』一〇〇七号）など。

田中史生（たなか・ふみお）【第13講】
一九六七年生まれ。早稲田大学文学学術院教授。國學院大學大学院文学研究科博士課程後期修了。博士（歴史学）。専門は日本古代史、国際交流史。著書『日本古代国家の民族支配と渡来人』（校倉書房）、『国際交易と古代日本』（吉川弘文館）、『渡来人と帰化人』（角川選書）など。

浜田久美子（はまだ・くみこ）【第14講】
一九七二年生まれ。大東文化大学文学部教授。法政大学大学院人文科学研究科博士後期課程修了。博士（文学）。専

門は日本古代史。著書『日本古代の外交儀礼と渤海』(同成社)、『日本史を学ぶための図書館活用術』『日本古代の外交と礼制』(以上、吉川弘文館)、『訳註 日本古代の外交文書』『古代日本対外交流史事典』(以上共著、八木書店)など。

菅波正人(すがなみ・まさと)【第15講】
一九六五年生まれ。福岡市経済観光文化局埋蔵文化財課。山口大学人文学部人文学科考古学研究室卒業。論文「鴻臚館の成立と変遷」(『大宰府の研究』高志書院)、「考古学からみた古代から中世の唐物交易の変遷」(『「唐物」とは何か——舶載品をめぐる文化形成と交流 アジア遊学275』勉誠出版)など。

ちくま新書
1746

古《こ》代《だい》史《し》講義《こうぎ》【海外交流篇《かいがいこうりゅうへん》】

二〇二三年九月一〇日　第一刷発行

編　者　佐藤　信（さとう・まこと）
発行者　喜入冬子
発行所　株式会社　筑摩書房
東京都台東区蔵前二―五―三　郵便番号一一一―八七五五
電話番号〇三―五六八七―二六〇一（代表）
装幀者　間村俊一
印刷・製本　株式会社　精興社

ISBN978-4-480-07581-9 C0221

ちくま新書

1300
古代史講義 ――邪馬台国から平安時代まで
佐藤信編

古代史研究の最新成果と動向を一般読者にわかりやすく伝えるべく15人の専門家の知を結集。列島史の全体像が1冊でつかめる最良の入門書。参考文献ガイドも充実。

1391
古代史講義【戦乱篇】
佐藤信編

日本の古代を大きく動かした15の戦い・政争を最新研究に基づき正確に叙述。通時的に歴史展開を見通すとともに、時代背景となる古代社会のあり方を明らかにする。

1480
古代史講義【宮都篇】
佐藤信編

飛鳥の宮から平城京・平安京などの都、太宰府、平泉まで古代の代表的宮都を紹介。最新の発掘・調査成果をもとに都市の実像を明らかにし、古代史像の刷新を図る。

1579
古代史講義【氏族篇】
佐藤信編

大伴氏、物部氏、蘇我氏、藤原氏から源氏、平氏、奥州藤原氏まで――各時期に活躍した代表的氏族の展開を、最新研究から見通し、古代社会の実情を明らかにする。

1651
世界遺産の日本史
佐藤信編

縄文遺跡群から産業革命遺産、原爆ドームに至るまで、日本の世界文化遺産を正確に紹介。世界的まなざしから各遺産の普遍的意義・価値を再検証する決定版入門書。

1406
考古学講義
北條芳隆編

科学的手法の進展により新発見の続く考古学。その最先端をわかりやすく伝えるとともに、通説をそのままなぞるような水準にとどまらない挑戦的な研究を紹介する。

1378
中世史講義 ――院政期から戦国時代まで
高橋典幸編
五味文彦編

日本史の先端研究者の知を結集。政治・経済・外交・社会・文化など十五の重要ポイントを押さえるかたちで中世史を俯瞰する。最新の論点が理解できる、待望の通史。

ちくま新書

1485
中世史講義【戦乱篇】
高橋典幸編
『承久の乱』『応仁の乱』など重要な戦乱をめぐる最新研究成果を紹介。保元の乱から慶長の役まで、武士による戦乱の時代であった中世の歴史を一望に収める入門書。

1469
近世史講義
——女性の力を問いなおす
高埜利彦編
第一線の実証史学研究者が最新研究に基づき江戸時代の実像に迫る。特に女性が持った力と果たした役割を多角的に検証。通史としても読める全く新しい形の入門書。

1318
明治史講義【テーマ篇】
小林和幸編
信頼できる研究を積み重ねる実証史家の知を結集。20のテーマで明治史研究の論点を整理し、変革と跳躍の時代を最新の観点から描き直す。まったく新しい近代史入門。

1319
明治史講義【人物篇】
筒井清忠編
西郷・大久保から乃木希典まで明治史のキーパーソン22人を、気鋭の専門研究者が最新の知見をもとに徹底分析。確かな実証に基づく、信頼できる人物評伝集の決定版。

1657
明治史講義【グローバル研究篇】
瀧井一博編
日本の近代化はいかに成し遂げられ、それは世界史にどう位置づけられているのか。国際的研究成果を結集し、日本人が知らない明治維新のインパクトを多面的に描く。

1589
大正史講義
筒井清忠編
大衆の台頭が始まり、激動の昭和の原点ともなった大正時代。その複雑な歴史を26の論点で第一線の研究者が最新の研究成果を結集して解説する。決定版大正全史。

1590
大正史講義【文化篇】
筒井清忠編
新たな思想や価値観、生活スタイルや芸術文化が生まれた大正時代。百花繚乱ともいえるこの時代の文化を、最新研究の成果を盛り込み第一級の執筆陣24名が描き出す。

1136
昭和史講義
――最新研究で見る戦争への道
筒井清忠編
なぜ昭和の日本は戦争へと向かったのか。複雑きわまる戦前期を正確に理解すべく、俗説を排して信頼できる史料に依拠。第一線の歴史家たちによる最新の研究成果。

1194
昭和史講義2
――専門研究者が見る戦争への道
筒井清忠編
なぜ戦前の日本は破綻への道を歩んだのか。その原因をより深く究明すべく、二十名の研究者が最新研究の成果を結集する。好評を博した昭和史講義シリーズ第二弾。

1266
昭和史講義3
――リーダーを通して見る戦争への道
筒井清忠編
昭和のリーダーたちの決断はなぜ戦争へと結びついたのか。近衛文麿、東条英機ら政治家・軍人のキーパーソン15名の生い立ちと行動を、最新研究によって跡づける。

1341
昭和史講義【軍人篇】
筒井清忠編
戦争の責任は誰にあるのか。東条英機、石原莞爾、山本五十六ら、戦争を指導した帝国陸海軍の軍人たちの実像を最新研究をもとに描きなおし、その功罪を検証する。

1508
昭和史講義【戦後篇】(上)
筒井清忠編
実証研究に基づき最先端の研究者が執筆する『昭和史講義』シリーズがいよいよ戦後に挑む。上巻は占領期から55年体制の成立まで、全20講で幅広いテーマを扱う。

1509
昭和史講義【戦後篇】(下)
筒井清忠編
最先端の実証研究者による『昭和史講義』シリーズ戦後篇。下巻は55年体制成立以降、主に一九五〇年代後半から高度成長期を経て昭和の終わりまでを扱う全21講。

1712
東北史講義【古代・中世篇】
東北大学日本史研究室編
辺境の地として倭人の大国に侵食された古代。豊かな天然資源が交易を支え、活発な交流が多様で独自性に富んだ地域を形成した中世。東北の成り立ちを読み解く。

1713
東北史講義【近世・近現代篇】
東北大学日本史研究室編
米穀供給地として食を支え、近代以降は学都・軍都として人材も輩出、戦後は重工業化が企図された。度重なる災害も念頭に、中央と東北の構造を立体的に描き出す。

1247
建築から見た日本古代史
武澤秀一
飛鳥寺、四天王寺、伊勢神宮などの古代建築群を手がかりに日本誕生に至る古代史を一望する。仏教公伝、皇祖神創造、生前退位は如何に三次元的に表現されたのか？

1646
縄文と世界遺産
——人類史における普遍的価値を問う
根岸洋
2021年、「北海道・北東北の縄文遺跡群」が世界遺産になった。世界は「縄文」をどう評価したか。その選定過程から浮かび上がる人類の「普遍的価値」を考える。

1576
埴輪は語る
若狭徹
巫女・馬・屋敷等を模した様々な埴輪。それは古墳に飾り付けられ、治世における複数のシーンを組み合わせて再現して見せ、「王」の権力をアピールしていた。

1207
古墳の古代史
——東アジアのなかの日本
森下章司
社会変化の「渦」の中から支配者が出現した、古墳時代の中国・朝鮮・倭。一体何が起こったのか。日本と他地域の共通点と、明白な違いとは。最新考古学から考える。

1628
邪馬台国再考
——女王国・邪馬台国・ヤマト政権
小林敏男
畿内ヤマト国（邪馬台国）と北九州ヤマト国（女王国）は別の国で、卑弥呼は後者の女王だった。長年の歴史学の文献研究に基づき、古代史最大の謎を解き明かす。

1555
女帝の古代王権史
義江明子
古代天皇継承は女系と男系の双方を含む「双系」的なものだった。卑弥呼、推古、持統らに焦点を当て古代王権史を一望。男系の万世一系という天皇像を書き換える。